INTERNET ECONOMICS

网络经济学

尹龙———— 主编

经济管理出版社

ECONOMY & MANAGEMENT PUBLISHING HOUSE

图书在版编目（CIP）数据

网络经济学 / 尹龙主编． -- 北京 : 经济管理出版
社，2025. 4. -- ISBN 978-7-5243-0279-7

Ⅰ．F49

中国国家版本馆 CIP 数据核字第 2025PV5458 号

组稿编辑：杨　雪
责任编辑：杨　雪
助理编辑：王　蕾
责任印制：许　艳
责任校对：王淑卿

出版发行：经济管理出版社
　　　　（北京市海淀区北蜂窝 8 号中雅大厦 A 座 11 层　100038）
网　　址：www. E-mp. com. cn
电　　话：（010）51915602
印　　刷：北京晨旭印刷厂
经　　销：新华书店
开　　本：720mm × 1000mm/16
印　　张：18
字　　数：361 千字
版　　次：2025 年 6 月第 1 版　　2025 年 6 月第 1 次印刷
书　　号：ISBN 978-7-5243-0279-7
定　　价：68. 00 元

前　言

随着互联网、大数据、云计算的广泛使用，人类社会的方方面面都发生了颠覆性变革，经济社会进入了一个新的网络信息时代。与此相适应，新的经济形态逐渐形成，新技术、新模式、新产业、新业态随之不断涌现，这一新经济突破了传统经济对生产要素的依赖和地理空间的束缚，进而形成了以数据、信息、知识等为主要生产要素的网络经济形态。在新经济形态下，社会各个层面的"网络化"特征日益突出，生产领域的价值链网络化、消费领域的用户群网络化、公共服务部门的网络化协同工作，显示了网络的力量已经映射到经济社会的各个领域。网络经济形态的产生与发展离不开信息技术的革新和网络基础的完善，促进了未来经济的开放化、创新化、速度化、智能化。

随着新经济现象的不断涌现，网络经济的产生和发展必将推动经济学研究的进一步深化和创新。在网络经济下，影响消费者需求的因素发生了变化，协同价值尤为突出；企业的成本结构也发生了改变，用户规模显得尤为重要；市场结构及市场绩效亦随之发生变化；政府的规制重心也应随之调整。因此，如何从经济学的角度来解析网络经济中新经济现象，阐释市场主体的决策逻辑，揭示新的市场运行规律，已成为当下经济学教学和科研的新课题。

网络经济学理论知识体系的构建和相关知识的传播是时代要求，按照新经济发展内在逻辑编写新时代的网络经济学教材就显得尤为重要。

本书在现有网络经济学研究成果的基础上，运用现代经济学的理论工具与分析方法，较为系统地论述了网络经济学的核心论题，包括网络经济学的研究对象、网络经济中的需求、网络经济中的供给、网络经济的运行规律、网络经济下的竞争策略、网络经济下的市场效率以及网络经济下的政府规制等。本书在逻辑上遵循现代经济学的分析框架，在内容上对经典经济理论在网络经济新条件下的新发展进行了阐释。本书注重从现实案例中分析网络经济运行规律，为每个基础理论配备了相应的案例导入和延伸阅读材料，具有较为明显的应用经济学特色。

本书是高等院校本科及研究生阶段网络经济学课程的专业教材，也可以作为政府与企业管理者的参考读物。本书每章均设有思政案例导入、思考题、案例延伸阅读等内容，以帮助读者更好地理解和掌握网络经济学的理论与基础知识。

本书的编写得到了哈尔滨商业大学经济学院的大力支持，在此深表谢意；还要感谢万磊、郭子彤、孙龙文、姜新灵、杨卓豫五位研究生在资料收集与文字整理工作方面所付出的努力。同时，在本书的编写过程中我们借鉴了国内外专家学者的研究成果，在此也致以诚挚的谢意。

网络经济学是一个不断更新和完善的前沿研究领域，受编者自身学识和能力所限，书中难免存在疏漏与不足之处。在此，我们真诚欢迎各位专家、读者批评指正，以便我们能及时做出修改与完善。

编　者

2024 年 9 月 26 日

目　录

第一章　导论

建设网络强国：从"一字之变"看"十年之功"

2024 年是习近平总书记提出网络强国战略目标 10 周年。2014 年，在中央网络安全和信息化领导小组第一次会议上，习近平总书记深刻指出"我国已成为网络大国"，并首次提出"努力把我国建设成为网络强国"。

新理念引领新实践。十年来，在习近平总书记亲自擘画、亲自指导、亲自推动下，举国上下围绕为什么要建设网络强国、怎样建设网络强国努力实践、不懈探索。尤其在把牢前进方向、坚持人民至上、聚焦核心技术、围绕网络安全、着眼人才培养等方面深耕细琢，展现出耀眼的真理光芒和强大的实践力量，引领互联网发展迈入全新的历史时期。

这十年，网络家园日益清朗安全。互联网是人类共同的家园，只有坚持网络安全为人民的理念，才能进一步增强人民群众在网络发展中的获得感、幸福感。十年来，我们在促进数字经济高速发展、网络空间治理和安全、数字技术全面深度融入百姓日常生活等方面不断发力，推动形成了健康规范的网络空间秩序、营造天朗气清的网络生态。仅 2022 年，就组织开展 13 项"清朗"专项行动，清理违法和不良信息 5430 余万条，处置账号 680 余万个，下架 App、小程序 2890 余款……诸如"清朗""护苗""净网"等一系列网络专项整治行动，让我们的网络家园更加清朗，更加安全。

这十年，数字发展日益造福人类。数字发展，唯有造福于人类，方能体现出最大的价值。从"互联网＋教育""互联网＋医疗""互联网＋旅游"等便民服务更加触手可及，到电子商务、移动支付、手机银行、无纸办公与经济社会发展相融合；数字经济规模从 2014 年的 16.2 万亿元增长到 2023 年的超 50 万亿元……十年来，我们见证了数字技术的迭代、互联网行业的变迁，见证了数字发展创造出新的产业和经济增长点。可见，数字发展不仅助力中国绘就了一幅欣欣向荣的发展新画卷，还深刻改变着中国百姓的生活，让老百姓的数字化生活从曾经的美好憧憬正变为触手可及的现实。

这十年，网络空间日益普惠繁荣。网络空间关乎人类命运，其未来应由世界各国共同开创。十年前，我们积极倡导构建网络空间命运共同体，这一理念得到国际社会广泛认同和积极响应。十年来，我们不断为全球互联网发展赋予强劲动能、提供公共产品，为全球互联网治理贡献中国方案、增添中国智慧。从"全球发展倡议"到"全球安全倡议"，再到"全球文明倡议"；从"3G突破"到"4G同步"，再到"5G引领"；从江淮腹地"中国声谷"到西湖之滨"中国视谷"，再到荆楚大地"中国光谷"……一项项中国倡议与方案，一个个战略性新兴产业，让世界见证了中国致力于共建美好世界的不懈努力。

从"网络大国"到"网络强国"，一字之变，意味深长。在十年的治理实践中，我们见证了建设网络强国所取得的历史性成就、发生的历史性变革。站在新的历史起点上，我们只要坚持以人民为中心的发展思想，敏锐抓住信息化发展的历史机遇，携手构建网络空间命运共同体，就一定能让互联网不断造福全人类，激荡起中华民族伟大复兴的磅礴力量！

（案例来源：江斌.时评|建设网络强国：从"一字之变"看"十年之功"[EB/OL].新浪网，[2024-01-08].https://news.sina.com.cn/zx/gj/2024-01-09/do-cinaawzyf8369946.shtml.）

第一节　网络经济的内涵及特征

学习要求

1. 理解网络经济在不同层面的内涵。
2. 理解后工业经济、信息经济、知识经济、数字经济等概念的异同。
3. 掌握网络经济的特征。
4. 掌握网络经济对经济社会各主体的影响。

一、网络经济的界定

计算机和信息技术的飞速发展使互联网深入人们生活的方方面面，引发了社会经济的一系列重大变革，从而导致整个社会经济关系的改变，一种新的经济形态由此逐渐展现端倪，这种新的经济形态就是本书的研究对象——网络经济。网络经济显然与计算机密切相关，但是网络经济绝不仅仅是互联网经济，也绝不仅仅是网络产业经济。计算机网络只是网络经济的物质基础和外在表现，更重要的是计算机网络背后连接了各种不同的经济主体，它们带来的是社会经济关系结构的改变，从而带来社会经济形态的转变。现阶段，随着互联网的进一步发展，以大数据、人工智能、区块链、物联网等技术为主的数字技术革命正在深刻影响着社会和经济发展。正如大机器生产促使农业经济转变为工业经济一样，以数据为代表的信息技术也将带来工业经济向新的数字经济时代的转变，而这种新的经济形态的重要代表就是网络经济。

当"互联网络""通信网络""社交网络""关系网络"等与"网络"相关的众多名词扑面而来时，人们可能会困惑于"网络"的辐射半径到底有多广，"网络经济"究竟指代的是什么样的经济形态。事实上，网络本身确实有着不同的内涵和外延，根据是否存在物理连接、传输方式、形态结构，网络可以有不同的分类方式。相应地，对于"网络经济"的界定也有各种不同的版本与诠释。在开始系统学习网络经济学理论之前，有必要对网络经济这一概念进行明确、清晰的界定，从而为明确网络经济学的研究对象奠定基础。根据分析视角的不同，经济可以从宏观层面、中观层面和微观层面进行研究，以同样的逻辑，我们可以从宏观、中观、微观三个层面对网络经济进行界定。

（一）宏观层面：网络经济是一种新的经济形态

在人类文明的历史长河中，人类经历了游牧经济、农业经济、工业经济等各种不同的经济形态。游牧经济是作为独立的经济形态出现的，学者们一贯提倡使用季节性转场放牧（Transhumance）来阐述游牧经济，这是游牧民族保证生活来源的主要经济手段。其发展依靠强健的体魄和坚韧的毅力。传统农业经济是一种自然经济，其发展则依靠辛勤的劳作和周而复始的简单技术重复，在相当大的程度上依赖于包括地理条件在内的自然条件，受到种种自然条件的制约，这就使农业经济发展缓慢曲折。相较于农业经济，工业经济没有那么复杂，工业经济时代以工业制造业为主导产业，资本是社会生产的核心要素，厂商是最基本的生产单位，在厂商内部实现资本和劳动要素的有机结合，并且通过市场机制对整个社会资源在不同领域进行有效配置，工业经济的发展主要仰仗资本的积累和技术的进步。由此可见，当经济发展到一定水平时，新的形态特征开始逐渐显现，当现有的经济形态已经无法很准确地描述客观经济的运行时，就有必要引入一个新的名词去界定它。"网络经济"的概念正是在这种情况下出现的。"网络经济"一词是对目前在世界范围内新兴的经济形态的一个描述，它突出了经济运行的基本组织形式及特征，即网络化，其中生产领域的价值链网络化、消费领域的用户群网络化、公共服务部门的网络化协同工作，显示网络的力量已经映射到经济运行的各个角落。与此同时，还衍生出了诸如"数字经济""信息经济""知识经济"等相关联却又不尽相同的概念，我们将在后文中对这些概念做具体的辨析。

（二）中观层面：网络经济是以网络产业为核心产业的经济

每一种经济形态都有其相对应的支柱产业，农业经济以农产品部门为基础，工业经济以制造业为支柱，而网络经济则以网络产业为核心，其覆盖范围涉及国民经济的方方面面。关于"网络产业"（Network Industries）的概念，学术界有不同的表述。罗仲伟（2000）将其表述为"具有网络性质的产业就是网络产业"。刘戒骄（2001）将网络产业定义为"在产品或服务的生产、传输、分销和用户消费等环节具有很强的垂直关系，生产厂商必须借助于传输网络才能将其产品或服务传递给用户，用户也必须借助于传输网络才能使用厂商生产的产品或服务的产业"。肖兴志和陈艳利（2003）将其称为网络型产业，定义为"需要固定物理网络来传输其产品和服务的基础设施产业"。这里我们沿用罗仲伟关于网络产业的表述，网络产业的外延比较广泛，既包括具有物理网络特征的产业，也包括建立在数字化基础上，跨越时空限制，协调统一，具有虚拟网络特征的产业。网络产业的产品和服务遍及消费品市场和生产要素市场，在国民经济中具有极其重要的地位，最常见的现代网络产业主要包括通信产业、互联网产业、软件产业、物联网产业等，而电话、传真、电子邮件、操作系统软件等则是最具有代表性的网络产品。与传统产业相比，网络产业具有一些鲜明的特点，如产业扩张速度快、兼并收购活动频繁等。许多网络产业还呈现供给方规模经济，即平均成本随着产量的增加而递减。这种供给方规模经济是由高固定成本、低边际成本的特殊成本结构造成的。虽然这些都是网络产业能够被观察到的鲜明特征，但它们并非是网络产业的属性特征，而"网络外部性"才是网络产业的根本属性，是网络产业区别于其他产业的根本。也正是有了网络产业的属性特征，才能很容易区分网络经济与非网络经济。

（三）微观层面：网络经济是以经济主体的交互性为特征的经济

网络由节点和链接组成，网络的交互性形成了网络外部性。产品的价值实现了从自有价值向协同价值的延伸。不过，网络经济下的消费者和厂商的终极目标并未发生变化，消费者为实现效用最大化而乐此不疲，厂商为追求利润最大化而辛苦劳作。然而同样的终极目标，其实现路径却可能大相径庭。具体而言，经济主体的交互性体现在消费者之间、厂商之间以及厂商与消费者之间的积极互动过程。

从消费者的角度来看，消费者的决策过程深受这种交互性的影响，时间和空间已不再是制约行为模式的主要因素，只要处在网络之中，消费者更关心的是网络中其他节点用户的一举一动，因为这才是影响自身效用的首要因素。

在网络交互性的作用下，厂商的行为模式也出现了微妙的变化，忽略消费者的个性偏好而闭门造车的情况注定是不可持续的。根据网络经济的法则，不断增长的用户数和不断扩张的用户网络规模才是利润的可靠保障。因此厂商必须了解用户的偏好需求，必须整合一切可以整合的资源，在最短的时间内以最快的速度突破临界点，实现用户数几何级数增长的目标。面对竞争对手，厂商会积极构建主观或者客观的进入壁垒，阻止新进入者蚕食市场份额；面对消费者，厂商则会刻意设置退出障碍，增加用户转移到新产品或新系统的成本。

二、网络经济相关概念辨析

（一）后工业经济

20 世纪 70 年代以来，发达国家工业在国民经济中的比重已经下降到 1/3 左右，服务部门却发展到近 70%[①]，"后工业经济"已经形成，产业结构发生的变化显示出后工业社会的经济特征，这种产业结构与美国社会学家丹尼尔·贝尔（Daniel Bell）在 1973 年出版的《后工业社会的来临——对社会预测的一项探索》中预测的一样：后工业社会第一个最简单的特点是大多数劳动力不再从事农业或制造业而是从事服务业，如贸易、金融、运输、保健、娱乐、研究、教育和管理。在此基础上，美国著名社会学家阿尔文·托夫勒（Alvin Toffler）于 1980 年在《第三次浪潮》一书中，用较大的篇幅和力度着重介绍了后工业经济，并把它描绘成"超工业社会"，提出人类社会出现了一种不同于工业经济的经济。"后工业经济"一词一时之间成为时髦的说法，反映了人们对未来经济走向的初步判断和向往，但是由于现实发展的限制，在那个年代，人们无法对经济发展的具体形态做出更加准确的界定，因此，后工业经济着重强调的是人类社会从农业时代到工业时代再到后工业时代的一种发展趋势和演变过程，重点讨论的是这种转化的方向，而没有包含更加具体和精确的内容。

（二）信息经济

1982 年，美国经济学家和未来学家约翰·奈斯比特（John Naisbitt）在《大趋势——改变我们生活的十个新方向》中提出了"信息经济"一说，以新型经济的主要支柱产业命名这种经济。关于信息经济，有一种常见的定义是："信息经济是信息产业的总和"，这里的信息产业是指收集、传播、存储信息的产业，包

---

① 资料来源于 World Bank Open Data。

括邮电业、新兴的计算机网络、卫星通信、信息高速公路、图书馆、广播电视和报刊书籍出版等。对于信息经济，美国经济学家马克·波拉特（Marc U. Porat）进行了独到而深入的研究，他把信息经济分为第一信息部门和第二信息部门。第一信息部门是指以信息的处理、传输、使用为主的行业和生产信息设备的行业；第二信息部门是指非第一信息部门的农业、制造业、服务业中主要从事信息工作的部门。但是，这一定义并未抓住信息经济这一经济形态的本质。信息经济所描述的，不仅仅是国民经济中某些经济部门的信息活动及其在整个经济中所占份额的提高，更重要的是信息本身在经济中地位的提高。

（三）知识经济

1990 年，联合国研究机构提出了"知识经济"（Knowledge Economy）的说法，定义了这种新型经济的性质。1996 年，经济合作与发展组织明确定义了"以知识为基础的经济"（Knowledge-based Economy），第一次提出了这种新型经济的指标体系和测度，将"基于知识的经济"的内涵界定为：知识经济是建立在知识和信息的生产、分配和使用之上的经济。实际上，知识经济所描述的是一种以知识为基础的经济，这种经济的发展直接依赖于知识的创新、传播和应用，而与之相对应地，以往传统的农业经济和工业经济则是以土地、劳动力、资金和能源为基础的物质型经济。显然，知识经济的突出特点就是强调了知识作为经济资源、经济商品在整个社会资源配置和经济发展中的决定性地位。

对知识经济和信息经济的讨论，理论界逐渐达成了一致，一般认为，首先要弄清信息和知识的区别及其相互关系，就可以明白信息经济和知识经济的区别及相互关系。1997 年 4 月，欧盟高级专家组完成的一篇题为"建设我们大家的欧洲信息社会"的文章中，专门辟出一节讨论信息和知识的区别，文章指出，"首要的是在数据、信息和知识之间划分出清楚的界限，无序的数据并不会自动变成信息，信息也不等同于知识"。1997 年底，在加拿大召开的"信息技术与知识经济高级会议"上，有的代表强调"信息和内容不转化为知识就没有价值"。1997年，在由世界银行举办的知识评估互联网研讨会上，区分知识经济和信息经济也成了一个讨论的热点。这些文章和讨论的最终倾向性结论是：知识经济是一种信息经济，但信息经济不一定是知识经济。在这些讨论的基础上，目前理论界一般倾向于知识经济是以信息经济为基础的观点。

（四）数字经济

唐·泰普斯科特（Don Tapscott）在其 1996 年编写的《数字经济：网络智能时代的机遇和挑战》一书中首次提出数字经济的概念：数字经济主要包含 ICT（Information Communication Technology）基础设施和以 ICT 为载体的各种电子商务模式，具有典型的互联网经济特征，并进一步提到，ICT 基础设施是数字经济得以运行的基础，并以此为平台衍生了各种电子商务形态，从而实现了价值交换。国内流传较广的数字经济定义是在 2016 年 9 月 G20 杭州峰会上提出的，即数字经济是指以使用数字化的知识和信息作为关键生产要素、以现代信息网络作为重要载体、以信息通信技术的有效使用作为效率提升和经济结构优化的重要推动力的一系列经济活动。

一个不容忽视的事实是，除了数字经济，不同的人还分散、自主地采用其他词语来描述信息技术（或信息化）引发的经济现象，且部分词语的采用量并不低于数字经济。在各类政府文件、媒体报道中，"信息经济"（Information Economy）、"网络经济"（或互联网经济）（Internet Economy）也常用来描述与数字技术有关的经济现象。这两个概念反映了使用者对信息丰富性和借助互联网快速传输这两个显而易见的外在特征的强调。例如，在 OECD Digital Economy Papers 中，多份论文标题出现 "Digital Economy" "Internet Economy" 或 "Information Economy" 等词语。从知识工人、知识管理逐步形成的 "知识经济"（Knowledge Economy）概念也被用来描述与数字技术有关的经济现象。这个概念反映了使用者对信息和知识的主导作用的强调。例如，OECD 举办的 Global Forum on the Knowledge Economy 2014 会议，其主题为 "数据驱动创新，建设韧性社会"。

我们知道，"信息（知识）经济" 这一术语强调了信息（知识）的重要作用，反映了基于信息（知识）的经济资源和经济产品相对于传统经济中有形资源和有形产品的不断扩展，它所侧重表达的是作为经济运行基础和驱动力量的内容本身。虽然这个术语很好地抓住了新的经济形态的本质特征之一，但是在逐渐过渡的经济中，如何度量其所占的经济份额和所做出的经济贡献并非易事。毕竟在传统的经济形态中，知识和信息也同样（只是在不同程度上）发挥着作用。那么，如何在信息经济的定义之下界定新经济的贡献度就成为一件难事。

使用 "数字经济" 这一定义能够大大减少这方面的问题。整个新经济的构架基本如下：计算机为商业化的互联网建立了一个平台，互联网又为万维网建立了一个平台，而万维网进一步为电子商务提供了一个运作基础。这些变化既带来了新的经济形式、全新的商业关系和伙伴关系，也带来了市场的新领域和高效率。无论如何变化，其中有一点是共同的：无论是资源、产品还是交易本身，都在以数字的形式运作。凭借这一点，就可以容易地将传统经济成分和新经济成分区分开来。美国政府发布的数字经济报告正是对经济中的这部分内容加以评估和调查，以确定它们对经济发展的作用和影响。因此，"数字经济" 一词特别强调的就是基于计算机技术的信息数字化所带来的整个经济系统的转型，这个转型在最近十几年才刚刚开始，在很大程度上还没有完全实现。

三、网络经济的定义

"网络经济"一词并不是现在才出现的。早在 20 世纪 80 年代，一些日本学者鉴于第三产业中的商业、运输业、金融业等均因有相应的网络而发展起来，就把服务经济称为网络经济，提出要研究这类问题。之后，又有人将网络经济理解为包括电信、电力、交通运输等在内的有着相应的运营网络的行业经济，这些行业都具有网络式而非垂直式的结构特征，进而具有经济外部性的特征。

随着计算机网络的产生，人们又将注意力转移到计算机网络上。一种观点认为，网络经济就是指计算机网络自身的经济问题，其中包括计算机网络的成本核算、收费标准等问题。另一种观点认为，网络经济是指以计算机网络为核心的网络产业群，包括与计算机网络相关的硬件、软件开发、制造以及网络基础设施建设、运行的各种行业。还有一些学者不是从产业的层面，而是从整个经济社会的层面来认识网络经济。例如，美国得克萨斯大学电子商务研究中心认为，网络经济包含四个部分：网络基础建设领域、网络基础应用领域、网络中介服务领域和网上商务活动。还有学者研究具有网络结构和特征的社会与经济问题，这方面的典型代表是研究虚拟网络的概念。

人们对网络经济的理解有狭义与广义之分，狭义的网络经济是指基于互联网的经济活动，如网络企业、电子商务（不包括基于电子数据交换的电子商务），以及网络投资、网络消费等其他网上经济活动。广义的网络经济是指以信息网络（主要是互联网，但不限于互联网，如内联网、外联网等）为基础或平台的、以信息技术与信息资源的应用为特征的、信息与知识起重大作用的经济活动。因此，它还包括非因特网的网络经济活动，特别是受信息革命影响而正在变化中的传统经济活动，如 e 即电子化转型中的传统企业的经济活动。按照这一界定，狭义的网络经济是指产业层面上的网络经济，而广义的网络经济则是指整个社会层面的网络经济。

上述关于网络经济的表述，反映了人们从不同的角度对网络经济的不同理解。尽管这些表述各有不同，但归纳起来大致可以分为两种类型：一种是从产业的层面来理解网络经济，将网络经济限定为以计算机网络为核心的信息产业群，也就是信息和网络产业即为网络经济，网络经济就是指在信息和网络产业中的经济活动和经济问题。另一种则是从整个社会的层面来理解网络经济，将网络经济理解为覆盖整个社会的一种经济形态，它不仅包括信息与网络产业等新兴的产业，还包括被信息化和网络化的传统产业；不仅包括生产过程，还包括流通和消费过程。

网络经济其实是一种新经济形态，它涵盖了社会经济的各个层面和社会再生产的整个过程。因此，根据这一认识，本书采用著名学者乌家培（2001）给出的定义：网络经济是继农业经济和工业经济之后出现的一种新的经济形态，它是以信息与网络产业为主导产业、以信息与知识为主导资源的经济形态，是以计算机信息网络技术为基础、以各种计算机网络为平台进行的各种经济活动及在此基础上形成的各种经济关系的总和。

按照这一定义，网络经济就不再局限于某些新兴的产业或产业群，不再是在原有经济形态中的某个特殊的部分。总之，我们所指的网络经济是一种广义层面的网络经济，它是一种具有全社会意义的新的社会经济形态。

四、网络经济的特征

（一）网络经济是全球性的开放经济

毋庸置疑，网络经济是全球性的、开放性的。这在很大程度上源于网络本身的"去中心化"（Decentralized）结构特征。在网络中，节点与节点之间的交互是平等的、独立的，人们可以轻松实现资源共享、协同工作。因此，在网络经济下，空间已不再是一个主要的制约因素。在贸易领域，价值链的全球化分工使"原产地"这个概念变得更加模糊不清，且难以界定；在消费领域，无论身在何处，消费者都可以通过网络，以全球的视角进行产品搜索和价格对比，以更完备的信息辅助消费决策；在生产领域，企业的边界可以与地域无关，只要有网络链接，企业就可以进行虚拟化运作，实现扁平化、全球化的组织结构变革。

（二）网络经济是速度经济

信息通过网络实现了光速的传播，而经济的运行格局也往往是一日千里。"赢家通吃，输家出局"的马太效应（Matthew Effect）在网络经济下被展示得淋漓尽致。在网络经济中，往往存在一个"临界容量"，到达"临界容量"的厂商的市场份额将通过正反馈（Positive Feedback）的作用迅速扩张，用户数会呈现几何级数增长，将其他竞争对手远远抛在身后，而达不到"临界容量"的厂商则会很快从市场上消失。企业一方面在空间轴上争夺市场份额；另一方面在时间轴上相互竞争，力争一马当先。因此，企业会力求先发制人，在最短的时间内争取尽可能多的用户，实现增长的三级跳，而一旦被对手超越，差距就会迅速拉开，再也无法抗衡。在传统经济下，企业一般需要较长的时间经历缓慢扩张的过程，而像微软、谷歌、Facebook、阿里巴巴等网络经济中的佼佼者只花费了十几年甚至几年的时间，就在各自的领域中成为行业领军者（见图1-1）。

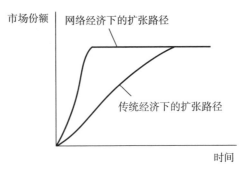

图 1-1　网络经济与传统经济的扩张路径

资料来源：张丽芳.网络经济学［M］.北京：中国人民大学出版社，2013.

（三）网络经济是规模经济

在网络经济中，需求方规模经济与供给方规模经济并存，同时影响着经济的运行。

1.需求方规模经济。

需求方规模经济，即网络外部性广泛存在于网络经济中。简言之，网络外部性是指随着使用同一产品的用户人数的增加，消费该产品带来的效用也不断增长。从这个意义上来说，与人们日常生活息息相关的电信网络、金融网络、软硬件等都呈现较强的网络外部性。值得一提的是，虽然表现形式有相似之处，但是网络经济中的网络外部性与传统产业中的攀比效应在本质上是不同的。网络外部性源于网络及其组成节点之间的相互作用，由此带来的协同价值是实实在在的；而攀比效应则主要源于消费者心理造成的追逐流行行为，在此过程中没有太多实质性的协同价值产生。

2.供给方规模经济。

以数字产品为例，高固定成本、低边际成本的特殊成本结构意味着随着生产规模的不断扩大，厂商的平均生产成本不断下降，规模经济的优越性得以体现。例如，为了开发出一种新的软件程序，厂商前期需要投入巨额资金进行软件的研发工作，一旦研发成功，软件的边际生产成本几乎可以忽略不计；对于电信运营商而言，电信基础设施虽然成本高昂，但是一旦铺设完成，服务新客户的边际成本相当低。

（四）网络经济是创新型经济

规模是在市场竞争中获得成功的必要条件，但不是充分条件。创新几乎是打破规模制约的唯一有效的方法和途径。这一论断可以从以下两个方面进行理解：

一方面，作为已经获得市场主导地位的在位厂商，它们仍然有合理的动机和充分的激励进行创新活动，原因是庞大的用户基础并不能保证其持续的主导地位。在网络经济中，自有价值和协同价值之和形成了产品的总体价值。用户规模的扩张可以提升协同价值，而自有价值的大小仍然和产品本身的性能及质量息息相关。以苹果公司为例，它在一段时间内推出了包括 iPod、iPhone、iPad 等在内的系列产品，牢牢地吸引住了消费者的眼球并获取了可观的市场份额，但苹果公司并没有满足于已经取得的巨大成功，而是继续投入大量的精力和财力进行研发和创新，以期不断推出更具吸引力的新产品。

另一方面，规模至上的运行定律使网络经济中的市场壁垒显得更加难以逾越。除非拥有极其雄厚的资本优势，可以承受长期的亏损，在惨烈的价格战的"肉搏"中将对手制服，否则，对于大多数白手起家的新进入者而言，只有潜心研究、另辟蹊径，通过技术创新提升产品或服务本身的吸引力，以显著的自有价值优势压倒在位者的规模优势，才有可能实现"蛇吞象"的目标。

（五）网络经济是可持续性经济

网络经济是一种以非物质资源为主导的经济，决定网络经济增长和发展的不再是以往的土地、资本、设备等物质资源，而是知识、信息等非物质资源。正如美国未来学家托夫勒（Toffler，2013）所指出的："因为知识减少了原材料、劳动、时间、空间、资本和其他投入的需要，它已成为最终的替代，即先进经济的主要资源。"正是知识与信息的特性使网络经济具有了可持续性。信息与知识具有可分享性，这一特点与实物显然不同。一般实物商品交易后，出售者就失去了实物，而信息、知识交易后，出售信息的人并没有失去信息，而是形成出售者和购买者共享信息与知识的局面。

更为重要的是，在知识产品的生产过程中，作为主要资源的知识与信息具有零消耗的特点，即它不会在生产过程中被消耗掉。正如托夫勒指出的："土地、劳动、原材料，或许还有资本，可以看作有限资源，而知识实际上是不可穷尽的"，网络经济在很大程度上能有效改善传统工业生产对有形资源的过度消耗，减少因物质资源消耗所造成的环境污染、生态恶化等问题，因而更能实现社会经济的可持续发展。

五、网络经济的影响

（一）改变了消费者的行为模式

在网络经济下，消费者的效用函数发生了变化，除关注自身外，还必须考虑其他消费者。这并不是一种道德境界上的利他主义，而是从理性经济人角度出发作出的最优决策。例如，在打开即时通信工具的那一刻，人们更关心的是还有谁连接在网络的另一端。这种自发意识并非仅源于对好友的关心，更多的是因为在线好友人数会影响此刻网上聊天带来的愉悦程度，也就是经济学中所称的"效用"。这时，如果有一款功能更强大、性能更卓越、界面更友好的即时通信产品在市场上推出，那么消费者将会作出怎样的选择？

在传统经济下，这个问题的答案显而易见，肯定是"喜新厌旧"的选择更好，但是在网络经济下，消费决策就没有那么显而易见，必须在权衡产品自身效用带来的自有价值和网络规模带来的协同价值之间做一个取舍。因此，消费者完全有可能为了追求总体效用的最大化，而作出有悖于个人偏好的决策。这样，谁也不能保证主流产品一定是最好的，小众产品必定是劣等的。但是，可以明确的一点是，想要从主流产品转移到小众产品，消费者必须付出相当大的转移成本，这在一定程度上也可以解释为什么网络经济下常常会出现所谓的"过大惰性"现象。表面上呈现的消费惰性，既和使用习惯挂钩，又与转移到新产品上蒙受的有形或无形的损失有关。

（二）改变了生产厂商的行为模式

在网络经济下，竞争与合作并存是企业间关系的主流模式，这也造就了企业组织形式的变革，虚拟企业得以大行其道。虚拟企业是当市场出现新机遇时，具有不同资源与优势的企业为了共同开拓市场，共同对付其他的竞争者而组建的在信息网络基础上共享技术与信息、分担费用、联合开发、互利互惠的企业联盟体。虚拟企业依托信息网络、知识网络、物流网络和契约网络运作，使传统的企业边界模糊化，表现出高度的适应性和灵活性。

同时，厂商的竞争策略也日趋精细化、战略化。传统的企业间竞争更多地体现在价格竞争和质量竞争方面。在网络经济下，厂商采取的非传统动态定价方法、产品版本升级、选择性兼容、战略捆绑和知识产权保护力度调整等新型竞争策略，是传统经济下不可想象的。例如，"免费策略"大行其道，"赔本赚吆喝"博得的不仅是眼球和人气，还是实实在在的用户基础和未来持续的现金流。

（三）公共部门的决策机制更加复杂

经典经济学理论中的政府往往被冠以仁慈、无所不知的名号，它们了解消费者的诉求，熟悉厂商的运作，始终为了改善整个社会的福利水平而殚精竭虑。在网络经济下，政府的政策目标没有变化，仍然是纠正失灵，并在效率与公平之间找到一个最佳的平衡点，但是网络经济环境的复杂性使市场失灵和福利损失开始以新的形式涌现，公共部门的政策制定与实施的难度更大。一个非常经典的案例就是微软垄断案。微软公司因为在其 Windows 操作系统里强制捆绑 IE 浏览器和 Messenger 通信工具而遭到起诉，最终被处以巨额罚金。可是，"免费真的是宗罪吗？"超市中贩卖的牙膏捆绑了牙刷，快餐店里的汉堡包捆绑了薯条和可乐，商场里的"买一送一"活动，购物平台里的补贴券等从未引起非议，反而成为一种广受消费者欢迎的营销方式。微软的免费捆绑怎么会和不正当竞争、垄断这些经济名词挂上钩了？这些问题涉及对网络经济下垄断性质的再判断。在网络经济下，政府如何正确地审时度势，及时发现问题，作出无误判断，实时介入市场失效的领域，成为更加艰巨的任务。

◎思考题：

1. 网络经济与传统经济的关系如何？
2. 请从宏观、微观层面和中观层面对网络经济的内涵进行阐释。
3. 请解释知识经济、信息经济、数字经济与网络经济之间的关系。
4. 简述网络经济从哪些方面正在改变着世界经济的运作方式。

第二节　网络经济学的研究范畴

学 习 要 求

1. 掌握网络经济学的研究对象和发展脉络。
2. 理解网络经济学与新古典经济学、信息经济学、产业组织理论等现代经济学分支的关系。
3. 了解网络经济学中的主要研究方法。

一、网络经济学的研究概述

网络经济的内涵十分广泛，从狭义上讲，仅仅指以计算机网络为核心的信息产业群。它包括围绕现代信息技术的开发与应用的一切经济活动，其中包括信息技术的研发及其产品的生产，网络通信基础设施、网络设备和产品等硬件设施的建设和运营等，当然还包括与电子商务有关的网络贸易、网络金融、网络企业等一系列商业性的网络活动。网络经济是以信息服务业为主导，通过市场与信息服务把无形的知识和信息真实地转化为商品。从广义上讲，网络经济不仅包括以计算机网络为核心的信息产业群，还包括利用网络技术，使组织结构、管理方法和运作方式网络化了的传统经济。

本书的研究范畴主要是广义上的网络经济。为什么本书要以广义的网络经济作为研究范畴？因为，从根本上讲，网络经济不仅是一个产业，它还可以凭借自身优势使其他传统产业网络化，为数量众多而又分散的市场主体提供一个便捷、低成本的交易平台，进而使整个社会经济运行方式、运行结构发生深刻变革。例如，各类传统企业利用信息和网络技术整合信息资源，并依托企业内部和外部信息网络进行动态的商务活动，以提高资源配置效率等。

本书的研究思路包括微观和宏观两个层面。网络经济是被信息网络技术应用改造了的传统经济，但它并未改变传统经济最基本的运行规律，它同样是买卖双方的市场、是交易的平台，同样反映价值规律和供求法则，消费者追求效用最大化和厂商追求利润最大化的法则同样适用。因此，从微观经济层面来看，我们主要研究企业和消费者在网络经济条件下的市场行为表现。这里的企业不仅包括直接从事与网络产业有关的经济活动的企业，如互联网公司（互联网公司可以分为提供基础设施及网络技术服务的公司、网络门户、电子商务、互联网服务提供商、垂直门户等），还包括传统产业中利用大数据、网络化管理等手段进行变革的那些企业。同时，在网络经济时代消费者的消费行为相比于传统经济时代也发生了变化，一方面，消费者的消费行为更趋于自主，网络经济时代，消费者面对的是更广阔的消费市场，他们拥有更多的选择权，这增强了他们的消费自主性。另一方面，消费者的消费趋于高质化，具体来说，消费者对于消费品的要求更看重物质需求外的精神满足感。这些问题都将成为本书的研究范畴。

从宏观经济层面来看，传统经济学下的经济变量，诸如国内生产总值、国民收入、总投资等概念的内涵不会发生改变，但是这些概念延展出来的一系列新的问题也不容我们忽视，例如：网络经济增长的内在动力与传统经济增长的内在动力相比有何区别？网络经济下的政府职能与传统经济时代的政府职能有何异同？网络经济是否存在重大安全隐患？国际金融与贸易在网络经济时代的变化，等等。

另外，与传统经济相比，网络经济表现出大量的全新的市场特性，如市场瞬息万变、不可捉摸；市场规模以几何级数的速度增长；"只有第一，没有第二"，赢者通吃；市场流通渠道无限透明；竞争与垄断同时加剧等。这些在传统经济中没有出现过的特点都需要我们认真研究。例如，网络经济下的市场结构如何；在这样的市场结构下，企业如何行动才能实现资源的最优配置；网络经济的市场绩效又如何等。同时，也正是由于这些市场特性，使电子商务遇到了挑战，如信用问题、支付问题、法律问题、安全问题等，这些问题都关系到网络经济的持续发展。

二、网络经济学的研究对象

任何一门学科，所要解决的问题概括起来无非是四个方面：是什么、为什么、做什么和怎么做。其中，前两个是要解决认识论的问题，后两个是要解决方法论的问题。对于网络经济学这门学科来说，它的研究内容主要也体现在以下四个方面：

（一）对网络经济本身的界定及其本质特征的认识

网络经济学首先要对网络经济提出正确的认识，其次分析网络经济与传统经济的区别以及网络经济的本质特征。由于网络经济是在传统经济的土壤中生长出来的，在网络经济的萌芽与成长阶段，必然带有许多传统经济的烙印，对网络经济的认识更容易产生偏差。这就需要具有预见性和前瞻性，透过复杂的现象来发现网络经济的本质，对网络经济的本质特征进行准确的刻画和分析。

（二）对网络经济中各种经济现象及其原因的分析

网络经济中出现了许多传统经济没有的现象与规律，如边际收益递增、网络效应、正反馈机制、竞争性垄断等，而在过去的经济学体系中，缺少对这些现象和规律的研究和说明，网络经济学的一个重要任务就是要对这些新出现的现象从理论上进行分析，说明产生这些现象的原因和内在机制，进而说明在这些现象背后隐含的经济学意义，使其成为现代经济学理论体系中的新内容。

（三）对网络经济中经济主体行为及其规则的阐释

在网络经济中，经济主体的行为也将发生改变，这种改变不仅表现在生产过程中，也表现在流通和消费过程中。网络经济学的另一个重要任务，就是从微观经济学的角度，对各种经济主体的行为进行分析，说明在网络经济中生产者与消费者的选择以及市场供给与需求的均衡条件，同时从产业组织理论的角度，对企业产品定价、企业之间的竞争与合作等行为进行解析，说明经济主体的行为法则。

（四）对网络经济中经济运行过程和经济政策的研究

网络经济学不仅要研究企业和个人在微观环境下的行为法则，还要研究整个社会在宏观环境下的经济运行。在网络经济下，社会的宏观经济运行也将出现新的变化，如经济增长方式的改变、经济周期的变化、国际分工与贸易的变化等，也需要从新的视角对这些变化加以研究，并根据这些变化中所反映的新的要求来确定政府的经济职能，并为政府制定新的经济政策提供理论依据。

随着互联网、区块链、大数据等技术应用的不断深入，网络经济活动中出现了新的经济规律，为经济分析和预测开辟了新的可能。网络经济学的重要任务之一，在于探索出这些新出现的经济规律，并且运用它指导和预测现今快速变化的市场，补充有关经济理论。

三、网络经济学的发展脉络

（一）网络产业经济学

对于具有网络结构产业的经济学研究被称为网络产业经济学，有时也称为狭义的网络经济学。早期的网络产业经济学更多关注的是诸如通信、交通运输和电力等具有物理网络结构的产业。这些产业都具有网络状的结构特点，它们是国民经济的基础，为社会生产和消费提供"共同生产条件"或"共同流通条件"、大部分的基础设施和基础产业都具有供给方规模经济和自然垄断倾向，且投资规模大、建设周期长，其运营和使用具有很强的外部性，因此，早期对于基础设施产业的研究重点往往集中于"接入"问题的讨论。

接入又称为互联（Interconnection），是网络问题中的一个经典概念：如果某家公司在网络中掌握着"瓶颈环节"（Bottleneck Link），即"关键设施"（Essential Facility），其他公司要向消费者提供服务必须通过这个"瓶颈环节"，才能连接到这个基础设施上，这时就出现了互联。在不同的网络行业中，由于接入问题的技术特征不同，具体的术语也有所不同，比如在电信业中称为接入（单向）或者互联互通（双向），而在电力工业中则称为传输，但问题的实质都是相同的。在接入问题中，最核心的内容是接入定价，即如何对某种"瓶颈"资产的使用确定成本的分配和费用的计算，以期在建立一个有效的定价机制的同时最大限度地减少摩擦成本，实现资源的最优配置。

除接入定价外，早期的网络产业经济学中的另一个重要问题就是对规制与竞争的激烈讨论。由于网络行业固有的技术经济特征和网络外部性的存在，长期以来人们认为网络行业存在规模经济和自然垄断的倾向，因此经济学家一直致力于制定各种规制和反垄断制度并对这些法规的效力进行分析。例如，美国电话电报公司（AT&T）的分拆一直是网络产业经济学分析中的经典案例。近年来，由于经济现实和现代经济理论的发展，网络产业经济学的研究重点开始从制定各种经济法规转移到引入激励规制和市场竞争，以建立一个存在多种互相竞争的基础市场结构的主题上来。

在研究网络服务与网络基础设施接入及相关问题时，人们认识到"互补""互联""互操作"可以使整个网络的价值得到提升。20世纪70年代，杰弗里·罗尔夫斯（Jeffrey Rohlfs）在对电话网络进行研究时提出，消费外部经济对通信产业的经济分析有基础性作用。这是关于网络外部性理论的第一次系统性探索。美国麻省理工学院媒体实验室创始人之一的尼古拉斯·伊科诺米季斯（Nicholas Economides）对网络产业中广泛存在的网络外部性问题进行了深入的探讨和分析，从不同类型的网络所具有的共同特征入手，将讨论的焦点集中在由互补性引发的网络外部性问题上，分析了网络外部性的来源、网络外部性对网络服务定价和市场结构的影响，并将其他经济学家对网络外部性的研究进行分类。之后，伊科诺米季斯教授从对网络外部性的研究扩展到对兼容性（Compatibility）、技术标准合作、互联和互操作性问题的研究，进一步探讨了它们对定价、网络服务质量以及在不同的所有权结构下的网络链接价值的影响。

（二）互联网经济学

当互联网以惊人的速度向前发展，拓展到世界各个角落时，经济学界逐渐意识到继续将互联网与电力、航空、通信技术、广播电视、铁路等稍显传统的生产部门放在一起研究已经不合时宜了，由此互联网经济学应运而生。

进入 20 世纪 90 年代后，互联网的发展使有关计算机网络的经济学问题成为网络经济学的研究重点。最初是关于电子计算机的局域网、广域网的成本核算、收费标准的一些经济学讨论，后来逐渐增加到对互联网服务价格、税收和服务提供者竞争等的分析。这些在决定互联网资源的有效配置、提高互联网网络投资的获利能力、制定适当的政府政策方面的研究主题都被经济学家纳入了网络经济学的讨论范畴。1999 年 3 月，在荷兰鹿特丹大学召开的网络经济学国际研讨会上讨论的议题就包括"网络理论""电信""互联网"等。

1995 年 3 月，美国麻省理工学院在美国国家科学基金的支持下，举办了一场互联网经济学的研讨会。会后，美国学者李·W. 麦克奈特（Lee W. McKnight）和约瑟夫·P. 贝利（Joseph P. Bailey）将会上的发言稿编成《互联网经济学》一书。在书中，首次较为明确地阐述了互联网经济学的定义：互联网经济学是一门研究互联网服务市场的经济学，其研究的主要目的是实现对互联网中"云"部分的经济解释，弄明白在网络之"云"中究竟发生了什么，为什么它会存在，以及它的关键经济特征是什么？

现今的经济学界已经基本达成一致，互联网经济学实际上是网络经济学的一个分支。从互联网经济学的主要研究范围来看，它既和其他的通信网络具有共同之处，也有自身的特点，人们对它在某些方面的研究超出了原来的通信经济学的范畴，从而使网络经济学的研究范畴进一步扩大。

关于互联网的经济学研究还有一定的局限性，其研究主题主要包括对拥塞定价的讨论、内容提供商如何就互联问题和多址传输分配成本等。虽然在一些关于互联网经济学的论著中，电子商务的经济学讨论也偶有出现，但所涉不广。因此，总的来说，互联网经济学仍然主要是从互联网服务价格和服务提供者的竞争方面出发，研究与有限资源的配置、投资获利和适当的政府政策有关的问题。

（三）信息基础设施经济学

与微观经济学、宏观经济学等成熟的经济学分支相比，网络经济学的一个鲜明特点就是它必须紧跟技术进步。网络经济时代，技术本身始终处在不断的变迁之中，作为其经济解释的经济学也必然如此。当技术界中互联网通信的真正本质在发生着变化时，经济学家开始认为，即使是互联网经济学也无法完全反映网络时代的经济现实，他们逐渐开始使用"信息基础设施经济学"这一概念。从技术上来看，现代网络通信已经绕过传统的电话网络或有线网络，而通过卫星直接将数据传送到个人计算机中。这样的无线通信已经开始广泛应用于商业部门中，通过低空地球卫星和计算机中的红外线传感器，网络结构并不需要以有线网络为基础。虽然目前互联网在很大程度上仍然是信息基础设施的同义词，但是当所有这些有线网络和无线网络都转变为数字网络并且成为可相互操作的网络系统之后，通过有线连接的互联网将仅是信息网络结构的一小部分。以此为基础，以信息基础设施经济学来取代互联网经济学显得顺理成章。

当信息基础设施从有线通信网络发展为各种不同结构的包括卫星电视和无线通信网络在内的综合形式时，信息基础设施经济学的研究已不仅仅包括有关定价、资源配置和政府规制等问题，其研究重点将有可能集中在如何建立一个包含不同类型网络的、相互竞争的基础设施市场上。总体来说，信息基础设施经济学虽然着眼点和侧重点尚有待进一步研究，但可以肯定的是，其比互联网经济学有更广的外延，研究范围更大。

（四）电子商务经济学

随着人们对互联网作为主导信息基础设施地位的质疑，越来越多的经济学家开始意识到，把电子商务的经济学分析内容置于互联网经济学之内的做法是不可取的，相应地出现了"电子商务经济学"这一独立的概念。研究电子商务经济学的专家认为，互联网经济学和电子商务经济学是不容混淆的。电子商务的根本在于它通过通信网络和传输系统使交易更为便捷，以及它组织市场和开展交易的方式，即通过可视化的市场代理商、数字产品和电子过程进行交易。这样一种经济过程和承载它运作的技术平台没有必然和永远的联系。目前由于互联网的开放性和用途广泛使互联网成为电子商务所选择的主要媒介，人们常常将通过互联网进行的商务活动等同于电子商务。随着技术的发展，任何一种数字通信媒体都将有可能支持电子化市场的运作，互联网从本质上说仅是一种电子商务最初运作时暂时依赖的基础设施，电子商务这样一个具有革新意义的市场形式，无论是建立在何种基础设施上都能够存在并且起作用。基于这一观点，电子商务经济学所研究的就是在这样的一种市场中，市场过程和产品发生了怎样的基本变化，市场参与者在生产、营销、消费过程中应当就产品选择、市场战略、价格制定等考虑哪些新的影响因素。这显然和互联网经济学、信息基础设施经济学所研究的内容大相径庭。

从电子商务经济学的基本内容来看，它讨论了在网络经济时代数字产品和实物产品的经济学含义；它应用了基础微观经济学理论，论述电子交易市场上的质量不确定性、市场信息、市场中介和新的市场效率问题；分析了在网络时代十分敏感的版权问题。同时，电子商务经济学还对网上营销、网络广告、信息查询、产品差别定价、金融电子商务进行了系统的经济学分析。总体来说，电子商务经济学是对一个买卖双方、产品和交易过程都发生了本质性改变的市场进行的微观经济分析，是为一个全新商业模式的发展奠定良好的经济学基础，并对电子商务发展的战略前景作出预测。

四、网络经济学的研究方法

（一）宏观方法与微观方法

伊科诺米季斯将网络经济学的研究方法分为宏观方法（Macro-Approach）和微观方法（Micro-Approach）两大类。宏观方法假定网络外部性的存在，在构造效用函数时体现了消费者效用水平与网络规模之间的关系，并据此来研究网络外部性存在情况下的市场竞争与经济运行状况。微观方法则是基于网络的微观结构，从网络节点之间的互补性出发，探讨网络外部性产生的根源，并由此延伸到包括兼容与不兼容等在内的战略选择问题。

后面章节对网络经济学的介绍主要立足于宏观方法，将网络外部性存在的假设贯穿于分析的始终。在分析的过程中，也穿插了微观方法中对网络外部性产生根源的探究以及由此产生的兼容选择问题。因此，从这个角度来看，本书的研究方法是以宏观方法为主，以微观方法为辅。

（二）实证方法与规范方法

实证（Positive）方法和规范（Normative）方法是现代西方经济学最基本的两种研究方法。实证方法主要是对经济现象进行描述与解释，回答经济现象"是什么"的问题，而规范方法则致力于回答"应该怎样"的问题。实证方法是从可观察或可直接感知而无须证明的事实出发，检验有关现实世界的假说，其目的不是决定其正确性，而是要检验其适用的范围。规范方法则需要从个人和社会两个角度出发，对什么是理想的经济状态进行带有主观性的价值判断。对网络经济学的研究往往是这两种方法的有机结合。

学者在对网络经济下的市场结构和厂商竞争策略的研究中，使用了所谓"思想试验"的方法，即先对基本经济环境作出一些合理的假设，继而运用严格的逻辑推理得到均衡的结果，再将这些结果与我们观察到的现实经济现象比照，这里就运用了经济学中的实证研究方法。同时，学者在对标准政策、反垄断政策、知识产权保护政策等公共政策的分析过程中，也大量运用了规范分析的方法，探讨了"应该怎样解决的"现实经济问题。

（三）静态分析与动态分析

静态（Static）分析考察的是研究对象在某一时点上的现象和本质问题，而动态（Dynamic）分析则是在静态分析的基础上加入时间因素，研究随着时间的推移，经济所显示的各种发展、演化的规律。网络经济学的相关问题常常是以静态分析为起点，再延伸到动态分析。网络经济学的研究方法往往体现了从静态到动态，动静结合的分析逻辑。例如，在研究市场结构部分时，学者不仅需要考虑某一时点所观察到的市场结构格局，还应该把市场结构的演变放在一个动态的环境中分析。在竞争策略部分，学者不仅需要探讨厂商的静态定价方法，还要研究更为重要的动态定价策略；学者不仅需要分析厂商兼容的动因和影响，还应探究兼容策略的应用。这些都体现了静态分析与动态分析的有机结合。

（四）理论研究与经验分析

理论研究（Theoretical Study）和经验分析（Empirical Analysis）是研究方法的另一种分类。理论研究是一个推导理论或者应用理论解释经济现象和最后形成假说的过程；经验分析则是运用各种统计分析方法对已有的理论和模型进行检验。学者在网络经济学的理论研究中，贯穿了微观经济学、产业经济学、公共经济学等经济学科的理论，可以运用动态最优化、博弈论等现代分析工具；在对市场结构的经验分析中，则可以运用统计学、计量经济学等分析工具对相关的理论假说进行检验。

（五）实验研究

除运用以上的研究方法外，部分网络经济学的研究还尝试引入实验经济学的一些基本方法。实验研究方法的优越性使其应用领域在过去几十年里迅速扩展，从市场机制、个人决策理论到产业组织理论、公共政策和金融证券市场模型等。实验研究强调经济学的可实验性，与"社会科学不可实验"的论断针锋相对。网络经济学引入实验研究方法的主要目的在于通过模拟实验，考察网络外部性、厂商的竞争策略和政府公共政策对理性消费者选择的影响，以检验相关理论分析的适用性和局限性。

◎思考题：

    1. 简述你在生活中遇到的网络经济现象。

    2. 网络经济学的研究对象是什么？

    3. 你觉得还有哪些研究方法可以应用于网络经济学研究？

【案例延伸阅读】

向"新"而行，以数字经济推动新质生产力加快发展

国家互联网信息办公室出台《促进和规范数据跨境流动规定》（以下简称《规定》），针对新形势下保障国家数据安全、保护个人信息权益、促进和规范数

据依法有序自由流动的现实需要，对现有的数据跨境标准、程序等作了优化完善。《规定》既是优化营商环境、支持外资企业在中国持续深耕发展的有力举措，也是统筹推进深层次改革和高水平开放，持续打造更具竞争力的数字经济的重要制度创新。《规定》的出台更好顺应数字经济高质量发展趋势、更加适应我国更高水平安全需要，必将更好释放数据作为新型生产要素的资源潜能、经济社会价值。

2023年中央经济工作会议指出，要拓展数字贸易，认真解决数据跨境流动等问题，并强调要统筹高质量发展和高水平安全。国家网信部门统筹高质量发展和高水平安全，制定实施了《数据出境安全评估办法》《个人信息出境标准合同办法》等部门规章，不断健全数据跨境治理规则库。

在上述规章实施过程中，围绕数据跨境活动的具体实施条件，尤其是如何申报数据出境安全评估、订立个人信息出境标准合同、通过个人信息保护认证等数据出境三大路径，各行各业数据处理者仍有一定疑问。《规定》针对数据出境具有较强必要性、不涉及重要数据、仅涉及少量个人信息等场景中的数据处理者，明确了不需要申报数据出境安全评估、订立个人信息出境标准合同、通过个人信息保护认证的具体情形，在重点监管较高风险情形、确保数据有序跨境流动的同时，降低了低风险场景下数据处理者的合规成本，进一步完善了我国规制数据跨境流动的法治架构。《规定》积极运用法治思维和法治方式解决数据跨境面临的难点、痛点问题，有效回应了社会关切，有利于促进数据跨境合规主体积极依法合规、提升数据跨境效率。

根据《中国城市数字经济发展报告（2023）》，我国数字经济规模在2022年已超过50万亿元，位居世界第二，占GDP比重提升至41.5%，数字经济与实体经济融合越发紧密。在数字经济风起云涌的今天，数字技术的创新赋能、数字产业的创新增效、数字人才的创新发展、数实融合的创新深化，将为发展新质生产力提供强大动能。加快推动新质生产力高质量发展，就要紧紧抓住数字创新这个牛鼻子，以数字科技创新推动产业创新，加快推进新型工业化，提高全要素生产率，不断塑造发展新动能新优势，促进社会生产力实现新的跃升。

一、有利于数据要素更好赋能新质生产力发展

当今时代，数字技术、数字经济是世界科技革命和产业变革的先机，是新一轮国际竞争重点领域，数据已成为国家基础性战略资源和关键性生产要素，并由此衍生形成数据生产力。不同于传统生产力以资本、劳动、土地为要素，数据生产力是以数据、算力、算法为要素的新质生产力，具有智能、绿色、高效的特质。大数据产业作为以数据生成、采集、存储、加工、分析、服务为主的新兴产业，具备速度快、精度准、价值高等优势，能够最大限度激发数据要素潜能，推

动生产力创新和发展，为实现经济高质量发展注入新活力。

《规定》采用列举方式对无须进行数据出境安全评估或者个人信息出境标准合同备案的出境场景进行了规定。《规定》明确，若符合订立履行个人作为一方当事人的合同所必需、跨境人力资源管理、境外个人信息入境再出境等情形，则相关主体无须就相关数据出境活动进行前置审批。此种设计有效鼓励了国内外企业及组织依法开展跨境业务及进行跨境双边、多边合作，积极回应了国内外各方市场主体对中国企业出海及外国企业在华投资经营的需求与期待，有力地打通了数据流通因合规要求受阻等束缚新质生产力发展的堵点、卡点，有利于增强对国内外数据要素资源的吸引力，有利于高质量数据资源等优质生产要素顺畅流动和高效配置。

二、有利于扩大数字经济更高水平制度型开放

十四届全国人大二次会议通过的《政府工作报告》明确提出，2024 年政府工作的重要任务之一是"扩大高水平对外开放，促进互利共赢"，要"主动对接高标准国际经贸规则，稳步扩大制度型开放"。

近年来，一些国家将"数据跨境流动"与"保护国家安全"捆绑设置议题，既在全球范围内利用跨国企业广泛集中他国数据，又以种种借口阻挠正当、合法的数据跨境流动，意图构建以其为优先的国际数据流动秩序。面对此类破坏国际经贸秩序的行为，我国强调不断深化和扩大对外开放水平，推动数据跨境双向有序流通。

上述办法针对新技术环境下数据跨境流动的场景特殊性、合规特殊性和监管执法特殊性，创新自由贸易试验区牵头制定并实施的数据跨境负面清单机制，明确豁免自由贸易试验区范围内负面清单外数据出境的事前评估认证义务。这一举措是数字经济新阶段市场化、法治化、国际化营商环境建设的重要创新，为高标准建设自由贸易试验区，打造高能级数字经济对外开放合作平台、连通国内国际双循环提供制度型开放基础，也为全球数据流动治理探索，积累和提供中国经验。

（案例来源：周辉.专家解读 | 让数据要素更好赋能新质生产力发展、扩大数字经济高水平制度型开放的重要举措 [EB/OL].中央网络安全和信息化委员会办公室网，[2024-03-22]. https://www.cac.gov.cn/2024-03/22/c_1712776626019179. html.）

第二章 网络经济中的需求

【思政案例导入】

以数字经济驱动消费升级

"消费是我国经济增长的重要引擎。"我国有14亿多人口，中等收入群体规模超过4亿人，是全球最具潜力的大市场。居民消费优化升级，同现代科技和生产方式相结合，蕴含着巨大增长空间。当前，以数字化、网络化、智能化为主要方向的新一轮科技革命和产业变革持续推进，数字经济凭借其独有的高创新性、强渗透性、广覆盖性等特点，正以前所未有的速度和影响力推动生产方式和生活方式发生深刻变革，日益成为促进消费扩容提质的重要力量。新时代新征程，我们要顺应数字经济发展趋势，积极推动数字经济赋能消费升级，为扩大国内需求、促进经济高质量发展注入活力。

数字经济通过提升居民收入水平推动消费升级。从理论上看，收入是消费的前提和基础，居民收入水平的提升是消费升级的重要动力和基础条件。数字经济可以从多个方面推动居民收入水平提升。首先，数字技术的广泛应用可以全面提升社会生产力水平和生产经营效率，提高人力资本投资回报率，降低生产经营成本。其次，不断涌现的数字经济新业态新模式突破了时间和空间的限制，创造出许多新职业和新就业岗位，带来更多增加居民收入的机会。再次，借助算法等数字技术的强大资源整合和匹配能力，数字化就业服务平台可以大幅提升劳动力市场的供需匹配效率，有效降低供需双方的交易成本。最后，各类职业技能培训平台的发展极大推动了劳动者技能提升和数字技能积累，增强了劳动者对快速变化的新技术的适应力，由此带来人力资本的提升，从而促进其收入水平持续提升。

数字经济通过优化产业结构推动消费升级。生产决定消费。生产创造消费品，为消费活动提供对象，同时还决定着消费活动的方式，并不断激发消费者新的需求。数字经济发展可以推动供给端的产业结构优化，进而推动消费升级。首先，作为新型生产要素，数据要素日益广泛而深刻地融入经济社会各领域，通过加速推进产业融合、重塑产业链价值链等方式大幅提升要素配置效率，并不断催生新业态新模式，创造新需求。其次，强大的数字基础设施为各类生产要素的快速聚集、流动和高效匹配创造了有利条件，助力提高供给体系的质量和效率，引导产业结构实现优化升级。最后，数字技术通过重塑企业内部流程、改造传统产业生产方式、优化产业组织结构等，推动传统产业高端化、智能化、绿色化升级改造，推动构建现代化产业体系。

数字经济通过更好地适应和满足新需求推动消费升级。作为经济发展最重要的内生动力，消费反映了人民对美好生活的向往和追求。随着我国发展阶段变化和居民收入水平持续提高，居民消费需求逐渐转向以服务性消费为主，更加注重非物质层面的体验、享受和情感等精神需求的满足。此外，在物质生活更加宽裕和互联网快速普及的环境中成长起来的新生代群体，其消费习惯和消费方式日益呈现数字化、个性化、社交化等新特点。数字经济在顺应新趋势、满足新需求方面有着独特优势。一方面，数字技术应用有助于更加精准地捕捉消费端需求及其变化趋势，通过按需定制、以销定产推动生产方式变革，创新供应链，重塑价值链，从而创造出更多的新产品、新服务。另一方面，数字经济能够创造丰富的消费应用场景，技术创新应用能够为人们提供更智能、更高效和更安全的消费环境和消费体验，从而更好满足生存型、发展型和享受型等多类型多层次的消费需求。

（案例来源：于凤霞 . 以数字经济驱动消费升级［EB/OL］. 中国共产党新闻网，［2023-06-21］. http://theory.people.com.cn/n1/2023/0621/c40531-40018487.html. ）

第一节　外部性与网络经济

学习要求

1. 理解传统经济学中外部性的含义。
2. 掌握外部性对市场的影响。

关于外部性的研究最早可以追溯到 1890 年，在阿尔弗雷德·马歇尔（Alfred Marshall）《经济学原理》一书中首次提到外部经济的概念，分析了内部经济和外部经济对企业成本的影响。阿瑟·塞西尔·庇古（Arthur Cecil Pigou）在 1920 年首次使用"外部性"一词，并用现代经济学的方法从福利经济学的角度系统地研究了外部性问题，在外部经济概念的基础上扩充了"外部不经济"的概念和内容，将外部性问题的研究从外部因素对企业的影响效果转向企业或居民对其他企业或居民的影响效果。经过不断地发展演进，逐渐形成了外部性理论。外部性是指一个市场参与者影响到他人或公共利益，而行为人又没有因此做出赔偿或得到补偿的现象。由于市场参与者的行为决策依据的是私人成本和私人收益，因此，当外部性导致了私人决策时不会考虑他们的行为对其他人或者公共利益的影响，导致了价格机制对资源的错误配置，也就是说，当外部性存在时，一种商品的价格不一定反映它的社会价值，因此厂商可能生产太多或太少，导致市场无效率。

在这些研究的基础上，围绕着网络外部性，传统经济学和所谓的超边际学派分别给出了不同的看法。传统经济学将"网络效应"归结为"市场失灵"（Market Failure）中的外部性，并认为通信技术互联网的出现，不过是增加了一类信息产品，传统的以边际分析为特点的经济研究方法仍然基本适用。而以杨小凯为代表的"非人格的网络超边际分析"学派则认为网络和通信业的发展已经推动经济步入新经济时代，传统的经济学体系，包括它的研究方法都已经不能适应新经济的发展了，不能再用旧的研究方法来研究网络经济学。本书依旧从传统经济学的角度对网络效应或网络外部性进行解释。

本书所讨论的网络外部性是传统经济学外部性的一种特殊情况。具体来说，指的是一种行为给他人带来附带的收益或者损失，而因此遭受损失或者得到收益的人既没有途径向输出负面效应的人索赔，也没有办法向输出正面影响的人支付合理的报酬。为了诸位学习方便，本书将网络外部性与传统外部性的关系进行了区分，为了更好地学习网络经济学，本章第一节首先回顾传统经济学关于外部性的论述。

一、传统经济学的外部性

在传统经济学的研究中，外部性是"市场失灵"的主要表现之一。一个有效的市场制度要发挥其经济效率，一切影响都必须通过市场价格的变动来传递。一些人的行为影响他人的福利，只要这种影响是通过价格传递的，即这种影响反映在市场价格里，就不会对经济效率产生不良的作用。然而，如果一个人的行为影响了他人的福利，而相应的成本收益没有反映到市场价格中，就出现了外部性。外部性可以是正的，也可以是负的。例如，修复历史建筑具有正外部性，因为那些在历史建筑物附近散步或骑车的人可以欣赏到这些建筑物的美丽，并感受到这些建筑物带来的历史沧桑感。

相反，如果一个人的行为伤害了别人，而他也并不因此付出代价，就产生了负的外部性。例如，甲经营的工厂向一条河流排放废弃物，而乙却是以在这条河中捕鱼为生。甲的活动直接影响乙的生计，但却并没有通过价格的变动得以反映，则甲的行为产生了负的外部性。外部性最重要的应用之一就是关于环境治理的辩论，其中最为经典的就是污染问题，即负的外部性。

总结上面的分析，如果所有的行为都能反映在价格里，就意味着私人的成本收益与社会的成本收益是一致的，市场机制会自动地使资源配置达到帕累托最优。外部性的存在意味着生产者面临的边际成本并不反映增加生产的所有社会成本，或者个人的消费边际收益并不等于社会收益。如果获得的收益并不完全归于直接生产者，或者如果私人生产成本没有反映总的社会成本，那么竞争性市场的选择可能不是社会的效率选择。虽然私人按照边际收益等于边际成本的原则来决策，但外部性的存在使这种决策对整个社会经济效率不利。那么，外部性是如何对资源配置产生不利的影响呢？外部性的出现意味着一个行动给其他人带来附带的收益或损害，而且并没有人因此给予产生外部性的人相应的赔偿，由此产生价格机制对资源的错误配置。外部性产生效率问题，因为外部成本或收益通常不被引起外部效应的消费者或生产者考虑在内。如果某种活动产生了负的外部性，那么，生产者和消费者就会低估该活动的社会成本，并且过多地选择那种活动。如果消费和生产使那些没有被考虑在内的人产生收益，消费者或者生产者因此低估了社会收益，那么，那种经济活动的选择就会太少。

二、外部性对市场的影响

外部性对市场的影响是多方面的，它不仅影响市场效率，还可能导致市场失灵和价格信号失真。因此，理解和应对外部性问题是确保市场经济有效运作的关键。

（一）外部成本与外部收益

从经济学的角度，外部性又指私人收益与社会收益、私人成本与社会成本不一致的现象。之所以会产生不一致，是因为社会收益除了包括私人收益之外，还包括外部收益，而社会成本除了私人成本之外还包括外部成本。用公式表示，即为：

边际社会收益（MSR）＝边际私人收益（MR）＋边际外部收益（MER）

边际社会成本（MSC）＝边际私人成本（MC）＋边际外部成本（MEC）

所谓外部成本，是指一个人给他人带来的未加以补偿的成本，而外部收益是指一个人给他人带来的未得到补偿的收益。当外部收益或外部成本为 0 时，社会收益与社会成本、私人收益和私人成本相等；而当外部收益和外部成本大于 0

时，社会收益与社会成本、私人收益和私人成本出现不一致，此时便出现正外部性或负外部性。

（二）外部性与市场失灵

按照一般的观点，当社会收益与私人收益、社会成本与私人成本不一致时，就会改变均衡的条件，使社会脱离最有效的均衡状态，这就意味着市场机制不能实现其优化资源配置的基本功能，即出现了市场失灵。

将外部性分为正外部性（外部经济）和负外部性（外部不经济）是根据外部性的影响效果来划分的。正外部性是经济活动（生产或消费）给他人或社会带来积极的影响引起他人效用增加或成本减少；负外部性是经济活动给他人或社会造成消极的影响，引起他人效用降低或成本增加。比如，一台私人音乐播放器能发出美妙的音乐，邻居无须付费就能获得听觉上的享受，因此，私人音乐的播放对邻居有正面的效用；但如果放得太响，影响到邻居的休息，则会对邻居产生负面效用。

按照前面的分析，当边际外部收益 > 0，即边际社会收益 > 边际私人收益时，即为正外部性。在存在正外部性的情况下，经济主体是按照私人边际成本等于边际收益来决定其产出，就导致实际的产出偏离社会的最优产出（见图 2-1）。

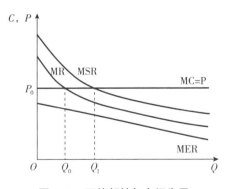

图 2-1　正外部性与市场失灵

如图 2-1 所示，当存在正外部性时，厂商不会选择以边际社会收益等于边际私人成本的社会最优产出 Q_1 进行生产。而会选择边际私人收益等于边际私人成本时的产出 Q_0。我们可以看到，此时的社会实际产出 Q_0 小于理论最多产出 Q_1，这就造成了社会福利的损失，意味着资源配置的无效率，即市场失灵。

按照同样的方法，当边际外部成本 > 0，即边际社会成本 > 边际私人成本时，即为负的外部性。在存在负外部性的情况下，经济主体依然按照私人边际成本等于边际收益来决定其产出，同样导致实际的产出偏离社会的最优产出（见图 2-2）。

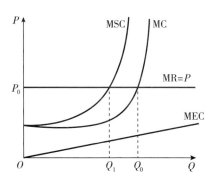

图 2-2　负外部性与市场失灵

（三）外部性与市场效率

外部性是导致市场失灵的一个原因，当存在外部性时，价格机制会错误地配置资源，即一种商品的价格不能反映商品的社会价值，因此厂商可能会生产得太多或太少，从而导致市场的无效率。经济学理论认为一项经济活动的边际社会成本（MSC）是边际私人成本（MC）与他人负担的边际成本（MEC）之和；边际社会收益（MSR）是边际私人收益（MR）与边际外部收益（MER）之和。基于这些理论，下面举例说明外部性是如何导致市场无效率的。

有很多造成市场失灵的外部性案例，最经典的就是负外部性的污染问题。如图 2-3 所示，MC 曲线表示了一个典型的制造业厂商的边际生产成本，而 MEC 曲线代表边际外部成本，通常是向上倾斜的，因为随着厂商产出的增加，污染危害也随之增大。MSC 曲线是由每一产出水平上的 MC 加上边际外部成本 MEC 得到的（即 MSC = MC + MEC）。当存在负外部性时，边际社会成本 MSC 大于边际私人成本 MC，差额就是边际外部成本 MEC。追求利润最大化的厂商会在使价格 P_1 与边际私人成本 MC 相等的产量 q_1 处生产，而社会有效产出则是价格等于边际社会成本 MSC 的 q^* 处。从图 2-3 中可以看出，当厂商追求自身利益最大化而生产 q_1 时，社会有效产出 q^* 与之发生偏离，即厂商生产得过多了，即导致了更多的污染。

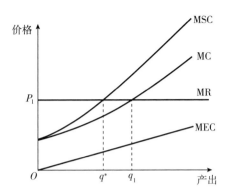

图2-3 负外部性：社会有效产出的偏离

由上面的分析可知，负外部性造成了社会有效产出与私人最优产出的偏离，在经济学理论中，正外部性同样导致市场的无效率。正外部性的典型例子是厂商所进行的研发活动，研发给厂商带来新的技术，但通常技术的创新难以得到完全的保护，其他厂商很容易通过模仿该项技术创新而分享一部分开发厂商的利益。如图2-4所示，厂商研发的边际私人成本 MC 曲线为一水平直线，它表示研发成本随着研发工作的增加而均匀增加。当存在正外部性时，边际社会收益 MSR 曲线等于厂商的边际私人收益曲线 MR 加上边际外部收益 MER（即 MSR = MR + MER）。追求收益最大化的厂商将选择在其边际私人收益 MR 与边际私人成本 MC 相交的 q_1 处进行投资研发，而社会的有效研发投资量则是边际社会收益 MSR 与边际私人成本 MC 相交的 q^* 处。从图2-4中可以看出，社会有效研发投资量大于厂商最优研发投资量，即研发投资不足，这主要是因为厂商不能得到研发投资所产生的所有收益，造成其降低研发的投入，所以导致了研发市场的无效率。

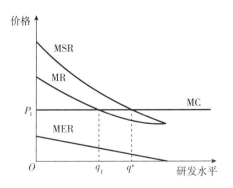

图2-4 正外部性：社会有效研发投入的偏离

通过上面两个例子可以看出：首先，无论是正外部性还是负外部性，两者都扭曲了成本—效益原则，破坏了市场应有的效率，降低了社会总效用，影响市场经济的正常运行，市场自发达到的均衡并不是帕累托最优的；其次，由于外部性是市场自身的产物，即市场失灵无法完全通过市场手段来使之内化，往往需要借助于市场之外的力量（如政府、法律、道德等），利用"看得见的手"消除外部性的存在基础，进而解决外部性问题。

在解决外部性问题上，不同的经济学家有不同的看法。比如，庇古等认为，政府可以通过税收、补贴等手段来解决外部性问题。他们认为，在存在负外部性的情况下，应对低于社会边际成本的行业征税；当存在正外部性时，政府会对那些边际私人利益低于其边际社会利益的部门实行奖励或补贴。通过征税、补贴等措施，消除了私人利益与社会利益之间的偏差，实现了外部性内部化。罗纳德·科斯（Ronald H. Coase）在其《社会成本问题》一书中对"庇古税"提出了不同的看法，认为政府没有必要进行干预，产权的再分配可以解决外部性问题。具体而言，在交易费用为零的情况下，无论如何安排初始产权，各方通过协商均能达到最优的效率。

◎思考题：

1. 详细阐述外部性的含义及其分类。
2. 分析正外部性对市场效率的影响。
3. 分析负外部性对市场效率的影响。

第二节　网络外部性的定义与分类

（学）（习）（要）（求）

1. 理解网络外部性的内涵。
2. 掌握网络外部性的分类。

一、网络外部性的定义

在网络经济环境中，经济是通过网络的方式进行组织和运行的，经济网络中的信息流动速度空前之快，智能化的数字网络信息为生产、交换、流通和消费提供了重要的支撑，这就使网络外部性问题变得越来越突出，其正反馈效应也随之被放大，呈现一种经济学特征：用户接入网络所带来的价值取决于已连接到网络的其他用户的数量。由此，我们可以明确网络外部性的概念。网络外部性是指一个网络的价值与其用户的规模相关联，每一个新用户的加入都会给已有的用户带来新的价值，从而使整个网络的价值增加。网络价值取决于用户规模的这一现象，最早由杰弗里·罗尔夫斯（Jeffrey Rohlfs）于1974年根据对电信服务的研究发现的，他认为这种现象"是消费外部经济性的典型例子，对通信产业的经济分析有基础性的重要作用"。罗尔夫斯的研究对网络效应后来的研究具有奠基性的作用。在这之后，出现了著名的梅特卡夫定律（Metcalfe's Law），这一定律则是对物理网络中存在的这种网络效应更进一步的具体说明。具体表述为：网络的价值与联网的用户数的平方成正比。用公式来表示，即：

$$V = kn^2 \tag{2-1}$$

式中，V 为网络的价值，n 为网络的节点数或用户数。

在网络市场上，若产品间能完全兼容，则可实现产品安装基数的共享，从而扩大产品网络的规模。因此，基于主流观点，我们认为，当使用同类产品越多或同类产品的用户数量越多，其对用户的价值越大，网络外部性就越大。即，在正向网络外部性影响下，原用户因用户数增加而获得产品中包含的新价值，但不需要对该价值进行补偿（这是一种外部性）。梅特卡夫定律所描述的经济现象就是网络外部性：网络价值以用户数量的平方的速度增长，即如果一个网络中有 n 个人，那么网络对每个人的价值与网络中其他人的数量成正比，这样网络对所有人的价值与 $n \times (n-1) = n^2 - n$ 成正比。如果一个网络对网络中每个人的价值为 1 美元，那么规模为 10 倍的网络的总价值约为 100 美元，规模为 100 倍的网络总价值约为 10000 美元。网络规模增长 10 倍，其价值就增长 100 倍。这一法则用经济学的术语来描述就是网络外部性。从更加广义的角度来说，网络外部性意味着在网络中一种行为的价值增加，且这种价值增加通常伴随着采取相同行为的市场主体的数量增加。

我们可以通过一个电话网络来进行举例说明。假定每一个用户和另一个用户通话就获得 1 个单位的效用，当整个网络只有 1 个用户时，他不能与任何人通话，网络的总效用为 0。当新增加 1 个用户，新用户可以与已有用户通话，获得 1 个单位效用，已有用户也可以与新用户通话，也获得 1 个单位的效用，网络的总效用为 2。网络再增加 1 个新用户，第三个用户可以与已有 2 个用户通话，获得 2 个单位的效用，已有 2 个用户也都可以与这个新用户通话，各自新增 1 个单位效用，此时网络的总效用增加为 6。以此类推，电话用户数量与网络效用的关系如表 2-1 所示。

表 2-1　电话用户数量与网络效用的关系

电话用户数量	1	2	3	4	5	…	$n \to \infty$
边际效用	0	2	4	6	8	…	$2(n-1)$
总效用	0	2	6	12	20	…	$n^2 - n \to n^2$

现阶段对于网络外部性的研究很多，看待这个问题的角度也各不相同，但是主流的观点依然是如上文所述的梅特卡夫定律，即从市场主体消费者的层面来认识网络外部性。这种观点给出了网络外部性一个明确的定义：当一种产品对用户的价值随着采用相同产品或可兼容产品的用户数量增加而增大时，即出现了网络外部性。换句话说，在网络外部性的作用下，随着用户数量的不断增加，相比于新用户，老用户自动获得产品的新增价值，且无须为这一部分新增价值而付出相应的补偿。很明显，这是传统经济学中一个特殊的正外部性。就拿局域网来说，如果只有一个人在用，它没有任何价值，但如果每个人都在用它，它就会变得越来越有价值。如果你所在的学校都用它，它就会变成一个校园网络，而如果用它的人扩展到整个城市，它就会变成一个城镇网，它的价值会成倍地增加。而且，随着用户数量的增加，使用局域网的人也会得到更多的好处。但如果使用局域网的人扩大到全城，你就能和全城的人联系。这种局域网络的终极形态，实际上是一种国际性的网络，通过它，你可以和世界各地的人们实时通信。同样是一款软件，在网络上，如果有更多的人使用这款产品，那么它的价值就会越来越高。例如，微信作为国际性的通信工具，随着用户基数的增长，微信对每个用户的价值也随之增加，而且由于用户的增加，微信也在不断推出新功能，如微信支付、微信小程序、公众号、企业微信等，这些功能使微信的价值不断增加。

二、网络外部性的分类

（一）直接网络外部性与间接网络外部性

按照网络外部性产生的原因，可以将其分为直接网络外部性和间接网络外部性两种类型。

直接网络外部性是指通过消费系统产品的市场主体数量变化所导致的直接物理效果，具体来说，就是由于使用某一产品的用户数量增加所导致的网络价值的增量。例如，现在流行的游戏对战平台，随着玩家数量的增多，老玩家可以和更多的人一起玩，互相切磋、互相交流，提高自己的使用效率。再如，各种在线论坛，在新用户加入后，其他用户可以与更多的人共享信息、共享资源、交换意见，提高用户的效用。前面提到的梅特卡夫定律以及电话网络的例子也属于直接网络外部性。这种直接网络外部性普遍存在于通信网络、互联网以及计算机软件、电子邮件等网络及产品中。

间接网络外部性是指"随着某一产品使用者数量的增加，该产品的互补品数量增多、价格降低而产生的价值"。也就是说，当一个产品的用户数量增加时，会有更多的厂商愿意为这种产品提供互补品，从而使已有用户从这个产品中获得更多的价值，同时因用户规模扩大而使生产成本降低，促使厂商降低产品价格，也使用户获得更多的利益，由以上因素带来的产品价值增加就是间接网络外部性。间接网络外部性通常存在于由互补产品构成的网络中，即硬件—软件范式。间接网络外部性最常见的例子是电脑硬件和软件的互补性，当某一类电脑的使用者增多，生产这种电脑所用软件的厂商也会增多，从而使这类电脑的使用者可以获得更多的相关软件，提高其品质，降低其价格。

（二）正网络外部性与负网络外部性

与一般外部性一样，按照网络外部性产生的结果，也可以将其分为正网络外部性和负网络外部性两种类型。

所谓正网络外部性，就是指能够产生积极作用的网络外部性，当一个新用户的加入给其他用户带来更多的价值，此时他所产生的外部性就是正网络外部性。很显然，我们之前分析的所有网络外部性，无论是直接网络外部性还是间接网络外部性，都属于正网络外部性。

反之，顾名思义，所谓负网络外部性，就是指产生消极作用的网络外部性，当一个新用户的加入不仅没有使其他用户的价值增加，反而使其他用户的价值减少，此时这个用户产生的外部性就是一种负网络外部性。

正网络外部性的普遍存在，并不意味着在网络中就不存在负网络外部性。以上讨论中提及最多的就是正的网络外部性，这很容易给人造成一种错觉：网络外部性只有正的，而且它的存在是有益的。这是必须防止的一个误区——简单地判定正的网络外部性产生正面的效应，而负的网络外部性则产生消极的效应。事实上，这两个判断都是错误的。必须承认，在网络外部性中，积极（正）的外部性引起了人们极大的关注，它也是网络外部性的主要体现形式，但是这并不意味着负的网络外部性就不存在。消极（负）的网络外部性也同样可能作为网络效应而出现。例如，拥塞就是一种负外部性，它可以抵消正的网络外部性。就拿国内的社交平台微博来说，加入和使用的人越多，每个人都能拥有更多的共享资源，还能和更多人交流，其价值提升，老用户能获得额外效用，此时，新用户的加入就体现出正的网络外部性。但是，如果每个人都使用这种交流方式或者服务，那么就有可能出现拥塞，微博用户可能会因网速过慢而苦恼，用户使用效用下降，此时就会产生负的网络外部性。可见，网络外部性本身既包含正外部性，又包含负外部性。

事实上，正如在前面对外部性的讨论中所提及的：无论是正外部性还是负外部性，两者都可能破坏市场效率，降低社会总效用，扭曲成本—效益原则，对市场经济的正常运行产生不利影响，因此不能从字面上简单地对网络外部性所导致的结果进行判断。前文中曾经提到过，网络外部性可以从不同的角度进行分析，而正的网络外部性，仅仅是从消费者的角度来加以考虑的。实际上，尽管从表面上来看，正的网络外部性对消费者和单个厂商而言似乎是有利的，但从全面的角度、长期的角度来看，它同样可能破坏市场的效率，扭曲价格机制对资源的配置，使价格不能反映真实社会价值，从而妨害市场经济的正常运行。

然而，相比较而言，正网络外部性是必然的和经常的，只要有网络的存在就会有正网络外部性的存在，而负网络外部性则更多是一种偶然的或个别的，它通常表现为技术原因导致的暂时现象。网络的拥塞通常是因为带宽不够或服务器的性能较低，只要改进技术，如增加带宽或提高服务器的性能，就能避免拥塞的发生。例如，早年间"双十一"购物节、春运期间网络购票等特殊时期，大量用户在极短的时间内急速涌入，导致网站崩溃。随着近年来服务器的升级，现在这样的情况已经出现了较大程度的改善。

因此，正网络外部性比负网络外部性更具有普遍意义，正因如此，人们将网络定义为具有正外部性特征的系统结构，通常所说的网络外部性，也主要是指正网络外部性，而对网络外部性的研究，主要是针对正网络外部性的研究。

◎思考题：

1. 阐述外部性与网络外部性的关系。
2. 详细论述网络外部性的定义及其分类。

第三节　网络外部性形成的原因及影响因素

学 习 要 求

1. 掌握网络外部性形成的原因。
2. 掌握网络外部性的影响因素。
3. 理解网络外部性影响下需求曲线变化。
4. 理解网络经济下的边际收益递增规律。

一、网络外部性形成的原因

网络外部性的形成，是由网络的性质决定的。网络是由节点和链路组成的一个有机系统，系统中各节点具有互补关系，同时通过链的连接实现价值共享，这就导致网络外部性的形成。

（一）系统性

所谓系统，是指由相互作用、相互依赖的若干组成部分结合而成的具有特定功能的有机整体。很显然，网络就是这样的一个系统，它是由相互作用、相互依赖的许多节点组成的一个有机整体，具有系统性的特征。一个网络无论如何向外延伸，新增加多少节点，这些节点都会与原有的节点融为一体，成为网络的一个组成部分。网络的系统性是决定网络外部性形成的基本原因。

（二）互补性

在一个网络中，每一个节点都必须依赖其他节点的存在而存在，即各节点之间具有互补关系，任何一个节点的作用与其他节点产生的作用都具有密切的联系，它们之间互为条件。网络作为一个系统，整个系统的功能及其价值并非取决于单独某个或部分节点的作用，而是所有节点共同作用的结果，离开了其他节点，任何一个节点都无法单独发挥作用。网络的互补性是决定网络外部性形成的根本原因。

（三）共享性

网络又是一个价值共享的体系，具有共享性的特征。在一个网络中，每一个节点的价值都为其他节点所共享，而每增加一个信息的节点，这个节点的效用都将为原有的其他节点共享。例如，在一个网络中，每一个新增节点的自身的效用是1，当它加入网络时，这1个效用为其他节点所共享，即网络中的每个节点因其加入都得到了1个效用，n个节点就得到了n个效用。其中，$n-1$个效用就是网络的外部性。而如果没有网络，大家只能分享这1个效用，n个人每人只能得到$1/n$个效用，$n \times (1/n) = 1$，也就没有了外部性的产生。网络的共享性是网络外部性形成的最终原因。

二、网络外部性影响因素

网络的外部性是由许多因素决定的。首先是由网络规模决定的，其次是节点间的关联强度和交互频率，最后是网络的开放性。

（一）网络规模

网络外部性的大小，首先与网络中的节点数目密切相关，即网络规模。梅特卡夫定律认为，网络的效用是随着用户数量的增加而增加的，随着用户数量的增加，网络的外部性增强，网络的价值也随之提高。因此，在现实生活中，人们倾向于选择用户规模较大、用户数量较多的网络或者产品，因为用户数量越多，网络外部性越强，价值越高。举个例子，大多数人选择用微软的 Office，这是因为 Office 的用户多，外部性明显，所以得到的便利也更多，相比之下，其他同类产品的用户比较少，在和别人沟通的时候由于彼此之间的不相容性，不能形成外部性，影响了它的效用。由此可以看出，网络规模决定外部性，影响产品价值，进而影响用户的选择行为。

（二）关联强度

一个网络在规模，即节点数量既定的情况下，此时网络外部性的大小又将取决于网络中各节点，也就是用户之间的关联强度。这些用户之间的关联强度越大，相互的作用就越大，网络外部性也就越大。就拿通信网络来举例，在一个通信网络中，可能有成千上万的用户，但是他们中的大部分人都不认识彼此，自然也就不可能彼此进行通信，因此，尽管这个网络的用户很多，但对用户来说，它的价值并不大。传统的电话网就是这样，从理论上来说，我们可以和每个人通话，但是真正和我们通话的人只是其中的一小部分，大部分人，我们是绝对不会和他们通话的。相反地，如果在一个网络里的人彼此都认识，并且彼此之间有频繁的交流，那么这个网络对于用户来说是有价值的。QQ 空间、微信的朋友圈等很多即时通信软件就属于这一类，尽管用户的人数没有手机网络用户多，但是由于用户都是亲朋好友，用户的关联强度高，外部性更明显，所以它的价值要比普通的电话网络高得多。

（三）作用频率

一定时间内用户之间发生作用的次数代表作用频率。在用户规模和关联强度都既定的情况下，如果一个网络中各个用户相互之间经常进行联系，发生相互作用的次数越多，网络外部性也就越大，反之不经常相互联系，很少发生相互作用，网络外部性也就很难发生，作用频率与网络外部性的关系可以用传统邮件与电子邮件等网络通信工具的比较来说明。在电子邮件还没有出现的时候，人们之间的交流主要是通过邮政信件来实现，但是由于写信比较麻烦、需要付费、不能及时地与人交流，即使是相熟的人之间也很少进行交流，邮政网络对人们的外部性也不是很明显。自从电子邮件这样的网络通信工具出现以后，通信变得更加方便，而且几乎没有任何费用，可以进行双向的即时通信，人们之间的交流更加频繁，频率的提高使其网络外部性的作用更加显著，同时网络通信的价值也随之大幅提升。也正是由于这个原因，网络通信逐渐取代了传统的邮政通信，成为现代社会中人们交流的主要方式。

（四）开放程度

一个网络的开放程度如何，也将决定这个网络的外部性的大小。网络的开放程度包含两层含义：一是对其他用户的开放；二是对其他网络及产品的开放。对其他用户的开放既包括对尚未采用本产品的潜在用户开放，让其成为自己的现实用户，也包括对已经成为其他产品用户的人开放，让其在使用其他产品的同时，也使用自己的产品。对用户的开放其道理是不言自明的，因为无论是对潜在用户还是其他产品用户开放，都会扩大自己产品的用户规模，增加自己网络及产品的直接网络外部性。对其他网络和产品的开放是指将自己的网络与其他网络之间进行连接，或者将自己的产品与其他产品进行兼容，这样做的目的是让自己的网络及产品与其他网络及产品之间也产生互补关系，即形成更大的间接网络外部性，让自己的用户通过这种间接网络外部性获得更大的效用。当然，这种开放是相互的，当你通过开放获得更大价值的同时，对方同样也能够通过这种开放获得更多利益，最后形成一个双赢的结果。

三、网络经济中的需求

在经济学理论中，基于边际效用递减规律可以推导出消费者的需求曲线是向右下倾斜的结论，即在其他条件不变的情况下，消费者对商品的需求量随着商品价格的下降而增加，销售量与价格是负相关的。然而，在以上对网络外部性的分析中可知，一个具有网络外部性的商品的价值随着其销售数量的增加而增大，即网络外部性强调了消费量与价格的正相关关系。这两个结论是不是相互矛盾？其实不然。究其原因，需求曲线描述的是一个静态的单期行为，反映了价格对需求数量的影响，而网络外部性则强调了预期的作用，反映预期数量对价格的作用。换句话说，关于网络外部性的描述"一个商品的价值随其所售数量的增加而增加"，应当被解释为"一个商品的价值随其预期将售数量的增加而增加"。这样，需求曲线依然向下倾斜，但在存在网络外部性的情况下，又将随着其预期销售数量的增加而上升。

基于以上的解释，构建一个存在网络外部性的需求曲线图来帮助我们进一步理解网络外部性影响需求的变化。

（一）个人需求

按照经济学的分析范式，在分析市场需求之前，先从分析个人需求开始。假设个人消费者是市场价格 $\overline{P}$ 的被动接受者，且对市场上采用该产品或可兼容产品的用户数量 n^e（即产品的网络规模）有完美的认识。在这种假设之下，消费者的效用函数可表示为：

$$U = \begin{cases} k + \varphi(n^e) - \bar{P}, & \bar{P} < k + \varphi(n^e) \\ 0, & \bar{P} > k + \varphi(n^e) \end{cases} \quad (2\text{-}2)$$

式中，k 为消费者从产品中获得的基础效用，即产品的自有价值；$\varphi(n^e)$ 为消费者对产品网络规模的效用评价，关于 n^e 是递增的，是对产品协同价值的测量。由于单个消费者的购买行为相对于整个消费网络是微不足道的，可以认为单个消费者的行为并不会影响网络规模，即 n^e 在个人的效用函数中是外生的。因此在既定的价格水平 $\bar{P}$ 和网络规模 n^e 下，消费者可以简单地比较价格与效用的大小，确定自己的消费决策，即 $U \geqslant 0$ 时选择购买，否则不购买。网络规模效应 $\varphi(n^e)$ 在个人需求中是由外生决定的，但在市场需求中是内生的，因此用个人需求的横向加总推导出市场需求的方法在技术上并不可行，有必要从其他角度和技术方法来构建存在网络外部性时的市场需求曲线。

（二）市场需求

（1）影响市场需求的因素分析。在构建市场需求曲线之前，有必要先分析影响市场需求的主要因素。首先，假设网络规模既定，由边际消费者效用递减规律可知，在价格不断调低的过程中，后进入市场的消费者总比已购买此产品的消费者具有更低的保留价格，对该产品的效用评价更低，即在任意确定的网络规模下，市场需求曲线随着 n 的增加而降低，这与之前所讲的产品需求曲线是一致的。

其次，如果产品的网络规模是内生变量，由于网络外部性的作用，产品对用户的价值随着采用相同产品或可兼容产品的用户数量的增加而增大。假设消费者偏好一致，即每个人对产品的自有价值评价相同，且对产品的网络规模有完美的预期，那么这时边际消费者的支付意愿将会呈现随着 n 的增加而增大的特征，即随着购买该产品的用户数量越来越多，产品的协同价值越来越大，新进入市场的那个边际消费者必然愿意比老用户支付更高的价格。直到网络规模大到使消费产品的过程中出现诸如拥塞、使用成本过高等使效用减少的情况，消费者的支付意愿才会下降，直至为零。

在综合考虑这两种力量对需求曲线形状的影响，并得出适合均衡分析的网络产品的市场需求模型时，必须注意在分析的过程中运用不同的假设：在分析第一种力量时，网络规模是既定的，而第二种相反的力量则源于网络规模的扩大。

（2）预期实现的市场需求曲线。前面对网络外部性的介绍中曾经指出，网络外部性源于网络商品之间的互补性，且存在于单向网络、双向网络和垂直相关的产业市场。例如，X 和 Y 是互补产品，X 的价值随着 Y 的销售量的增加而增大，反之亦然。因此，X 出售得越多，Y 也就出售得越多。可见，X 的价值随着 Y 的销售量的增加而增大，出现了爆炸式的正反馈现象。下面采用宏观的研究方法构建预期实现的需求曲线图来帮助理解这一新变化。

下面以图 2-5 来说明此规律。在存在网络外部性的前提条件下，消费者购买某一商品 A 愿意支付的价格将受到其对商品 A 预期销售数量的影响，也就是说，他预期 A 将销售得越多，就越愿意为 A 支付更高的价格。但是，在预期销售数量已确定的情况下，他的消费意愿又将随着商品 A 的价格的下降而上升，我们仍将看到一条传统的需求曲线。假设某消费者在预期销售数量为 n^e 的情况下，他愿意为第 n 个单位 A 商品支付的价格为 $P(n, n^e)$，这里的销售价格 $P(n, n^e)$ 是第一个变量 n 的减函数，表示消费者在某一给定预期销售数量 n^e 下，需求曲线是向下倾斜的；同时 $P(n, n^e)$ 是第二个变量 n^e 的增函数，而这则源于网络外部性的经济特征：消费者意愿随预期销售数量的增加而增加。在一个简单的单期市场均衡模型中，因为预期已经实现，这时 $n = n^e$，进而可以定义已实现预期的需求函数为 $P(n, n)$，图 2-5 中每条曲线 $D_i (i = 1, 2, 3, 4, \cdots, n)$ 表明了在给定的预期销售数量 $n^e = n_i$ 的情况下，消费者为一个变动的数量 n 所愿意支付的价格（即传统的需求曲线），当 $n = n_i$ 时，预期实现，消费意愿函数 $P(n, n^e)$ 上的点为 $P(n_i, n_i)$。这样，已实现预期的需求函数就是一条由点 $P(n, n)$ 组成的曲线。

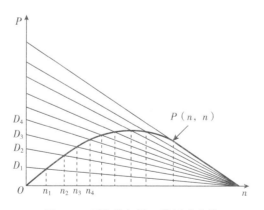

图 2-5　网络外部性下的需求曲线

至此，我们完整地构建了存在网络外部性时预期实现的市场需求曲线，从市场需求曲线可以看出，当网络规模较小时，产品的价格随着网络规模的增加而增加（即正反馈现象）；当网络规模大到某一程度时，产品的价格随着网络规模的增加而降低（与向下倾斜的需求曲线同）。

◎思考题：

1. 为什么传统经济理论不能作为网络经济下消费者选择的基础？
2. 网络经济外部性对消费者效用有哪些影响？

【案例延伸阅读】

网络零售促进消费平稳增长

2024 年 8 月 22 日，商务部电子商务司负责人介绍了 1~7 月中国电子商务发展情况。总体来看，网络零售促进消费平稳增长，平台企业加快技术和商业模式创新，电子商务推动产业数字化转型升级，电商领域国际合作实现互利共赢。

网络消费新动能不断集聚。2024 年 1~7 月，全国网上零售额 8.38 万亿元，增长 9.5%。其中，实物商品网上零售额 7.01 万亿元，增长 8.7%。数字消费、服务消费和以旧换新政策举措打造网络消费新动能，据商务大数据监测，微单相机、智能家居系统和手机分别增长 22.5%、20.9% 和 15.5%，重点平台网络服务消费增长 20.2%，其中在线旅游和在线餐饮分别增长 51.1% 和 20.8%。

平台技术和模式创新持续涌现。中国平台企业的云转播首次成为奥运会主要转播方式，助力奥运会数字化转型。视频平台创新"体育＋电商"商业模式，融合赛事转播、品牌合作和商品销售，促使主要电商平台加快推出人工智能运营工具。

电子商务推动各产业数字化转型。促进农业产销对接数字化，"数商兴农"深入湖北、湖南、宁夏等中西部地区选优品、育精品。据商务大数据监测，1~7 月农产品网络零售额增长 20.1%。促进工业企业采购数字化，重点产业电商平台交易额增长 4.8%。促进生活服务业数字化，主要平台家政、洗衣、理发销售额分别增长 46.4%、45%、43.6%。

丝路电商国际合作互利共赢。上海"丝路电商"合作先行区"共塑规则、共享市场、共建能力"取得新进展，26 个"丝路电商"伙伴国国家馆展销各国商品超过 1.5 万余种，中国企业电子提单解决方案首次获国际航运企业采用。生鲜电商平台在越南、泰国等伙伴国建立蔬果直采基地，成为当地农产品输华新渠道，1~7 月中国电商平台销售泰国榴莲、越南腰果分别增长 48.6%、41.4%。

"今年以来，消费市场总体呈现平稳增长态势，传统消费稳步扩大，新型消费快速发展，服务消费扩容提质，为经济回升向好提供了有力支撑。"商务部新闻发言人何亚东说，消费市场主要呈现增长势头稳、消费亮点多、市场活力足等特点。预计随着加力支持消费品以旧换新、促进服务消费高质量发展等政策措施加快落实落地，各类促消费活动持续深入开展，消费市场总体将延续回升向好态势。

（案例来源：王俊岭.今年 1 至 7 月，全国网上零售额 8.38 万亿元——网络零售促进消费平稳增长［EB/OL］.人民网，［2024-08-24］.http://yn.people.com.cn/n2/2024/0824/c378440-40954355.html.）

第三章　网络经济中的供给

AI 与实体经济深度融合　"机器人 +" 赋能千行百业

一个占地不足 2.5 平方米的大玻璃窗咖啡亭前，用户选一款咖啡下单，机器人 50 秒出餐，豆子是现磨的，奶泡绵密。一个对汽车底盘进行焊接的车间，4 台机器人协同作业，精确点焊，通过信息交互，保证其中一台机器人工作时另一台机器人不会进入它的安全区间。在 2024 年 8 月 21 日开幕的 2024 世界机器人大会上，来自 169 家企业的 600 多件机器人及机器人产业链产品集中展出，覆盖工业、服务、医疗、农业、应急救援等多类应用领域。

2024 世界机器人大会以"共育新质生产力，共享智能新未来"为主题，由中国电子学会、世界机器人合作组织主办。在 8 月 22~24 日三天中，3 天主论坛和 26 场专题论坛聚焦前沿技术、产业动向和创新成果，同期举办的还有 2024 世界机器人博览会和 2024 世界机器人大赛，共吸引十余个国家的 7000 余支队伍、13000 余名选手参赛竞技。

我国机器人产业"从小到大"，如今已成为全球机器人产业的一支重要力量。工信部副部长辛国斌在开幕式上表示，截至 2024 年 7 月，中国持有的机器人相关有效专利超过 19 万项，占全球比重约 2/3。

"当前新一轮科技革命和产业变革深入演进，全球机器人产业创新密集活跃，机器人易用性及配置效率显著提升，正以空前的广度和深度融入人们的生产生活，推动人类社会加速进入智能时代。"辛国斌在大会上表示。机器人如何融入生产生活，服务更多应用场景，也是本次大会值得关注的主题。

中国目前是全球机器人第一大消费市场和生产大国。国际机器人联合会主席玛丽娜·比尔（Marina Bill）在 2024 世界机器人大会上分享的一组数据显示，

2014 年中国工业机器人的应用数量在全球应用总量中占比 26%，而到 2022 年这一比例已经增长到 53%。

从应用密度来看，计算各国每万名工作者中的机器人数量，2022 年密度最高的国家是韩国，每 1 万名雇员中有 1012 个机器人，随后是新加坡、德国、日本、中国。中国的应用密度高于瑞典、瑞士、美国。"我认为，在 2023 年或者到今年，中国会继续增长，可能进入前三。"比尔表示。

机器人被誉为制造业皇冠顶端的明珠，是人工智能技术与实体经济深度融合的重要领域。而大力推进"机器人 +"应用行动，因业、因地制宜推动机器人赋能千行百业，是机器人产业发展的趋势和目标。

2023 年 1 月，工业和信息化部等十七部门印发《"机器人 +"应用行动实施方案》，目标到 2025 年，制造业机器人密度较 2020 年实现翻番，服务机器人、特种机器人行业应用深度和广度显著提升，机器人促进经济社会高质量发展的能力明显增强。

辛国斌在世界机器人大会开幕式上表示，中国已连续 11 年成为全球最大工业机器人市场，近三年新增装机量占全球一半以上，制造业机器人密度达到每万名工人 470 台，10 年间增长近 19 倍；服务机器人在家庭服务、医疗康养等领域实现规模化应用；特种机器人在空海探索、应急救援等领域发挥重要作用。机器人产业营收年均增长约 15%。

"中国机器人产业起步较晚，还存在正向设计能力薄弱，产业基础不牢，产业链、创新链融合不足等问题。"辛国斌指出，下一步将大力开展机器人基础研究，关键核心技术攻关，积极完善"机器人 +"应用体系，推动我国机器人产业发展。

作为世界机器人大会举办地，北京将全力打造全球机器人产业高地。原北京市副市长靳伟介绍，2023 年北京机器人产业总收入超 200 亿元，企业数量超 400 家，未来将不断加大应用场景的开放力度，全面实施百项机器人新品工程和百种应用场景的示范工程，率先探索医疗、养老、园林、农业、应急等领域的"机器人 +"应用示范模式。

（案例来源：杨洁，郑萃颖 . AI 与实体经济深度融合 "机器人 +"赋能千行百业［N］. 中国证券报，2024-08-23（A07）.）

第一节　网络产品

在开启这一章之前，需要简单地了解一下什么是网络产品。信息产品作为网络经济中的一种重要资源，同时也是一种重要的产品，是指包含了某种信息内容，并以信息传播为目的以及为信息的传播提供服务的产品。从狭义上来看，信息产品包括软件、教育、娱乐产品以及其他知识产品；从广义上来看，信息产品是指能够数字化、可编码为二进制的任何产品。信息产品按照其表现形式划分，可分为网络产品和数字产品，接下来，本章先探讨网络产品。

人们通常将网络产品定义为网络经济中生产者供给的产品，这一定义并没有准确地体现网络产品的特点以及与传统商品的区别。如果产品的属性没有发生变化，那么其与传统产品没有区别，因此这些特别的属性成为研究的重点。在传统市场中，消费者与消费者之间无直接的联系，彼此独立，消费者对产品的需求仅取决于产品自身的属性和价格，但是网络经济市场中的一些商品（如社交平台等）如果失去了消费者之间的联系，那么这些产品的价值就大打折扣。鉴于这类依赖于消费者之间的联系而存在的产品为本节的研究对象，为网络产品给出一个明确的定义将有利于分析其类别和特点。

一、网络产品的定义

网络产品是在网络经济下出现的新名词，然而，网络产品的概念在日常生活中常被狭义化，人们经常将支持各种信息网络运行的网络基础设施称为网络产品，即各种终端设备、传输链路和转接交换设备，以及支持网络硬件之间通信的各种协议。这种定义基本上将网络产品局限于通信网络，甚至是计算机网络，并没有包含其他类型的网络产品。例如，图像处理软件、计算机操作系统、电子客票等并没有包含在这一定义中。

事实上，国内外从事网络经济研究的学者们在网络产品的定义方面运用不同的思路得出了不同的结论。基于这些结论，可以将网络产品划分为广义网络产品和狭义网络产品。广义上是指所有通过网络生产和销售的产品，后者被初步定义为离开了网络就无法生产和销售的产品。但是这种定义未免过于抽象，通过对相关研究成果进行总结，关于网络产品的定义大致分为以下几种观点：

第一，张小蒂和倪云虎（2008）从广义网络出发，将网络产品定义为一切满足人与人之间交往的产品，网络由节点和链路组成，节点的中心即单个的人，节点间的链路即连接单个人之间的媒体，人与人之间通过网络交往的物质产品和信息产品都属于网络产品。

第二，盛晓白（2009）基于狭义网络市场对网络产品和市场进行考察，认为纯粹的虚拟市场是网络经济的未来，虚拟性成就了生产成本和交易成本的大幅下降以及交易效率和生产力水平的飞跃，而网络产品则应该主要包括数字产品和智能产品。还有学者从物流、资金流和信息流的数字化程度来划分网络市场和传统市场，将能够在网络上完成所有交割事项的产品定义为核心的网络产品。

第三，奥兹·谢伊（2002）在他的研究中，从网络产品具有的特点出发，将网络产品视为具有如下特征的产品或服务：①生产商规模经济比较明显；②边际成本几乎为零；③消费特征具有网络外部性；④存在转移成本。

这些观点都各有侧重，但都存在欠缺。第一种观点主要强调的是广义的概念体系，从网络定义角度出发，忽略了产品本身的特性；第二种观点又将网络狭义化成信息网络，将数字产品作为研究对象，虽然从某种意义上来说，将数字产品作为网络产品的特例成为一种普遍趋势，但数字产品与网络产品并不等同，存在差异；第三种观点则完全从网络产品的特性出发，但没有通过具体的描述明确界定网络产品和传统产品。前两种观点强调的是产品的网络环境而非产品本身。第三种观点则可以理解为阐述网络产品的特性，忽略了产品存在的环境。综合这些观点，本节从产品本身和产品环境两个角度出发对网络产品进行理解，从而给出网络产品的定义。

（一）网络产品的特性

与传统经济学不同，在网络经济市场中，消费者对产品的选择不仅局限于质量、价格等，还更加注重使用该产品消费者的网络规模。例如，现在国内使用人数较多的即时通信工具——微信，正是因为微信的使用人数规模庞大，新加入的使用者考虑到这点，便会优先考虑下载微信。如果这款软件的使用人数规模不大，那么消费者不会优先考虑这款产品。

基于上述例子不难看出，导致消费者购买决策的形成与变化的关键因素不在于产品的流通渠道，而在于产品本身的属性。因此，网络产品应该理解为"具有网络外部性的产品"。网络外部性是网络产品的主要特性，凡是网络产品，无论是实体网络产品还是虚拟网络产品，都具有这一特性。

（二）网络产品的协同价值

我们不能仅通过网络外部性就确定网络产品的范围，其实，在网络产品之间还存在着一些共同点：在任何一个产品网络中，网络产品的价值都随着网络用户数量的增加而增大，用户规模大的网络价值相对较大。这是由于网络产品所具有的自有价值（在没有别的使用者的情况下，产品本身所具有的价值）和协同价值（当新用户加入网络时，老用户从中获得的额外价值），与网络规模相对应的是协同价值。由于大多数非网络产品都具有协同价值，因此定义网络产品并非观察其是否具有协同价值，而应当关注协同价值在产品价值中所占的比重，比重越大，网络产品的特性就越明显。

例如，如果只有一个人使用电子邮件产品，那么它不具有任何价值，只有越多的人使用电子邮件，其价值才会随着用户规模的扩大而越大。更特殊的是，像电子邮件这类产品，它的自有价值为零，其全部价值都是协同价值，我们称这类产品为"完全的网络产品"。

建立网络产品的概念，在于网络产品的出现影响了消费者和厂商的决策，并表现出不同的市场特征和结果。因此，可以这样定义网络产品：当一种产品的协同价值大到足以改变传统的消费者需求曲线以及厂商的生产和市场决策方式时，这类产品就称为网络产品。

二、网络产品的分类

（一）根据产品本身的特点划分

就目前市场上的网络产品，根据产品本身的特点可以分为硬性网络产品和软性网络产品两类。

1. 硬性网络产品。

硬性网络产品一般是指网络设备和硬件产品。大型网络设备包括路由器、交换机、中继器等，这种网络产品的主要作用是保证通信网络的正常工作，实现信息的准确收发，确保"数字化"的过程。小型的网络设备包括网卡、集线器等。网络硬件产品包括智能手机、数码相机、电脑等实用工具。一般来讲，硬性网络产品可以理解成具有实体且未被数字化的网络产品。

2. 软性网络产品。

软性网络产品是指各种软件和网络服务。例如，计算机操作系统 Windows、Linux 属于软性网络产品；Photoshop 图像处理软件以及影音频视频处理软件等属于软性网络产品；支付宝、移动金融等软件也属于软性网络产品。一般来讲，软性网络产品可以理解成无实体、已被数字化的网络产品。

（二）根据在网络中所处的位置不同划分

划分网络产品的种类之前需要先了解网络的含义，进而确定产品在这些网络中所处的位置来对不同的网络产品进行分类。

网络是由互补的节点和链路构成的。首先，所有的网络产品都必须处在某一网络中，或者由它们直接构成一个网络；其次，网络中的节点一定不会孤立存在，只有通过节点进行信息的交流与处理，才能成为一个网络；最后，网络间各节点在进行信息的交流和处理时，应能反映出网络中各节点的协同价值，从而促使节点的网络外部性发挥作用，增加整个网络的收益。

值得关注的是，网络和节点都是相对的概念。例如，智能手机应用市场中的某一个应用程序是手机系统所代表的网络的某节点，但同时手机系统的这一网络又是另一个更大的网络中的节点，这个更大的网络还包括 Windows 等。

根据在网络中所处的不同位置及其物理与经济特性，可将网络产品大致分为以下三类：

1. 作为网络中传播的内容。

网络概念的核心就是信息交流，借助某个平台，以某种形式作为载体，信息与载体一同构成网络。在网络产品中最常见的是内容性产品，即包含一定的内容并在网络中进行信息交流的产品。这些内容一般都是被数字化编码为字节的数字内容，当然也包括这些数字产品载体。例如，互联网中传播的软件、通过网络传播的娱乐节目等都属于内容性网络产品。

内容性网络产品的特点如下：

（1）高固定成本和低边际成本。内容性网络产品的核心在于其内容。这意味着生产者需要投入巨大的研发成本来完成产品的开发，确定产品的内容。内容性网络产品的生产是以复制形式进行的，这代表网络产品一旦生产出来，可以无限量地根据市场需求给消费者提供拷贝。如果忽略内容性网络产品在网络中的传输成本、推广费用以及消费者为消费内容性网络产品必须配套购置使用的终端产品的成本，那么内容性网络产品的生产边际成本就接近零。

（2）内容性网络产品之间存在竞争与互补，如果两个内容性网络产品的内容完全一样，那么其中一个产品就完全没有存在的意义，因此内容性网络产品都是不同质的，任何两个产品的提供者都不可能生产完全一样的原创内容。例如，QQ音乐和网易云音乐都是知名的网络听歌软件，它们都为消费者提供听歌服务，但是制作歌曲的歌手、团队不同，歌曲的内容也不同，这些产品面对的需求曲线也是独立的。在同一网络中内容提供者的增加会使这个网络的价值增大，消费者有更多的选择。因此，从整个网络的角度来看，内容性网络产品之间是互补的。

此外，由于消费者的注意力有限，不可能在同一时间里使用两个操作系统、看两部电影或者听两首歌，因此内容性网络产品的生产者获取更大收益的来源便是争夺消费者的注意力，这一现象也被称为"注意力经济"。面对过剩的信息，注意力成了稀缺资源，争夺眼球成为竞争的焦点。注意力资源可以转化为经济效益，成为重要的价值来源。内容性网络产品的生产者之间也存在着争夺消费者注意力的激烈竞争关系。

（3）内容性网络产品的长尾市场。在内容性网络产品市场中，那些成功抓住了消费者注意力的产品大多获得了大部分的市场份额。但同时，《连线》（Wired）杂志的前总编克里斯·安德森（Chris Anderson）注意到了这个市场里存在大量的"非热门"产品，虽然从一定意义上来说它们是争取消费者注意力的失败者，但是它们的存在满足了具有广泛偏好的消费者。长尾理论是指产品的储存和流通的渠道足够大，需求不旺或销量不佳的产品所共同占据的市场份额可以和那些少数热销产品所占据的市场份额相匹敌甚至更大。

2. 作为网络节点的终端。

终端型网络产品又可以分为两类：一类是数字类终端（反复使用的交换性工具或过程、服务性数字产品），如 Windows 操作系统、杀毒软件、媒体播放工具等，用户在使用它们的过程中往往需要通过网络（可能是实体网络或者虚拟网络）交换信息内容，这些信息可能是这些产品的升级补丁或第三方插件，可能是以它们为平台运行的文件、程序，也可能是该产品的使用心得、技巧等；另一类则是硬件终端，如构成移动通信网络的智能手机、构成互联网的各种类型的计算机等。

终端型网络产品与内容性网络产品共同组成了一个硬件—软件范式的产品系统。操作系统与升级补丁、应用程序、文件，手机与移动信息服务，媒体播放工具与影音文件，Wii 与游戏软件等都属于这种范式。终端型网络产品协同价值的实现依赖于终端间的功能互补与网络中的信息交换，而终端间的功能互补与信息交换需要遵从统一的技术标准。

例如，微软与索尼都研发了关于电视游戏机终端的生产，各自推出 Xbox 和 PlayStation（PS）电视游戏机终端产品。由于使用不同的技术标准，两者的消费者分属两个不同的网络，游戏之间无法实现互通，玩家只能在各自的网络中进行信息交流，比如，专门针对 Xbox 编写制作的游戏软件不能在 PS 的终端上运行。由于同时加入两个网络的成本过高，消费者为实现效用最大化，往往会在两个产品之间进行选择，因此提供相似产品功能的终端生产者实际上是在同一个市场中竞争。

3. 网络基础设施。

在网络经济下，网络基础设施主要是指为网络产品提供传送和交互服务的物理载体，以连接网络中的各节点，保证网络中信息的交流，是网络产品的共同生产条件和流通条件。通俗意义上，提供水、电、气、通信等服务需要埋设的有形管道与电缆、光缆及相关设备都属于网络基础设施。

然而，随着通信技术的进步，网络基础设施属于自然垄断这一命题也受到了一定的挑战。学者发现，随着通信技术的进步，电信业开始面临异质替代引起的竞争，微波通信、卫星通信、有线电视通信等技术都开始可以处理多种类型的信号传输任务。

◎思考题：

1. 请列举几种熟悉的网络产品。
2. 将上题所列举的网络产品根据本节介绍的两种方法进行分类。

第二节 数字产品

学 习 要 求

1. 理解数字化的含义。
2. 理解数字产品的定义。
3. 掌握数字产品的"两化两性"的特点。
4. 掌握数字产品的具体分类方法。

网络产品的定义中包括数字产品，数字产品作为网络产品的一个特例，其具备了网络产品的特点的同时，自身还有很多区别于传统产品的特性。我们可以将其作为理解网络经济下产品特性与生产特点的一个切入点。数字产品最根本的特点就是被数字化。在介绍数字产品之前，先来了解数字化的含义。

一、数字化的含义

现代社会是一个信息社会，人们对信息的数字化也越来越关注。从专业上讲，数字化有两种含义：一是将大量的、繁杂的信息转化成可测量的数字和数据，然后用这些数字和数据构建合适的数字模型，并将其转化成一串二进制码，导入到电脑中，进行统一的加工，这就是数字化的基础步骤；二是指将任何连续变化的输入（如图画的线条或声音）信号转化为一串分离的单元，在计算机中用0和1表示。

根据以上两种对数字化的解释，本书将数字化定义为：用少量简单的基本符号，选用一定的组合规则，用以表示大量复杂多样的信息。

从本质上说，信息就是可以被电脑加工的资料，如文字、符号、声音、图像等。经过数字化处理后，这些数据就成了数字产品中最重要的组成部分。对于数字化的定性存在两种观点：一种观点认为，信息数字化过程属于严格复制范畴，在此可称之为信息内容"复制化"；另一种观点是将信息数字化归为对原始信息的加工、演绎乃至"翻译"，我们不妨将其称之为信息内容"翻译化"或"翻译化"的数字理论，更接近或等同于传统翻译。学术界普遍认为"复制化"是主流，实际上，若"翻译化"理论成立，则数字化前后产品会丧失其同一性，违背数字化产品不可毁灭的特性，在真实与数字世界间人为划出一道原本不该存在的鸿沟。

21世纪的特点是数字化，它是以信息技术为核心的电子技术发展到一定阶段的产物。从技术的决定意义及其成因出发，本书把数字化进程归纳为"两化两性"的特点。

（一）"两化"特征

首先是标准化。标准化的含义是规范，即标准地制定和选择符合一定的规范，是数字化产品得以形成和传播的根本保证。数字化产品的设计与生产必然与计算机网络技术密切相关，数字化进程的标准化保证了产品的通用性。同时，由于互联网是无障碍的全球性网络，并且网络、通信等技术和设备的覆盖面扩大，更新速度加快，考虑到数字产品的更新、扩充和升级的要求等因素，在数字化过程中，整个系统和相关技术的选用上都应体现标准化的特征。

其次是个性化。数字化过程的标准化并不排除数字产品的个性化。针对不同的市场和不同的消费者，应该可以设计或量身定制个性化的产品。例如，网易云音乐作为一个以音乐播放和社交互动为核心的音乐平台，为用户提供了丰富的音乐资源和个性化的推荐服务。个性化推荐功能主要是通过算法分析用户的听歌历史和偏好，为用户提供符合其品位的音乐推荐；评论社区则提供了一个用户可以交流和分享的平台，增加了用户之间的互动和参与感；而收藏歌单功能则允许用户根据自己的喜好整理和收藏音乐，形成个性化的播放列表。这些服务共同构成了网易云音乐的核心功能，使用户在使用过程中感受到被关注和重视，从而增强了用户的黏性和满意度。同样地，网上数据供应商几乎对每个顾客的要价都不同，价格通常取决于顾客（如公司、小企业、政府、学术组织）规模的大小、使用数据库的时间（白天、晚上）、使用数据库的数量（随量打折）、使用什么数据库、采用什么样的使用形式等。数字化进程的个性化是数字产品的定价策略得以灵活应用的技术前提。

（二）"两性"特征

首先是安全性。安全性是数字化产品区别于普通产品生产过程的主要特征之一。数字产品充分运用计算机网络技术，采用通用的标准化信息编码技术，使其内容忠实于原始数据。可以说，数字产品的功能与属性并没有任何的变化，而是形式与应用更加科学。在数字化产品的生产过程中，信息技术起着决定性的作用，而作为计算机信息与网络技术的产品，安全性是其必然特征，也是设计、开发和生产数字化产品的基础。

其次是增值性。这里的增值性指数字化产品在网络服务中，能够充分利用计算机网络技术实现信息的交流与传递。因此，工具、内容和服务类的数字化产品，如数字图书馆、在线教育、线上办公、智慧医疗等，都可以被广泛推广使用。这些数字化产品具有很强的增值能力，而传统产品生产后却不能像数字产品那样直接流通。因此，数字产品不仅能给人们的工作、生活带来极大的便利，还能提高生产效率、节省成本、为生产者带来更大的经济效益。

值得一提的是，在现实生活中，各行各业都出现了数字化的趋势。以第一产业农业为主体来说，它的信息化进程大大超出了人们的预期。数字农业是继石油农业之后出现的一种新型农业模式，它由空间信息、网络通信、虚拟现实、自动化、智能化等组成。制造业的数字化体现为产品的数字化（即数字化革新）和包括虚拟制造在内的工艺数字化。第三产业的数字服务（如网络服务和远程服务）包含了利用数字化手段打造文旅公共服务平台、电子商务平台提供线上购物服务等。与此同时，教育、医疗、娱乐、金融等行业也在经历着数字化的过程。

二、数字产品的含义

作为网络产品的核心，数字产品在网络经济的研究中得到了广泛的关注。然而，对于数字产品的定义，目前各学者的观点不一。

Hui 和 Chau（2002）认为，广义的数字产品是指任何能被数字化（转换成二进制形式）的商品或服务。该定义并没有强调数字产品必须通过网络传输。

杜江萍等（2005）把数字产品分为有形数字产品和无形数字产品。有形数字产品是指基于数字技术的电子产品，如数码相机、数字电视机、数码摄像机等；无形数字产品（数字化产品）是指可以经过数字化并能够通过如互联网这样的数字网络传输的产品。该定义强调了数字化产品需要经过网络传输，但又将数字化产品与数字产品的概念分离开。

芮廷先（2002）定义数字产品的范围更广一些，认为凡是互联网上收发的任何东西都可称为数字产品，同时一些没有相应实物形式的产品或服务以知识和过程的形式存在也可称为数字产品。在他来看，数字化产品和数字产品之间没有明显的界限。

在本书中，我们认为数字产品与数字化产品是相同的概念，因为数字产品的一个典型特征就是已经被数字化（编码为二进制形式）。因此，上面提到的"有形数字产品"（如数码相机、智能手机等）就不再属于数字产品的范畴。这些基于数字技术的电子产品只是经过编码后构成的内容物理载体，其本身并没有被数字化。另外，数字产品的另一个属性是能够在网络中传播。数字产品被数字化后的主要价值就是经过网络中的节点，实现信息的传递和处理。如果数字产品无法在网络中传播，那么与传统产品就没有太大差别。

根据以上分析，本书将数字产品定义为：在网络经济中交易的任何可以被数字化，即编码成一段字节，并且可以通过网络传播的信息。

三、数字产品的分类

数字产品的主流分类是以数字产品用途的性质作为划分依据，将数字产品划分为三大类。此外还有以用户与产品交互关系为基础来划分数字产品的方法，这是另外一种较为新颖的分类方法，以下分别进行介绍：

（一）以数字产品用途的性质作为划分依据

1. 内容性产品。

数字产品中，内容性产品是最为主要的组成部分。内容性产品是指确切表达一定内容的数字产品，且内容性产品的内容差异构成其价值差异的基础。这类产品的价值都是基于其信息内容，内容的差异造成了产品价值的差异。内容性产品的典型例子包括数字版本的文字信息，如电子书、电子杂志等；数字版本的产品信息，如产品说明书、用户手册等；数字化的图形图像，如照片、幻灯片、电子日历、地图等；数字化的音频视频，如电影、电视节目等。

2. 交换性工具产品。

该产品指代表某种契约的数字产品，是指利用网络使用电子技术的方法在网上履行某种合约的过程。交换性工具产品具体包括数字门票、网上预订酒店系统、网上订购火车票等。在一些对数字产品的分类中，将这类数字产品称作某种象征、符号和概念。具体的例子如航班、音乐会或体育比赛的订票过程，支票、信用卡、电子货币等财务金融工具。

3. 数字过程和服务性产品。

该类产品强调的是数字化的交互行为。这里所说的交互行为，实质上是通过相应的软件来支持和驱动的行为。例如，网络用户通过 MSN 即时传递信息和文件，通过 CAJ 浏览器来读中国期刊网论文，这两类过程都是数字过程和服务性产品的典型例子。数字过程和服务性产品是区别于内容性产品的，它们更侧重服务本身的实现过程，即数字过程和服务产品与内容性产品的最大区别就在于软件或程序在数字化过程中是否发挥了作用。数字过程和服务性产品（有时也称作在线服务类产品，通过连接服务器访问大量有用的在线资源来协助用户完成特定的任务）具体包括电子政务、各类表格、在线登记、福利支付、电子商务、网络购物、网上支付、网上拍卖、网上会计、网络银行；线上教育、远程医疗和其他远程交互式服务；AI 模型、数字咖啡馆；虚拟图书馆、数字博物馆等。

（二）以用户与产品的交互关系作为划分依据

以产品用途的性质来划分的分类对于数字产品的定价和市场效率分析的指导意义有限。如果所有产品都被数字化，一旦它们转化成具有标准规范的数字化格式，那么在本质上应该是相同的，因此对于产品的生产者和使用者而言，这些产品将不存在差异，这显然与实际情况不符。以用户与产品的交互关系为基础来划分数字产品具有新的意义。本节依次按以下几方面将数字产品分类：

1. 按产品的传输模式。

数字产品在传输中的形式和状态是多样化的，理论上可以分为被动传输式和交互式两类。被动传输式数字产品实质上仅包括传输和直接使用，它们或者被用户一次性下载，或者断点续传以片段的方式下载，但都表现为下载后直接使用；交互式数字产品则是使用了实时应用程序，在通信期间包含了一连串的请求与回应，需要在连续的请求与回应之间交谈和应用，因此更具有互动性。交互式数字产品包括即时通信工具、远程教育、交互式游戏等。目前，互联网上的数字化产品大多是可以传送的，但不是交互式的。

2. 按产品的时效性价值。

时效性的着眼点是产品的形成时间，而与时间相关的产品会快速地失去价值。通过互联网进行传播的各种数字产品的时效性可以理解为：消费者具有对数字产品的需求，如果该需求能够得到及时的响应，即能获取最新版本的数字产品，那么这就是数字产品时效性的最大体现。据此，数字产品可以分为具有时效性价值的数字产品和不具有时效性价值的数字产品。前者如各类网上行情、广告、信息乃至新闻等服务产品，它们从本质上就是动态的数字产品，它们所包含的信息要求实现及时、快速更新。

在网络上，存在部分数字产品，它们在价值和时间方面并不存在必然的联系。例如，在线音乐和视频流媒体服务。用户支付订阅费用，就可以在任何时间访问媒体库，而内容的价值并不随时间减少；相反，随着新内容的不断添加，服务的价值可能会增加。这种类型的数字产品的价值与内容的多样性、质量和用户访问的便利性有关，而不是与时间有直接的联系。

3. 按同一产品使用的频繁程度。

对于数字产品，消费者拥有一件产品就足够了，如任何人都不会安装两个同样的杀毒软件，并且由于所有数字产品可以反复使用，消费者对第二件同样产品的需求将为零。因此，按使用的频繁程度进行分类，数字产品可以分为两类：一类是一次性使用的数字产品；另一类是反复使用的数字产品。诸如在互联网上进行搜索，一旦搜索结果满足用户预期的目标，搜索就不再进行，这个过程在形式上非常类似于传统经济中的易耗商品（非耐用商品）；需要反复使用的数字产品则与耐用产品类似，如电脑软件在安装后可反复使用。其中，能够反复使用的产品的全部价值必定随着使用次数的增加而增加，但其递增率可正可负。例如，一个网络游戏者在游戏开始时，每次使用后的乐趣会增加，但在多次使用后就逐渐失去新鲜感，直至最后将它删除。

◎思考题：

1. 试列举几种自己熟悉的不属于数字产品的信息产品，并讨论它们能否转化为数字产品。

2. 试列举几种自己熟悉的数字产品，并按照本节介绍的两种方法将它们分类。

第三节　数字产品的性质

（学）（习）（要）（求）

1. 理解数字产品物理特性以及经济特性。
2. 理解数字产品与传统产品的异同。
3. 掌握数字产品的特征以及独特性。

从以上分析可知，在网络经济中，数字产品与传统产品有很大的不同。作为网络产品的核心部分，数字产品具有不同于传统产品的特征，这种特性既有物理特性，也有经济特性。深入理解数字产品的特性，可以帮助我们从经济角度理解数字产品。

一、数字产品的物理特性

具体而言，数字产品是指信息、计算机软件、教育和视听娱乐产品等可数字化表示并可用计算机网络传输的产品或服务。从企业供应、生产、销售和经营管理角度上来看，数字产品的物理特征极为重要。和传统经济时代不同的是，在网络经济时代，这些产品（服务）可以不再需要通过实物的形式提供，而改为通过计算机互联网传送的方式进行传播。从物理属性上来看，数字产品具有以下几个特点：

（一）不可破坏性

由于数字产品不可能出现磨损，因此数字产品一经创生，就可以永远存在下去。尽管一些耐用品（如汽车或住房）的使用期限很长，但它们还是可以被用坏。这些产品质量差异会影响消费者的使用行为。但是，无论用多久或多频繁，数字产品的质量是不会下降的，因此，数字产品无耐用和不耐用之分。换句话说，从厂家那里买到的产品和二手货没有区别，这就是很大的不同。

与任何其他耐用品不同的是，数字产品的生产商是在和自己已卖出的商品竞争。对于同一种数字产品而言，大多数消费者只可能购买一次。因此，生产商不得不推出一个很有竞争力的价格——最低价（即使没有竞争者）。例如，甲某出售一个中世纪英语人名的数据库。因为词条完整且不可能有新词加入，所以数据库相当耐用。乙某愿出 100 美元买这个数据库，而丙某只愿出 10 美元购买。上市第一天，甲某可以以每个 100 美元的价格把数据库卖给乙某，以便实现利润最大化。但是，如果甲某想出售更多的数据库产品，他必须把价格降到 10 美元，因为这可以吸引所有的潜在顾客丙某们。但是，如果第二天甲某要降价至 10 美元，而了解市场需求规律的消费者乙某、丙某也可能已经预见到了。因此，没人会在第一天出高价买这个数据库。因此，从一开始甲某就只能把价格定在 10 美元。

产生这种独特的市场行为的原因是，随着耐用品生产商销售的进行，市场规模缩小，即耐用品市场的丢失，这会影响所有数字产品销售商。我们可以采用几种措施来避免降价销售。例如，第一天甲某可以宣布他的售价不会低于 100 美元，或保证如果降价就可退货。或者，它可以在不同的市场时期把不同的或"已升级"的产品卖给同一个顾客，这就是说，一个名义上"完整"的数据库根据"新发现"的数据在不断地升级，这是一种蓄意过时的策略。

频繁升级和许可使用是耐用品销售商左右数字产品营销与定价的两种常用策略。频繁升级使老版本的软件很快过时，销售商就可以把耐用品继续卖给同一个顾客。升级了的数字产品版本可能具有更新更有效的特点，但潜在的利润动机也可能会降低效率。例如，现在软件生产商经常改变用户界面，以有效地与旧版本相区别，但用户因此必须学习使用新软件，这会导致浪费，而且在某些情况下，新版本的质量是否高于旧版本还未知。另外，经过多年的产品升级，一些计算机程序往往变得规模庞大、十分复杂且包含一些无用的功能。许可使用是继续销售的另一种方法，如果是租用耐用品而不是买，消费者则要定期交费，因此，卖方市场始终存在。租用期间，消费者不必考虑将来的销售和价格情况。公司也没必要生产补丁或考虑今后降价。因此，许可使用软件可以取得与频繁升级同样多的最大利润。

数字产品的不可破坏性，是数字产品销售商宁愿许可或出租而不愿出卖的另一个原因。数字产品的生命周期比大多数耐用消费品都长，但是它还是要与"用过了"的商品竞争，后者与新产品没有差别。如果二手货与新产品一样，生产商能否维持收入就要看它们是否能打击转手交易，尤其是在产品的生命期长于产品的使用期的时候。因此，一些产品（如书籍和音乐CD）就需要保护，以对抗二手交易。尽管生产商认为二手交易市场对数字产品产生冲击，但目前在法律上还没有禁止二手交易市场。

（二）可变性（可修改性）

一般而言，消费者一旦购买一件商品，就很难再由他人修改，而数字产品作为一种特殊的产品，其内容极易被修改，它可能会在任何时候被定制或修改。这种修改，无论是无意的、有意的还是欺诈性的都是不可避免的。数字产品的本质导致生产商不能控制其产品的完整性。尽管互联网上的免费文档只允许未经修改的副本的传播，但在0和1的世界里，这种规定实际上是无法执行的。而且换个角度来看，如果有人恶意修改，对消费者也会有不好的影响，病毒、黑客就是利用了电子产品的这种特性。

数字文件一旦被下载，就很难在用户级上控制内容的完整性，即使我们有办法验证文档是否被改过。在此基础上，加密技术提供保密功能，防止修改，但仅限于传输过程。其他鉴定技术主要用于检查真实性或文档内容是否已改变。如果买方担心拷贝情况很混乱，那这些技术是有用的，但不能保证销售商能够有效控制未经授权的修改和复制。

面对数字产品可变性，我们不但要保护内容完整，而且生产商应差别化对待它们的产品，目前的方法有：制造商可通过远程修改产品，实现产品升级换代，降低企业服务成本，提升消费者使用效率；可以采取某种防止随意修改的技术，像PDF文件可用Adobe的Acrobat Reader来读取，但用户不能用数字形式来存储文件；还可以把它们作为交互式服务而不是标准包装的产品来销售。使产品差异化不仅是可能的，还应该是数字产品公司的全方位战略。合成文本、图形、声像或整体外观形式是不能被充分保护的。

用户升级是信息数字产品演化中的一个自然过程，可以增加已经修改的产品的价值，可复制性也强调了这一点。举个例子，Linux，这个著名的开源 Unix 系统，其最大的特点就是把源代码放到网上共享，让电脑爱好者根据自己的需求修改、升级，从而形成了今天的 Linux 系统。Linux 是一个开放源码的系统，它的可修改性在 Linux 中得到了很好的体现。

（三）可复制性

对于实体产品，生产者要进行产品的复制需要一定的生产条件和生产成本，但是对于数字产品来说，这种复制的成本可以忽略不计。从经济学的角度来说，数字产品的复制可以视为一种边际生产成本为零的生产行为。

数字产品的可复制性，对于消费者来说，就是轻松地从网上下载，然后进行复制。不仅没有额外的成本，还不影响自身的使用。

数字产品的生产，对于生产厂商来说，无非是一种复制。只要第一份数字产品被生产出来，多复制一份的成本几乎为零。必须指出的是，数字产品是对信息的数字化，而信息的创造是需要大量的人力和物力才能完成的。程序的编写、电影的制作、唱片的录制都需要巨大的投入。例如，电影《加勒比海盗：惊涛怪浪》(Pirates of the Caribbean: On Stranger Tides)，制作费用高达 3.79 亿美元。由 Rockstar Games 开发的《荒野大镖客：救赎 2》(Red Dead Redemption 2)，据报道其开发成本高达约 8 亿美元；微软公司开发的 Vista 系统，花费了 60 亿美元。这些产品的生产中仅是进行复制所花费的成本与初期巨大的投入相比可以忽略不计。

数字产品的可复制性使传统经济学的定价模式受到了极大的挑战。同时，数字产品的这一特性又引起了盗版问题，这也将在后面的章节中介绍。

二、数字产品的经济特性

数字产品的基本特征，有些是由它的数字形式衍生出来的，有些是由它的信息内容衍生出来的，因此我们说到的一些特征是非数字信息产品的特征。经济学的基本任务之一，就是对经济与市场的基本规律进行刻画，从而达到价值创造的目的。在互联网经济背景下，数字化信息是价值创造的主要方式，但由于数字产品具有其自身的特性，使现有经济学理论难以应用于网络经济下的生产消费问题。因此，在理解了数字产品的基本物理特性后，就有必要对其经济内涵进行深入的分析。数字产品在经济属性上也有如下特征：

（一）个人偏好依赖性

数字产品与传统产品的一大区别就是数字产品可以很容易地根据用户的个人

偏好来进行内容和形式的定制。例如，公司可以根据自己的业务需要让软件公司开发专业化的软件，现在市场上的各种娱乐软件公司会根据用户需求不断进行更新换代。

对于厂商来说，数字产品的新特性给厂商带来很多新的机遇。因为传统产品的生产对土地、人员等有具体的要求，但是在数字产品的生产中不存在类似的问题，开发人员可以充分地发挥才智为用户提供个性化的产品。

数字产品对个人偏好的依赖决定了消费者可以参与和主导某些数字产品的生产。例如，百度文库中的信息需要由用户上传以及下载使用，没有固定的信息提供者或者信息接收者，也就是说，生产者和消费者都是用户自己。现在某些放在网站主页上的广告都是消费者参与制作的，这些客户既是这些网站的消费者，同时也是产品的生产者。前面提到的 Linux 开源系统也属于消费者参与生产的范畴。

数字产品的这一特性也造成了人们对信息价值评价标准的相对性。数字产品可以个性化并随时更新，单靠过去的经验是无法判断其价值和质量的。产品在被高度定制化后，它们的内容相同，质量评估将带有越来越浓厚的主观色彩。

（二）公共产品性质

在微观经济学基础中，公共产品具有非竞争性和非排他性，而网络产品也同时具有这两点性质。非竞争性是指一个人对某产品的消费，不会影响其他人对该产品的消费；非排他性是指产品在消费过程中所产生的利益，不能为某个人或某些人所专有，不可能将部分人排斥在消费过程之外。我们熟悉的如公共交通、灯塔等都属于公共产品。

首先，网络中的内容或服务的非竞争性，是其天然属性所决定的。网上的信息可以同时供所有用户使用，并且任何用户对此信息的使用都不会影响其他用户的使用。换一种说法，增加一个用户所增加的边际成本接近零。但是，这种非竞争性是相对的。如果上网人数不断增加，就会造成网络拥塞，增大服务器所承受的数据压力，此时增加一个用户的边际成本将为正。

其次，较高的固定成本和接近于零的边际成本决定了数字产品具有非排他性。当网络基础设施建成以后，大量复制、传播信息的成本接近于零，而且每条信息中所包含的价值不会因此而降低。同时，由于用户可以轻易地在其他地方获得信息，对数字产品的收费将尤为困难。软件、音像制品等网络产品，初始研制成本很高，复制和传播成本很低，要想排斥不付费者使用，以保护知识产权，技术难度很大，成本支出高昂。这就是盗版软件和音像制品难以杜绝的根本原因。

（三）效用递增性

很多信息产品的价值大小还和时间有关。例如，天气信息用来预报农作物产量。假定每年的天气条件由随机过程决定，如果降低了根据去年的天气信息预报今年天气情况的可能性，那么去年的天气信息就与今年的收成无关。因此，一些信息，如有赖于时间的、过时过期的信息，可能是无用的。昨天的天气信息不再有用，除非是用作归档和参考。但短期信息用作归档和参考也有自己的价值，这时，这种价值在于积累效应。任何信息文件的一部分可以被循环利用，以生产不同的产品，与其他产品相比，甚至"消费过"的信息商品也有价值。

有趣的是，不仅消费，就连信息的创造也是一个积累的且通常是合作的过程。有学者称"信息以繁殖的形式传播，而不是通过分布来传播"，强调信息像植物一样蔓延。传输者和接收者拥有同样的信息。在通过积累、修改、增加和改良而传播的过程中，信息经常产生演化。研究和学习行为是从阅读已有的知识文本开始的，然后才对它们做出改进，一代一代都是这样。在数字产品时代，这种增加是指数级的，因为创造信息产品是连续积累的过程，所以描述及保护作者的权力就非常复杂。研究成果是否受版权保护，需要考虑所有的法律需要。可以说，数字产品积累性的消费和生产过程的特性为人们制定产品定价策略带来了难度。

（四）外部性

数字产品的外部性是指不能够完全用价格原理和市场理论解释的经济后果，这种后果既可能是事先没预料到的收益，也可能是没有预料到的损失。例如，汽车污染了空气，但因污染环境而增加的成本没有反映在汽车的价格中，这就是一种消极的外部性；如果邻居家的树木带来了绿荫，这就是一种积极的外部性。

很多产品都有网络外部性。也就是说，如果更多的人使用某种产品，它的价值就会增大。网络外部性是积极外部性的一种，可通过增加用户数量而直接获得。例如，智能手机，如果没人用智能手机，它的价值就低；但如果大家都用它，它的价值就大得多。网络外部性的另一个例子是软件工业，更多的公司会为使用流行操作系统（如 Windows）而不是非流行操作系统的用户开发应用程序。其他数字产品也有网络外部性。例如，Facebook、Twitter、微信等，这些平台的用户越多，它们对现有用户的价值就越大，因为用户可以与更多的人建立联系和交流。

共享信息资源（包括计算机软件和其他数字产品）是受鼓励的。通过共享资源，由网络外部性带来的收益是实实在在的，如果能对侵犯版权的行为处以罚款，共享收益甚至会超出共享带来的潜在成本。如果一个信息产品有网络外部性，控制拷贝和共享就成为版权保护的首要目标。只要能方便地找到侵权者，版权控制就会有效。例如，书籍和音像产品经常被那些有大规模生产设备的人所盗版，因为潜在盗版的数量有限且投资相对较高。但是，数字产品是很容易被拷贝的，因为消费者与生产者有同样的技术。而数字货币和电子财务工具被盗版的风险会更高，引起的后果也更严重。

我们要建立起合适的技术和有效的法律手段来适应新环境，从数字产品的本质中可找到更超前的策略。如果更少的人拥有某种信息，这个信息会更有价值。因此，如果别人也拥有同样的信息，那它就有有害的或者说消极的外部性。经济学观察法的一个基本信条是：商品越稀有，就越值钱。对信息来说，由于网络外部性的缘故，相反的情况也是可能的。但是，也有很多实例可以说明，排他性的信息更值钱，因为排他性会使其拥有者受益。用作投资和投机目的的市场信息就是一个例子。内部交易的牟利行为，也依赖于信息的排他性。

对于有消极外部性的数字产品来说，不太容易保证买方可以获得最大收益。实物产品的价值保证则相对简单。如果你拥有一件东西，别人同时拥有该东西的可能性是不存在的，并且与之相似的东西越少，它就越值钱。但是，数字产品可以任意复制和再传播，并且信息产品的排他性并非源于物理上的不可能性。数字产品的排他性是通过对所有权的控制而人为实现的。实物产品市场上囤积居奇以及垄断市场是非法的，但囤积的思想没有制约。而且，如果商家想保证其产品的价值，信息应该藏好，或应限制对它的访问。在保护版权方面，如果信息有消极的外部性，那商家就不再关心用户间的信息共享行为，因为共享会降低它的价值。但是，与非数字产品相比，信息产品的销售商必须向用户更有效地证明其产品的价值。

◎思考题：

1. 讨论身边的数字产品具有哪些特点。

2. 有人说，现在某些数字产品都采取了收费的方式，如正版的 Windows 系统等。是否这样就证明了数字产品不再有公共产品的性质呢？

第四节　数字产品的成本及供给

学 习 要 求

1. 理解数字产品的成本特征。

2. 理解网络经济对数字产品供给的影响。

3. 掌握数字产品的供给规律。

前面介绍的网络产品及其核心产品——数字产品的定义、特点等，都是为了分析网络经济中的生产者行为和传统经济学中的生产者行为是否存在区别，以便为研究数字产品乃至网络产品以及定价问题打下基础。在研究网络经济中的生产者行为之前，有必要先回顾微观经济学基础中的一些结论。

一、微观经济学基础

要素投入与生产函数。生产的投入即生产要素，如土地、劳动、资本等。企业通过某些投入组合生产出既定的产量，可以用生产函数表示要素投入与产出的关系。用 y 表示某产品 A 的产量，用 x_i 表示生产产品 A 的生产要素投入，其生产函数可以表示为 $y=f(x_L)$。

假设只使用一种要素投入 x_L 如劳动投入，则劳动的投入量与产量 y 的函数关系如图 3-1 所示。随着横轴中 x_L 要素（劳动）投入的增加，产量也相应地增加，但增加的速度不断减小，在图 3-1 中体现为生产函数曲线由陡峭向上渐渐变得平坦。

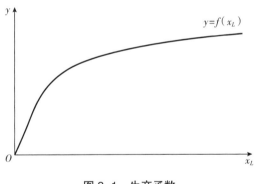

图 3-1　生产函数

生产函数曲线变得平坦的原因是边际产量递减（Diminishing Marginal Product），即随着劳动数量的增加，每增加一单位劳动，产量的增加量减少。

二、数字产品的成本特征

经济学和管理学课程在开始时都会提到产品的总成本由固定成本和可变成本组成。固定成本是生产产品所需的最初投资，如厂房、机器、研究开发等。一旦生产开始了，无论产品生产了 1 件还是 1000 件，固定成本都是不变的。因此，固定成本又称为投资成本。可变成本是生产每一件产品所需的原材料和劳动力成本。因此，生产 10 件产品的变动成本是生产 1 件产品的变动成本的 10 倍。

（一）标准"U"形平均成本曲线

图 3-2 表示固定成本和可变成本的典型形状。图 3-2（a）和图 3-2（c）分别表示总固定成本、总可变成本随产量 Q 的变化情况。在这种情况下，总固定成本是一个常量，它不随产量而变。因为它是在开始阶段投资的，不会随产量的增加而增加。总可变成本随着产量的增加而成比例增长，但是到最后因为生产能力饱和而增长加快。随着更多的工人加入生产以提高产量，超过了最优的运作水平，单件产品的可变成本增加而生产率也随之下降。生产的总成本（总固定成本与总可变成本之和）很自然地随产量的增加而增加。但是，生产单件产品的成本（或者称为平均成本）就不一样。平均成本在未到最大运作水平之前是下降的，在这之后是上升的，最初平均成本下降是因为更多的产品分担了固定成本。图 3-2（b）表明平均固定成本随着更多数量的产品分担了最初的成本而下降。图 3-2（b）和图 3-2（d）的和即平均（总）成本。因为平均固定成本的下降，在开始阶段平均成本下降，但是随着后来平均可变成本的增加而上升。这个结果便是著名的"U"形平均成本曲线。从单位产品的生产成本来看，具有"U"形平均成本曲线的生产在平均成本为最小时达到最有效的生产水平。

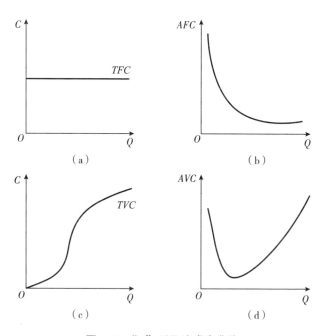

图 3-2 "U"形平均成本曲线

（二）数字产品的成本曲线

与上面的例子不同，数字产品大批量生产的成本只含有固定成本。因为数字产品研发成本极高，复制成本较低，即一旦第一件产品生产出来，增加的可变成本要么为零，要么为极小的常数，基本可以忽略，这与产量多少无关。因此，数字产品总成本曲线和平均成本曲线分别为图3-2（a）和图3-2（b），且数字产品固定成本大部分表现为沉没成本。在网络经济中，无形资产比有形资产重要得多。因此，其不变成本的绝大多数是沉没成本，即无论目前做出何种选择都无法收回的成本。知识和信息具有时间性和相对性。即使是有形资产，也往往包含很大部分沉没成本，这是由于生产周期缩短和产品更新加快而导致的。面对沉没成本时，进行决策的机会成本为零。数字产品的研发和生产一旦中间停止，之前投入的人力、物力、财力都无法收回。一旦成功研发后，再生产成本极低，销售成本却较高。

如果企业的不变成本不包含沉没成本，即所有的设备和厂房都可以转向其他经济用途或以购买价格卖出，只要产品价格高于平均可变成本就继续生产，低于平均可变成本就转产或停止生产。在转产或停止生产之后，厂商的成本为零，可以避免亏损。

在传统经济学领域，很多情况下，企业即使亏损也必须生产。当价格低于平均可变成本时，企业停止生产。当价格介于平均可变成本和平均成本之间时，企业继续生产。但在网络经济领域，企业经常处于两难境地。如果停产，沉没成本得不到补偿。如果继续生产，企业可能仍然会亏损。这时，在激烈竞争中立足的关键在于企业能否得到足够的资金。

（三）转移成本、转换成本与注意成本

客户选择新产品或新厂商所必须付出的代价称为转移成本。在大多数情况下，网络经济使转移成本增大，从而产生锁定现象。因为信息是在一个由多种硬件和软件组成的系统中存储、控制和流通的，而且使用特定的系统需要专门的训练。厂商若要吸引新客户，必须补偿他们在抛弃旧产品时由转移成本带来的损失。在市场上占有优势的厂商，往往选择增加客户转移成本的策略。

转移成本的类型有以下三种：第一种类型是客户因抛弃旧的软硬件而产生的转移成本，如耐用品购买、针对品牌的培训、信息和数据库、搜索成本等；第二种类型是客户因抛弃旧的关系网而产生的转移成本，如合同义务、专门供应商和忠诚顾客计划等；第三种类型是客户因对旧产品信任和依赖而产生的心理成本。

"时间竞争"迫使你必须经常做出新的决策，"沉没成本"则使你的决策面临着两难处境。企业，尤其是大企业或优秀企业，在捕捉新机会、采用新技术上是步履维艰的，主要原因在于转换成本。企业进行新决策或选择新技术时必须付出的代价称为企业的转换成本。

转换成本一般与下面几种改变相关：①观念与心理的改变。观念或价值观是一个组织在决策过程中的取舍标准。②制度的改变。建立和巩固旧制度时，曾经付出过巨大的代价。③知识的改变。企业采用新技术或新的生产经营方式时，可能需要新的知识、新的人才。④基础设施的改变。由于网络经济中技术的快速变化，企业在基础设施上的投入，可能大多数为沉没成本。

注意成本，即为了吸引客户关注自己提供的产品和服务，并使客户产生购买欲望而支付的成本，包括广告费用、工业设计费用、开发和建立客户关系的费用等。由于在网络经济中注意力成了稀缺资源，注意成本就具有特别重要的意义。

三、数字产品的供给

（一）短期供给曲线

利用企业的成本函数，我们可以描述一个典型的竞争市场中的企业短期面临的成本约束与生产行为（见图3-3）。

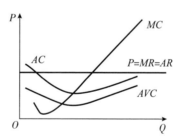

图3-3　短期供给曲线的形成

图3-3中，MC为边际成本曲线，AC为平均成本曲线，AVC为平均可变成本曲线。假设厂商处于完全竞争市场中，是价格的接受者，因此，厂商面临的需求曲线是水平的，即满足$P=\overline{P}$。厂商销售产品的边际收益MR与平均收益AR均等于$\overline{P}$。从短期来看，厂商成本与市场价格是较高或较低的关系，当$\overline{P}>AVC$时，厂商获取利润；当$\overline{P}<AVC$时，厂商不足以弥补可变成本，显然出现损失。当市场价格（即上面的$P=\overline{P}=AR=MR$）低于平均成本曲线时，厂商处于亏损状态，如果短期内厂商的收益不能弥补平均可变成本，那么厂商一定会选择停止生产。因此，短期供给曲线必然是高于平均可变成本的MC曲线的部分。

（二）短期供给曲线的消失

通常数字产品都具有高的固定成本和低的边际成本的特点，这造成了网络经济中产品成本曲线的变化。由于数字产品的可变成本接近于零，因此随着产量的增加，平均成本 AC 是下降的，边际成本 MC 一直接近于零（见图 3-4）。

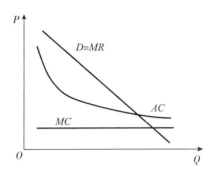

图 3-4　网络经济中的成本函数与供给曲线的消失（以数字产品为例）

假定 D 为需求曲线，它和消费者的边际收益曲线 MR 为同一条曲线。如果根据微观经济学基础中的分析，厂商为了达到利润最大化，会依然按照 P = MC = MR 来制定价格和产量。因此我们可以在图 3-4 中看到，厂商的定价要接近于零的水平，这显然是与事实相违背的。如果厂商的定价与边际成本相同，那么厂商所得到的收益将永远无法弥补巨大的固定成本投入。在这种条件下，产品的定价显然是无法按边际成本曲线向上攀升的原理来加以确定的。因此，也将不存在短期供给曲线。

对于数字产品而言，其边际成本极低，只要能够生产并销售出去，厂商是不会亏损的。然而，数字产品是网络产品的一种，也具备网络外部性特征。厂商要让产品获得市场的认可，生产初期最重要的不是产品的价格，而是产品的现期规模和预期规模。

网络产品之间的标准竞争远比传统产品的市场竞争残酷得多，因此对于厂商来说，快速占领市场是关键的战略。因为网络产品的边际成本极低，大量生产和销售有利于占领市场，所以厂商甚至愿意采用免费的方式来开拓市场，这在数字产品的生产中非常明显。

为什么在网络经济下的短期供给曲线不能用微观经济学基础中的短期供给曲线的分析方法得出？这主要取决于网络产品的生产特点。在网络经济中，知识在生产中所起的作用明显增大。网络产品的生产不仅将生产要素加工成实体产品，还包括一个重要的环节——研发过程。

1. 研发的作用。

网络产品在生产初期需要投入大量的研发成本。这些研发成果可能是某种新的技术，可以用于生产新的产品；也可能是某种新的工艺，可以提高原有产品的性能或者降低其生产成本；甚至还有可能是某种新的商业组织模式等。一旦研发成果投入应用，它在生产中就起着类似于固定要素的作用，不会随着产量而发生变动。

研发对于网络经济中的企业十分重要，由于产品生命周期缩短、盈利策略的需要及市场中的竞争者或潜在竞争者的威胁迫使企业不断地投资于研发创新。在现实的网络经济市场中，体现为新产品的大量涌现与产品版本不断升级换代。

2. 研发中的不确定性。

结果的不确定性是研发投资的最大特点，这种不确定性主要表现在以下几个方面：

在开始研发项目之前，其成功的可能性是一个未知数。研发可以类似地看作一个知识的生产过程。研发者的能力、相关知识的积累、偶然事件的作用等都与研发结果息息相关。这些不确定的因素直接左右着知识产出的表现。现实中不乏投入大量研发资金却一无所获的案例。同样地，也存在似乎毫不费力的"偶然所得"。

研发成果的使用方向很可能与人们预料的方向大相径庭。研发可以分为基础理论研究与应用性研究。虽然基础理论研究（如广义相对论、量子力学等）的研发动机可能只是出于人类探索自然、追求真理的好奇心，但是它却使核能的开发和商业应用成为可能；电话发明者的初衷只是为了让人们能通过电话听筒欣赏交响乐；初期服务于科研与军事需要的计算机网络研究，成为网络经济这一新兴经济模式出现的第一推动力。

对研发成果最终的社会效益的准确计量也是难以做到的。正是由于研发成果方向的不确定性，知识"积累与组合式创新"的生产特点使研发成果的最终社会效益难以准确计量。例如，目前人们仍然没有办法估计爱迪生发明的电灯对人类社会起到了多大的作用。研发创造的社会效益从另一个角度来说也是基于之前的研发结果。

正是网络产品与传统产品在生产中多了"研发"这一步骤，而导致其生产成本的构成与传统产品存在巨大的差异。接近于零的边际成本使厂商无法根据边际成本曲线来制定价格，也就无法形成短期供给曲线。网络产品，尤其是数字产品的定价，也是我们讨论的重点。

◎思考题：

1. 简述数字产品的经济特征和物理特征。

2. 数字产品的成本构成与一般产品有何不同？

3. 由于网络经济中不存在短期供给曲线，因此不能根据边际成本来定价。你认为生产者应该如何对数字产品进行定价？

【案例延伸阅读】

"5G+VR"赋能新质生产力发展

党的二十大报告提出，要"开辟发展新领域新赛道，不断塑造发展新动能新优势"。2023年9月，习近平总书记在黑龙江考察时强调，要"整合科技创新资源，引领发展战略性新兴产业和未来产业，加快形成新质生产力"。虚拟现实（VR）技术是新一代信息技术，5G网络的超高速和低延迟特性为VR技术提供了强有力的支持，使其逐渐从概念转变为现实，呈现蓬勃的生命力。以"5G+VR"赋能新质生产力是值得探讨的发展话题。

5G时代的VR技术应用前景极其广泛。新质生产力是生产力质的跃迁。习近平总书记在中共中央政治局第十一次集体学习时指出：新质生产力是创新起主导作用，摆脱传统经济增长方式、生产力发展路径，具有高科技、高效能、高质量特征，符合新发展理念的先进生产力质态。推动新质生产力的形成既要加强科技创新驱动力，又要加快新兴产业的培育壮大。VR产业正是未来新兴产业的一种。推动VR产业发展，必须加快推进5G网络的发展和升级。《中华人民共和国国民经济和社会发展第十四个五年规划和2035年远景目标纲要》提出，要"构建基于5G的应用场景和产业生态"。在医疗领域，医生可以通过5G网络、利用VR技术为患者进行实时的远程手术指导，大幅提高手术精准度，使医疗资源得以更加智能、高效地分布，从而实现医疗资源的优化配置；医护专业人员也可以利用VR技术进行实训练习，提高手术熟练度。在教育领域，教师可以借助VR技术打破传统教学的时空限制，将学生带到无法亲临其境的地方，如艺术博物馆、历史名胜等。这种沉浸式学习体验和丰富的学习资源，为学生带来了全新的、多样化的学习体验，极大激发了学生的学习兴趣和好奇心，进而提高其学习效率。而在娱乐业，VR技术的发展也将为游戏、影视等行业带来更丰富的内容和更真实的交互体验，推动行业创新、多元化发展。此外，在工业设计、城市规划、展览、旅游等领域，VR技术也可以为人们提供沉浸式体验和更加便捷的操作。

"5G+VR"在应用层面存在着制约因素。目前，我国已建成全球规模最大、技术领先的网络基础设施，但在偏远地区，5G基站等网络基础设施受地理环境等因素的制约，建设进展比较缓慢，影响了VR技术在全国范围的全面推广应用。因此，《"十四五"数字经济发展规划》提出优化升级数字基础设施。2023年2月，中共中央、国务院印发《数字中国建设整体布局规划》，将"打通数字基础设施大动脉"作为夯实数字中国建设基础重要一环。设备价格是影响VR用户接受度的一大制约因素，成本问题也直接关系到VR技术的普及和其市场规模。2023年，VR产品虽然拥有更强显示、生态交互的进步、更为轻便等优势，但是高定价、内容场景构建不够丰富、全球经济下行等原因导致VR市场处于"寒冬"。随着5G技术的引入，网络建设和维护的成本也随之增加，如何有效降低VR设备的价格、提高性价比，仍然是该行业发展面临的一项重要挑战。在VR广泛应用的大环境中，用户的个人信息和行为可能面临更大风险。由于分体式VR头显和PC相连，黑客有可能通过这种途径访问用户的私人数据。不过就目前情况而言，VR和移动手机、智能家居以及其他科技平台相比还不是一个主流的平台，一旦VR变成主流平台，它很可能成为黑客攻击的目标。5G时代的大数据传输和处理可能带来新的隐私和安全问题，使用户在虚拟世界中缺乏安全感和信任感。

抢抓"5G+VR"发展机遇。2016年，习近平总书记在中共中央政治局第三十六次集体学习时强调，"网络信息技术是全球研发投入最集中、创新最活跃、应用最广泛、辐射带动作用最大的技术创新领域，是全球技术创新的竞争高地""要紧紧牵住核心技术自主创新这个'牛鼻子'"。以"5G+VR"赋能新质生产力发展，技术突破是关键。5.5G当前是5G的升级，数据显示5.5G相比5G有突破10倍能力的提升，在速率、时延和连接规模方面相比较5G都有显著提升，下行万兆和上行千兆的峰值速率、毫秒级时延都将成为现实，这也将为VR的发展提供坚实基础。以"5G+VR"赋能新质生产力发展，要不断完善VR产业链各环节的协同合作。未来VR产业的发展必然是硬件、软件、内容螺旋促进的一个模式。硬件上要从高端、小众转向娱乐化、大众体验与轻量化，软件上要更加注重新的生态研发，内容上要更加注重持续更新与运营。以"5G+VR"赋能新质生产力发展，相关部门要制定更为严格的隐私和安全法规，通过加强对VR技术的监管力度，切实有效地保障用户隐私和安全，同时通过技术手段加强VR平台的使用安全性，减少潜在风险的出现。

（案例来源：高式英.以"5G+VR"赋能新质生产力发展［N］.湖南日报，2024-02-22（11）.）

第四章　网络经济运行的新特征

【思政案例导入】

数字浪潮激荡，创新铸就未来

一、中国数字经济全景展望

中国的数字经济发展势头强劲，已经成为全球数字经济增长的重要引擎。近年来，随着互联网技术的快速发展和移动支付等创新应用的普及，中国的数字经济规模迅速扩张，对国内生产总值（GDP）的贡献显著增加。政府在推动数字经济发展方面采取了一系列措施，包括出台相关政策、提供财政支持和建设数字基础设施，这些都极大地促进了数字技术在各行各业的应用。

数字经济不仅改变了传统行业的运作模式，如零售业通过电子商务平台实现了线上线下的融合，制造业则通过智能制造提升了生产效率和产品质量，还催生了大量新兴产业和业态，如云计算、大数据服务和人工智能。这些新兴领域正逐渐成为经济增长的新动力。

面对数字经济发展带来的新挑战，如数据安全和个人隐私保护，中国也在不断强化法规建设，完善数据治理体系。例如，推出数据安全法和个人信息保护法，旨在为数字经济的健康发展提供法律保障。此外，中国还积极参与全球数字经济的规则制定，与其他国家共同探讨和建立国际互联网治理的新机制。随着5G、物联网和边缘计算等先进技术的推广应用，预计中国的数字经济将在未来几年内持续保持高速增长态势，为经济转型升级和高质量发展提供强有力的支撑。

二、2024年中国数字经济发展重点

2024年，中国数字经济发展的重点包含了全面推进的多项策略和举措，旨在支持数字经济的高质量发展，与党的二十大及相关中央会议精神保持一致。根据国家发展改革委办公厅与国家数据局的《数字经济2024年工作要点》，重点工作将聚焦于九大领域。首先，将适度超前布局数字基础设施，加速构建全国一体化的信息通信网络和算力网，全面提升数据基础设施水平；其次，加快建设数据基础制度，贯彻"数据二十条"，并大力开放公共数据资源，以释放数据的潜在价值。

在产业转型方面，将深化制造业与数字技术的融合，推动重点领域如智能制造的数字化转型，并创造有利于转型的生态系统。同时，注重数字技术创新与核心技术的自主研发，以增强核心产业的国际竞争力。此外，政府将通过提升"互联网＋政务服务"的效能，不断提高社会服务的数字化和智能化水平，包括养老、教育、医疗等领域，推动城乡数字化融合，致力于打造智慧型生活环境。

数字经济的治理体系也将得到加强，包括数字安全屏障的建设与风险防范，以及推动数字经济国际合作，尤其是在推进"数字丝绸之路"方面。最后，通过加强跨部门的协同与联动，强化政策的统筹协调，中国计划加速数字经济的统计监测与支持力度，以促进数字经济的创新与高质量发展，释放数字红利，并优化发展环境。

三、展望未来：中国数字经济的全面前瞻

未来中国数字经济的发展前景蕴含着巨大的潜力与机遇，核心在于实现从数据到智能的全面转型和深度融合。

首先，加速数据要素改革是推动生产力变革的关键。通过整合数据要素进入生产函数，数据的协同复用和融合将释放更大的价值，实现数据资产化和产业智能化，为各行各业带来转型的动力。

其次，未来的数字基础设施将更加侧重于支撑人工智能的发展。这不仅包括建设高效的计算基础设施，如算力集群，还涉及智能化的基础设施建设，以适应人工智能大模型和通用人工智能（AGI）的需求。这些基础设施将为 AI 的深入应用和创新提供强有力的支撑。

再次，数字经济与实体经济的深度融合是未来发展的重点。通过数据和人工智能技术的融合，未来将催生出多种新的应用场景和业态，如智慧城市、智能制造和定制化服务等。这种融合不仅会促进新产业的出现，还将创造出新的职业岗位，从而推动经济结构的优化和升级。

最后，研发将成为推动相关产业发展的驱动力。面对人工智能、脑机接口、空天经济、人形机器人、量子通信和量子计算等前沿技术的发展，加大研发投入，培育和形成新的生产力是关键。这不仅需要政府的政策支持和资金投入，还需要高等教育和研究机构与产业界的紧密合作，共同推动科技创新和技术应用。通过这四个关键思路的实施，中国的数字经济将能够实现质的飞跃，成为支撑国家持续高质量发展的重要力量。

随着全球经济格局的不断变化和技术革新的加速，中国的数字经济展现出无限的发展潜力和光明的前景。在未来的发展中，中国不仅需要继续扩大和深化数字经济的应用领域，还需确保这一增长的可持续性，特别是在法律和伦理的框架下确保技术的正当使用。

面对未来，中国的数字经济应继续推动技术革新与产业升级，加强数字基础设施的建设，并深化数据与人工智能技术的整合应用。同时，更加注重数据安全和个人隐私的保护，完善相关法律法规，为数字经济的健康发展提供坚实的保障。此外，积极参与国际合作，与全球伙伴共同探索和制定国际数字经济的规则和标准，是中国在未来全球经济中保持领先地位的关键。

在不断迈进的过程中，中国的数字经济还应更加关注推动社会包容性和经济平等，确保科技进步的成果能够普惠至全社会。通过实现这些战略目标，中国不仅能够巩固其作为全球数字经济领导者的地位，还能为全球经济的繁荣和人类社会的进步贡献力量。在这一进程中，中国将展现其作为一个负责任国家的形象，引领全球向着更加数字化和智能化的未来迈进。

（案例来源：王鹏.数字浪潮激荡，创新铸就未来［EB/OL］.中国日报网，［2024-05-06］.https://column.chinadaily.com.cn/a/202405/06/WS66388c0ea3109f7860ddc513.html.）

第一节　网络经济市场运行的基本规律

学 习 要 求

1.理解规模至上、速度至上、创新至上和标准至上。

2.掌握梅特卡夫定律、马太定律、摩尔定律、吉尔德定律、达维多定律、格罗夫定律的基本概念。

网络经济市场的运行确实遵循着其独特的规律，这些规律构成了市场行为的基石。要想在这个瞬息万变的市场中立于不败之地，就必须对这些运行规律有深入而清晰的理解。只有这样，我们才能制定出精准有效的策略来应对各种挑战。下面从规模、速度、创新和标准四个方面对网络市场的运行规律进行分析。

一、规模至上

在网络经济下，消费者的效用与网络的规模紧密相关，规模至上的定律使厂商会想尽各种办法扩大安装基础，实现正反馈和相应的路径依赖及锁定，同时，供给方的规模经济也在此中发挥着重要作用。以社交媒体平台为例，如微信、抖音等，这些平台的用户数量庞大，每个新用户的加入都会为现有用户带来更多的交流机会和内容选择，从而提升了整体的用户体验。这种正反馈机制促使平台不断投入资源以吸引更多用户，形成强大的网络效应。

（一）梅特卡夫定律（Metcalfe's Law）

梅特卡夫定律是由乔治·吉尔德（George Gilder）于1993年提出，以计算机网络先驱、3Com公司的创始人罗伯特·梅特卡夫（Robert Metcalfe）的姓氏命名，以表彰他在以太网方面的贡献。该定律表明，一个网络的价值与其节点数的平方成正比。在网络经济中，增加一个节点虽然并不改变节点本身的价值，但由于增加了节点，整个网络的价值会增加，从而产生群体效应。

梅特卡夫定律基于每个新用户都因其他用户而获得更多的信息交流机会，这意味着网络具有强大的外部性和正反馈性：加入同一网络的用户越多，网络的价值越大，需求也越大。例如，随着微信用户数量的增加，微信的网络价值以指数级速度增加，成为新用户选择移动通信网络的参考。

梅特卡夫定律在新质生产力新形势下的应用，更加注重网络价值的深度挖掘与利用。在新质生产力的推动下，网络不再仅是信息传递的载体，更是价值创造的平台。企业可以通过构建开放共享的网络平台，整合内外部资源，促进知识、技术、数据的流动与共享，从而创造出更多的价值。这种深度挖掘与利用网络价值的方式，有助于提升企业的核心竞争力，推动产业升级与转型。此外，梅特卡夫定律还启示我们，在新质生产力的发展过程中，要注重构建良好的网络生态与标准体系。一个健康、有序的网络生态，能够促进用户之间的互信与合作，提升整个网络的价值。而统一的技术标准与市场规范，则能够降低交易成本，提高市场效率，为新质生产力的快速发展提供有力保障。

总的来说，网络价值与用户规模之间的非线性增长关系，不仅是网络经济的基本规律，还是新质生产力发展的重要驱动力。因此，在推动新质生产力发展的过程中，我们应该充分利用这一规律，通过扩大用户规模、提升网络活跃度、深度挖掘网络价值等方式，不断激发新质生产力的潜能，推动经济高质量发展。

（二）马太定律（Matthew's Law）

马太定律，又称为马太效应（Matthew Effect），源自《新约全书·马太福音》中的一句经文，表达了"强者恒强，弱者恒弱；富者愈富，贫者愈贫"的观念。这概念最初由美国的罗伯特·K.莫顿（Robert K. Merton）提出，用以描述社会心理现象。莫顿指出，在科学领域，声名显赫的科学家通常会得到更多的声望，即使他们的成就与其他不知名的研究者相似。这一现象后来被引申到经济学中，反映了富者越富、贫者越贫的经济现象。

在网络市场竞争中，马太定律的原理通过"正反馈"来描述。正反馈是网络经济系统中的一种自我增强机制，一旦优势出现，就会不断自我强化，形成滚雪球效应，最终导致"赢家通吃，输家出局"的局面。这意味着厂商的产品网络规模的扩张速度与其现有网络规模成正比。因此，在存在网络效应的情况下，企业需要通过有效的用户锁定来巩固用户基础，以尽快达到临界容量。

在这一过程中，消费者的预期起到了关键作用，而消费者预期管理成为企业在网络效应条件下竞争的重要手段。这包括两种情况：首先，那些被认为将成为最终标准的产品和技术通常会得到更多的采用机会，通过正反馈作用更快地达到临界容量；其次，企业可以通过引导消费者预期的方式，影响市场竞争格局。微软公司在过去曾采用这种策略，通过提高用户对即将推出的产品的期望来减少竞争对手产品的销售。然而，需要注意的是，提高用户预期可能会带来负面影响，特别是当厂商未能实现宣称的卓越性能时，可能损害市场信誉。因此，有效地管理用户预期，将其设定在合理水平，成为企业在网络经济中不可忽视的挑战。

在如今社会的新形势下，马太定律（马太效应）被赋予了新的理解。随着全球化和数字化的加速发展，资源、技术、人才等要素更加自由地流动，这进一步加剧了强者愈强、弱者愈弱的社会现象。创新和知识经济的推动作用使成功的企业或个人能够通过持续创新积累竞争优势，形成技术壁垒或品牌效应，从而吸引更多资源和机会，形成良性循环。同时，社会结构和心理因素也在影响着马太效应的表现，如社交网络和媒体的影响加剧了社会舆论和影响力方面的不平等，人们对成功者的崇拜和对失败者的忽视也推动了马太效应的实现。然而，我们也应看到，马太效应并非不可逆转，通过政策干预、社会公平、个人努力与自我提升以及多元化与包容性发展等策略，我们可以积极应对马太效应带来的挑战，推动社会的全面进步和共同发展，实现更加公平、和谐和可持续的社会发展。

二、速度至上

与传统经济相比，网络经济的整体扩张速度更快，产品更新换代的频率更高，摩尔定律和吉尔德定律就体现了网络经济下这种"速度至上"的精髓。

（一）摩尔定律（Moore's Law）

戈登·摩尔（Gordon Moore）是英特尔公司的创始人之一，他在观察了1959~1965年半导体工业的实际数据后提出了著名的摩尔定律。根据他的观察，以1959年的数据为基准，大约每隔18个月，芯片技术的进展就会翻一番。这一预言在1965年4月得以公开，预测了计算机芯片集成电路上可容纳的元器件密度每18个月左右将增长1倍，性能也将提升1倍。摩尔定律的影响在科技领域表现得深远而广泛。例如，苹果公司在研发处理器方面遵循了摩尔定律，每两年推出一款新的处理器，如 A16 处理器。这种趋势促使公司独立研发专用 CPU 芯片，减少对供应商的依赖，提高产品性能，并在市场上取得竞争优势。

摩尔定律对技术变革和价格竞争产生了推动作用。许多厂商利用这一定律确定技术发展速度，整个产业呈现惊人的一致性。摩尔定律也影响了价格策略，随着性能提升，价格下降，加强了竞争。在高科技行业中，摩尔定律意味着规模经济具有更深远的意义。高投资和研发成本迫使企业在技术周期内尽快回收投资成本，通过规模经济实现盈利。最后，摩尔定律驱动着软件工业市场的发展。硬件和软件之间的关联性导致两者需要相互支持。这促使软件供应商和硬件供应商密切合作，以适应技术发展趋势，快速推出与硬件相匹配的软件，推动新技术在市场上占领地位。

然而，随着技术的不断进步，摩尔定律出现了新的认识与挑战。首先，摩尔定律的持续有效性面临挑战与突破并存。尽管经济、技术和物理因素不断对摩尔定律提出质疑，认为其即将达到物理极限，但半导体行业通过技术创新不断突破这些障碍。例如，极紫外光刻（EUV）技术等先进制造工艺的应用，使摩尔定律得以延续。同时，二维材料如石墨烯等的应用也为未来半导体技术的发展提供了新的可能性。其次，摩尔定律对信息技术产业的影响深远且复杂。它不仅推动了硬件性能的快速提升和成本的降低，还间接影响了软件开发、市场竞争格局以及用户体验等多个方面。在硬件层面，摩尔定律促使厂商不断加快新品研发速度，以保持竞争力；在软件层面，则出现了"安迪—比尔定律"等现象，即硬件性能的提升往往被操作系统和应用软件所消耗，导致用户感知不明显。此外，摩尔定律还对社会经济结构和人类生活方式产生了重大影响。随着信息技术的普及和发展，数字平台、知识产权和数据所有权日益成为重要的财富来源。以腾讯、谷歌、Facebook 等为代表的科技公司凭借其在数字资产和用户数据方面的积累，实现了财富的快速增长。同时，信息技术也推动了从制造业经济向知识经济的转变，知识和信息成为重要的生产要素，拥有相关技能的劳动力获得了更高的收入和更多的财富。最后，摩尔定律的未来仍然充满不确定性。尽管半导体行业不断通过技术创新来延长摩尔定律的寿命，但物理极限的存在使其最终命运难以预测。同时，随着人工智能、量子计算等新兴技术的发展，未来信息技术产业可能会呈现更加多元化和复杂化的竞争格局。

当摩尔定律不再完全适用时，整个半导体行业及信息技术领域需要采取一系列策略来应对这一挑战。首先，行业需要加大在技术创新上的投入，以探索超越传统硅基芯片性能极限的新技术路径。这可能包括二维材料、碳纳米管、量子计算等新兴领域的研发，这些技术有望在未来提供比传统硅基芯片更高的性能密度和更低的功耗。其次，产业界需要转变思维，从单纯追求芯片集成度的提升转向更加注重系统级的优化和整合。这意味着在设计芯片时，不仅要考虑单个芯片的性能，还要考虑如何与其他芯片、组件和系统协同工作，以实现整体性能的最优化。例如，通过系统级封装（SiP）技术，可以将多个不同功能的芯片集成在一个封装内，从而提高系统的集成度和可靠性。此外，随着物联网、人工智能等新兴应用的兴起，对于芯片的需求也变得更加多样化。因此，行业需要更加注重定制化芯片的研发和生产，以满足不同应用场景下的特定需求。这不仅可以提高芯片的利用率和性能，还可以降低整体系统的成本和功耗。最后，面对摩尔定律的失效，整个信息技术产业也需要重新审视其商业模式和发展战略。随着技术进步的放缓，市场竞争将变得更加激烈，企业需要更加注重产品的差异化和服务的个性化，以吸引和留住客户。同时，政府和相关机构也需要加大对半导体行业的支持和引导力度，推动整个产业的健康发展。

综上所述，在社会新形势下，对摩尔定律的新认识需要综合考虑其历史背景、现状挑战、技术突破以及社会经济影响等多个方面。摩尔定律作为信息技术产业的重要基石，其未来发展将继续受到广泛关注和研究。

（二）吉尔德定律（Gilder's Law）

乔治·吉尔德（George Gilder）基于对光纤技术的发展提出了吉尔德定律，即主干网的带宽每 6 个月增长 1 倍，速度是摩尔定律预测的计算机 CPU 增长速度的 3 倍。这一观点在光纤通信网络的快速发展中得到了证实，被称为吉尔德定律。

微软公司的实验证明了在 300 千米的距离内，可以在 1 秒钟内无线传输 1G 的内容，相当于家中调制解调器（Modem）实际传输能力的 10000 倍。这表明带宽的增加已经不再是技术问题，而是用户需求问题。随着互联网的普及，用户对带宽的需求不断增强，电信公司纷纷铺设缆线以满足用户需求。

吉尔德认为，成功的商业模式是尽可能消耗价格最低的资源，以保存最昂贵的资源。他引用了蒸汽机和内燃机的例子，说明当这些动力来源的成本低于传统交通工具的马匹时，商人们开始大规模应用它们。今天，最廉价的资源是电脑和网络带宽，因此随着带宽资源变得足够充裕，上网的成本会下降，甚至趋近于免费。

在新形势下，对吉尔德定律的认识和理解进一步深化，这一定律不仅揭示了信息技术领域的发展趋势，还为人们理解数字经济和商业模式变革提供了新的视角。吉尔德定律，又称"胜利者浪费定律"，其核心观点在于：最为成功的商业运作模式应该是最大限度地使用廉价易得的资源，同时最小限度地使用昂贵难得的资源，以此来获取最大的经济价值。在新形势下，这一观点依然具有深刻的现实意义。首先，吉尔德定律反映了数字经济的一大特点，即边际成本的大幅下降。随着云计算、大数据、人工智能等技术的不断发展，许多数字资源的边际成本接近于零。企业可以充分利用这些廉价易得的资源，通过规模效应和创新模式来降低成本、提高效率，从而实现商业价值的最大化。例如，社交媒体平台通过提供免费的基础服务来吸引大量用户，进而通过广告、增值服务等方式实现盈利，这正是吉尔德定律在数字经济领域的生动体现。其次，吉尔德定律还揭示了商业模式变革的趋势。在传统经济中，企业往往需要通过高昂的研发、生产、销售成本来获取利润。然而，在数字经济时代，企业可以通过平台化、网络化的商业模式来降低交易成本、拓展市场边界，从而实现更快的增长和更高的利润率。例如，共享经济平台通过整合闲置资源、提高资源利用效率来实现盈利，这种模式不仅降低了企业的固定成本，还为消费者提供了更加便捷、灵活的服务体验。最后，吉尔德定律还启示人们要善于把握技术变革带来的机遇。随着信息技术的不断进步，新的商业模式和应用场景不断涌现。企业需要密切关注技术发展趋势和市场动态，及时调整战略布局和业务模式以适应新的市场环境。同时，企业还需要注重创新和人才培养，不断提升自身的核心竞争力和可持续发展能力。

综上所述，在新形势下对吉尔德定律的认识和理解更加深入和全面。这一定律不仅揭示了数字经济的特点和商业模式变革的趋势，还为我们提供了应对技术变革和市场挑战的新思路和新方法。在实际应用中，企业可以根据自身情况和市场环境灵活运用吉尔德定律的原理和思路来制定发展战略和业务模式以实现可持续发展和长期成功。

三、创新至上

虽然网络经济的市场结构存在路径依赖的特征，但是它并非绝对的一成不变，如果新进入厂商的产品质量更高，给消费者带来更大的效用和价值，那么质量就有可能超越规模，成为消费者转移的动力。因此，在网络市场中，持续的创新是必不可少的。

（一）达维多定律（Davidow's Law）

达维多定律强调了企业在市场竞争中的策略，特别是在技术和产品领域。根据这一定律，企业需要不断创新，将新产品迅速推向市场，并及时淘汰老产品，以保持竞争优势。该定律认为，第一家企业在推出新产品时能够自动获得市场份额的 50%，即使该产品可能并不完美。相比之下，第二家或第三家企业在市场推出同类产品时，其利益远不及第一家企业。

微软公司的 Windows 战略被作为例证，展示了版本升级法则，即逐步改进产品以升级换代的战略。这种策略使企业能够在市场中保持领先地位，而不是一次性提供尽善尽美的产品。太阳微系统（Sun Microsystems）公司也被引用为另一个例子，强调了淘汰旧产品、推出新产品的重要性。该公司通过不断创新和快速的企业运作机制，成功地确立了自己的竞争战略，并在高性能工程工作站领域取得了成功。

在新形势下，人们对达维多定律的感悟和认识更加深刻，这一定律强调了在市场竞争中，企业必须不断创新和淘汰旧产品，以保持领先地位。以华为手机为例，这一理念得到了生动的诠释。

华为手机作为全球知名的智能手机品牌，在市场竞争中始终秉持着达维多定律的精神。面对快速变化的市场环境和日益激烈的竞争态势，华为手机不断加大研发投入，致力于技术创新和产品迭代。从麒麟芯片的自主研发到鸿蒙操作系统的推出，华为手机在核心技术上不断取得突破，为产品赋予了更强的竞争力和差异化优势。同时，华为手机也敢于淘汰旧产品，不断推出符合市场需求的新品。这种"除旧布新"的策略不仅提升了品牌形象和市场地位，还满足了消费者对高品质、高性能智能手机的追求。通过不断创新和淘汰旧产品，华为手机成功掌握了制定游戏规则的权利，引领了智能手机行业的发展趋势。

在新形势下，达维多定律对智能手机的指导意义更加凸显。随着5G、人工智能等技术的快速发展，智能手机行业正面临前所未有的变革机遇。华为手机将继续坚持创新驱动发展战略，不断推出具有自主知识产权的核心技术和产品，以满足消费者对智能生活的多元化需求。同时，华为手机也将密切关注市场动态和消费者需求变化，及时调整产品策略和市场布局，确保在激烈的市场竞争中保持领先地位。

总之，达维多定律为互联网科技企业提供了宝贵的理论指导和实践经验。在新形势下，互联网科技企业将继续秉持这一理念，不断创新和进取，为消费者带来更多高品质、高性能的智能手机产品。

（二）格罗夫定律（Grove's Law）

安迪·格罗夫（Andy Grove）提出的格罗夫定律在网络经济中强调了新产品要成功替代原有产品的必要条件。根据这一定律，新产品在性价比上必须超过原产品的10倍，要么在价格不变的情况下提供10倍的性能，要么在性能不变的情况下将价格降至原来的1/10。格罗夫定律与转移成本密切相关，即用户从一种产品或系统转移到另一种产品或系统时所需花费的成本。转移成本包括沉没成本和学习成本等，这些成本可能使用户被锁定在原有产品上，即使他们可能更喜欢其他产品。对于在位厂商，累积用户的转移成本可以通过不断升级产品、提升品牌美誉度与信誉、扩大联盟合作等方式实现。这有助于保持用户忠诚度。对于潜在进入企业，吸引在位厂商的用户需要采取措施，如在技术性能上超越10倍、降低价格、提供免费培训等，以帮助用户克服转移成本，从而促使他们转向新产品。

举例来说，英特尔公司在建立之初主攻存储器业务，成功通过在性价比上超越磁芯存储器 10 倍的半导体存储器，占据了存储器市场的主导地位。这表明格罗夫定律在实际业务中的应用对于企业的成功至关重要。

在新形势下，人们逐渐意识到，格罗夫定律不仅是一个描述有限空间内可观察量呈指数增长趋势的数学模型，还是一种深刻揭示自然和社会系统中普遍增长规律的有力工具。这一定律以其独特的视角和严谨的逻辑，为人们理解复杂系统的动态变化提供了重要的理论支撑。在新质生产力的推动下，人们所面对的系统变得更加动态和复杂。新技术、新业态、新模式不断涌现，使系统的各组成部分之间的相互作用和反馈机制变得更为复杂多变。这就要求人们在应用格罗夫定律时，必须更加深入地探究系统中各因素之间的内在联系，以及这些联系如何影响增长率的稳定性和可预测性。人们需要更加关注系统的非线性特征、突变点以及长期趋势，以便更好地把握系统的整体动态。同时，格罗夫定律的应用范围正在不断扩展，呈现跨学科融合的趋势。这一趋势为人们提供了新的视角和方法来分析和解决新质生产力所带来的各种复杂问题。无论是在生物学、经济学、计算机科学还是在社会学等领域，格罗夫定律都展现出了其强大的解释力和预测力。通过跨学科的研究和应用，人们可以更加全面地理解新质生产力对系统增长的影响，以及如何通过优化系统结构来提升增长效率。

因此，在新形势下，我们需要更加深入地研究和应用格罗夫定律。我们需要不断探索新的研究方法和应用场景，以便更好地把握系统增长的趋势和规律。同时，我们也需要加强跨学科的合作与交流，共同推动格罗夫定律在更广泛领域的应用与发展。

四、标准至上

在网络经济的浪潮中，标准已经远远超越了技术规范或产品参数界定的范畴，它已经成为决定产品乃至企业命运的关键因素。一个失去市场份额的标准，往往意味着其依托的产品或服务将面临市场的严峻挑战，如市场份额的萎缩、用户基础的流失、品牌价值的下降，甚至可能最终导致产品或服务的失败。相反，那些有幸成为行业或市场标准的产品，即便在质量和功能上并非最优，也有可能凭借标准的优势，赢得广泛的认可和市场成功，获得庞大的用户群体、稳固的市场地位，以及持续的发展动力。这种标准带来的市场优势，往往能够让企业在竞争中脱颖而出，成为行业的佼佼者。

对于 IT 行业的巨头而言，如微软、英特尔、太阳微系统公司等，掌握标准已经成为它们获取市场主导权、巩固行业地位的不二法门。这些企业深知，一旦自己的技术或产品成为行业标准，就意味着将拥有巨大的市场话语权和竞争优势，能够引领行业的发展方向，制定市场的游戏规则，其至在一定程度上影响相关政策的制定。因此，它们不惜投入巨资进行技术研发和标准制定，以期在激烈的市场竞争中占据先机。

标准之所以如此重要，在很大程度上是因为它促进了兼容性和互联性。在一个标准化的环境中，不同的产品和服务可以更加顺畅地交流和互动，避免了因为标准不统一而带来的交流问题和转换成本。这种兼容性不仅为消费者带来了便利，使他们能够更加方便地使用各种产品和服务，还极大地扩大了网络效应，吸引了更多的消费者加入，从而提高了互补品的数量和质量，为消费者带来了更多、更大的利益。同时，标准化也降低了企业的生产成本和营销成本，提高了企业的经济效益和市场竞争力。

标准化的另一个显著优势是减少了消费者的寻找和协调成本。在没有既定标准的市场上，消费者往往面临较大的不确定性，对新产品或新技术持怀疑态度，这导致了市场惰性的产生，使新产品难以快速被市场接受。然而，一旦某个新产品或新技术成为标准，消费者的信心将得到极大的提升，他们更加愿意尝试和接受新产品或新技术，从而形成一个良性循环，加速新产品的普及和推广。这种标准化的市场效应，不仅促进了企业的创新和发展，还推动了整个社会的进步和繁荣。

在网络市场中，标准的地位更是举足轻重。兼容性成为企业战略选择的关键。由于网络产业的创新速度极快，新技术、新产品层出不穷，竞争往往不仅体现在产品和服务本身，还体现在基于不同技术框架的标准竞争。只有成为标准，企业才能在激烈的市场竞争中生存下来，并脱颖而出，成为行业的领导者和规则的制定者。因此，企业纷纷将标准竞争作为其核心战略之一，以期在激烈的市场竞争中占据有利地位。

然而，在争取成为标准的过程中，厂商需要做出兼容与不兼容的艰难抉择。这一抉择不仅关乎其自身的市场势力，更对整个产业的竞争格局产生深远影响。为了成为标准或巩固已有的标准地位，厂商往往会寻求与其他企业的合作，形成兼容联盟。这种兼容联盟的存在，进一步加剧了网络市场中的标准竞争，也使标准的制定和推广变得更加复杂和多变。厂商之间需要通过协商和谈判来达成共识，共同推动标准的制定和推广。在这个过程中，企业的战略眼光、谈判能力和合作精神将决定其在标准竞争中的成败。

综上所述，标准在网络经济中扮演着至关重要的角色。它不仅是产品和技术成功的关键，更是企业获取市场主导权、巩固行业地位的重要法宝。在网络经济的浪潮中，谁掌握了标准，谁就掌握了市场的未来。因此，对于企业和厂商而言，制定和推广自己的标准已经成为一项至关重要的战略选择。在未来的市场竞争中，那些能够制定出具有广泛影响力和市场认可度的标准的企业，将更有可能成为行业的领导者和市场的霸主。

◎思考题：

1. 网络市场的运行特征主要有哪些？

2. 分别阐述梅特卡夫定律、马太定律、摩尔定律、吉尔德定律、达维多定律、格罗夫定律的内容，并分析对企业竞争策略的影响。

第二节　正反馈

学习要求

1. 掌握网络经济中的临界容量。

2. 掌握正反馈的形成机制。

3. 掌握经济学中正负反馈的基本原理。

一、正反馈的形成

（一）临界容量的含义

在传统经济学的一般分析中，需求曲线向下倾斜，供给曲线向上倾斜，供给与需求曲线的交点可得到唯一的市场均衡点及其相应的均衡价格和均衡产量。需求与价格的这种反向关系称为经济学中的需求定律。然而，在网络经济下，网络外部性的存在使需求定律的正确性受到了质疑。在网络经济中，由于网络外部性的作用，具有网络效应的产品的价值函数一般由两部分组成：一是产品自身的功能和质量形成的自有价值，传统商品通常只具有这部分价值，我们假设其为 k；二是网络效应带来的协同价值，此时消费者不再只关注产品的功能，还注重产品的网络规模大小，随着网络规模 n 的变化，消费者的消费意愿也会随之变化。因此，在网络外部性的作用下，需求曲线的形状由传统经济下的单调向下倾斜，变为倒"U"形曲线（见图4-1）。当 $k < c < c$ 时，此时的经济系统中存在三个均衡，即 0、n_0、n_1。根据我们前面对临界容量的定义，取最小的均衡网络规模，因此 n_0 是我们所寻找的正的临界容量。

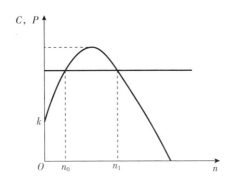

图 4-1　存在网络外部性的一般需求曲线

在网络经济中，需求曲线的形状不再是负斜率的直线，而是变成了倒"U"形。这导致网络经济系统可能存在多个均衡点，也就是所谓的多态均衡。理论上，这些均衡点都是可行的，但很难准确判断最终结果会达到哪个点。因此，当同样的价格可以支持多个均衡网络规模时，我们会选择最小的网络规模作为临界容量。

临界容量可以定义为维持均衡所需的最小网络规模。对于存在强网络外部性的产品来说，临界容量是一个相对较大的网络规模，较小的规模无法使市场达到和维持均衡状态。临界容量的概念似乎有些矛盾，因为如果消费者的购买意愿很低，网络规模就很难扩大。然而，由于网络外部性的存在，消费者不仅关注产品的自有价值，还关注产品的协同价值。如果网络规模不足，消费者的支付意愿会更低。因此，突破临界容量是实现市场均衡的前提条件。

早在 1973 年，罗兰·阿特尔（Roland Artle）和克里斯蒂安·阿维罗斯（Christian Averous）首次将外部性经济理论应用于通信行业，系统地说明了具有外部性的商品之间存在相互依赖的需求关系。在固定人口和固定收入的条件下，这种需求会持续增长，直到达到一定的临界点。杰弗里·罗尔夫斯（Jeffrey Rohlfs）在 1974 年对电信市场中新技术扩散过程中的消费者效用和规模问题进行了深入分析，讨论了在网络外部性作用下需求曲线的形状，并科学地定义了临界容量的基本概念和思想——使市场驱动，并达到一个非零均衡的最小市场规模。他还初步提出了计算临界容量值的定量方法，对临界容量的研究取得了重要进展。

什穆尔·奥伦（Shmuel S. Oren）和斯蒂芬·史密斯（Stephen A. Smith）在 1981年将罗尔夫斯独特的倒"U"形需求曲线应用于互联互通的通信产业，探讨了在不同产品定价结构下临界容量的起始点和形态的差异。约瑟夫·法雷尔（Joseph

Farrell）和加斯·萨洛纳（Garth Saloner）分别在 1988 年和 1995 年构建了一个市场失灵可能导致次优技术占领市场的假设环境，研究了消费者的消费决策（包括对技术市场占有率的预期）和社会福利的变化。他们得出结论，在新技术扩散中，临界点的确定取决于消费者对现有技术规模和新技术预期规模的比较结果。

之后，尼古拉斯·伊科诺米季斯（Nicholas Economides）和查尔斯·希梅尔伯格（Charles Himmelberg）于 1994 年在前人研究的基础上更加关注新技术进入市场的过程，认为临界容量在定量测算中是指在给定价格和市场结构条件下能够实现均衡的最小用户数量规模。德拉勒夫·肖德（Detlef Schoder）在 2000 年构建模型时采用了概率论的方法取代传统的线性模型，将临界容量的分析从静态转向动态。学术界对临界容量的研究已经初步形成了基本轮廓。

（二）垄断下的临界容量

在网络经济下，厂商的市场势力有所增强，寡头垄断的市场结构成为常态。为了简化分析，这里以垄断的市场结构为例对临界容量进行分析。

在垄断条件下，我们不能再利用价格等于边际成本的分析框架，转而从利润最大化的角度来考虑。设垄断厂商的总利润为 II，网络总规模为 n，且 $0 < n < 1$，有 $IIx = Rw(n) - C(n) = n[p(n, n) - c]$，当一阶条件成立时，垄断厂商的利润达到最大化。$dII/dn = MRw - MC = p(n, n) + ndp/dn - c = 0$，即 $p(n, n) - c = ndp/dn$。$\lim_{n \to 0} dp(n, n)/dn < 0, \lim_{n \to 0} dp(n, n)/dn > 0$ 条件下存在正的临界容量。由 $p(n, n) - c = ndp/dn$ 不难推导出：当 $n \to 0$，即网络规模很小时，正的临界容量如果存在，那么 $-ndp/dn$ 的符号一定为负，因此 $p(n, n) - c < 0$，即 $p(n, n) < c$。这说明，当网络规模很小时，垄断厂商的行为不同于无网络外部性时的情况，为了能够尽快实现扩大网络规模、突破临界容量的目的，它们并不会限产提价，而是更愿意制定低于边际成本的价格，并希望通过低价策略来吸引更多的消费者加入网络，使网络规模迅速扩张。

当 $n \to 1$，即网络规模很大时，$-ndp/dn$ 符号为正，因此 $p(n, n) - c > 0$，$p(n, n) > c$。这说明，当网络规模已经很大，网络规模的进一步扩大已经无法增加消费者的购买意愿，消费者反而可能担心网络规模过大带来拥塞等问题，从而不愿意加入网络。此时，垄断厂商的行为方式就类似于传统经济条件下，为了达到利润最大化目的而采取限产提价的做法，制定高于边际成本的价格。

此外，值得一提的是，同样都希望能够尽快达到临界容量，但与完全竞争市场中的厂商相比，垄断厂商具有一定的优势。特别是当垄断厂商能够通过自己的市场势力影响消费者的预期时，它可以更有效地实现消费者之间的协调，避免出现在多个竞争性厂商情况下容易出现的"预期协调失灵"问题。

二、正反馈原理

正反馈理论是一种解释网络经济和知识密集型产业发展的方法。根据这个理论，在网络外部性的作用下，当消费者的网络规模低于临界容量时，他们的支付意愿会不断降低。这是因为网络规模不足导致消费者无法享受到网络效应带来的好处。相反，当网络规模超过临界容量时，随着网络的扩张，消费者对加入网络的支付意愿逐步提高。这是因为网络规模的增加使消费者能够获得更多的网络效应，从而增加他们的支付意愿。这种正反馈的效应在网络经济中非常重要，它可以促进网络的快速增长和发展。

（一）传统经济理论中的负反馈

负反馈是指一个系统中的调节机制，它通过抑制某种变化来维持系统的稳定状态。在经济领域，负反馈通常表现为收益递减和成本增加的效应。然而，与负反馈相对的是正反馈，它描述的是一个强者变得更强而弱者逐渐衰弱的过程。正反馈会加强某种变化，导致系统朝着一个方向不断偏离，而不是回归到稳定状态。

举个例子来说，正反馈在技术创新和市场竞争中经常发挥作用。当一个公司推出一项创新技术或产品时，它可能会获得更多的市场份额和利润，这进一步增强了公司的研发能力和竞争力。随着时间的推移，这种正反馈效应可能导致该公司在市场上的主导地位越来越强大，而其他竞争对手则逐渐被边缘化。

正反馈也可以在社会和文化领域中发挥作用。例如，当某种观念或行为在社会中得到认可和传播时，它可能会被更多人接受和采纳，从而进一步加强这种观念或行为的影响力。

总之，正反馈和负反馈是描述系统中不同调节机制的概念。负反馈通过抑制变化来维持系统的稳定状态，而正反馈则加强变化并导致系统朝着一个方向不断偏离。在经济、技术、市场和社会等领域，这两种反馈机制都可以发挥重要的作用。

（二）正反馈及其形成

随着技术的进步和新经济形态的出现，有些经济现象难以用负反馈机制来解释。例如，我们常常提到的 QWERTY 键盘布局，尽管效率很低，但至今仍被广泛使用并成为标准。负反馈理论无法很好地解释这种现象，因此经济学家们开始引入非经济学的理论和概念来重新解释经济现象，其中正反馈理论是一个典型的例子。

在经济学中，正反馈理论描述了动态经济过程，其核心内容是：在边际收益递增的假设下，经济系统中存在一种局部反馈的自我增强机制。换句话说，网络外部性和正反馈并不是必然相关的概念，正反馈也不是网络经济中新出现的事物。实际上，供给方规模经济所实现的收益递增就是正反馈的一种表现形式。需要注意的是，收益递增和正反馈并不是完全相同的概念。

在网络经济中，如果一个系统已经成功发展起来，正反馈的作用可以帮助其快速增长，即成功带来更多成功。然而，如果一个系统被认为正在衰败，这种预期本身就可能导致系统的灭亡。良性循环很容易转变为恶性循环，这也是正反馈的一部分。这两种循环是正反馈系统中相对存在的两个过程。尽管经济文献中常将正反馈过程称为收益递增过程，但实际上它们是不同的概念。因此，简单来说，正反馈机制包括两个层面的含义：在一定条件下，优势或弱势一旦出现，都会不断加剧而自我强化，出现滚动的累积效果，在极端的情况下，甚至可能导致"赢者通吃，输家出局"的局面，也就是我们通常所说的"强者更强，弱者更弱"的"马太效应"。

在正反馈的作用机制下，市场结构的形成过程可以简略地用图 4-2 来表示。受强烈的网络外部性影响的技术一般会有一个长的引入期，随着用户的增加，越来越多的用户发现使用该产品是值得的，最后，此产品达到临界容量之后，开始领先的技术（也许占有 60% 的市场份额）成长到接近 100%，而开始占有 40% 市场份额的技术则下滑到 10%。无论是赢家还是输家，它们的正反馈过程都呈现一种"S"形的动态模式，大致经历三个阶段。以新技术的采用为例：启动阶段是平坦的，这时只有个别企业采用该技术；随着技术的采用到达一定的规模（临界容量），在正反馈的作用下进入起飞阶段并急速上升；而当大部分企业已经采用该技术时，则进入了饱和阶段，扩散路径再次趋向平坦。传真机、CD、彩色电视机等新技术产品的发展都同样遵循这三个阶段，尤其是与数字产品、电子商务等网络产业相关的产品和服务，更是凸显了"S"形的增长模式。

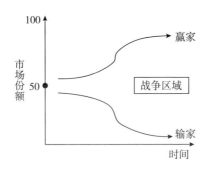

图 4-2　正反馈的动态路径

网络经济中正反馈形成的主要原因是网络外部性的存在。然而，要从网络外部性到正反馈，还需要满足其他条件。

首先，需要成本优势。实现正反馈的前提是边际收益递增，因此除了网络外部性带来的需求方规模经济外，还需要降低边际成本。如果成本因素抵消了需求方规模经济带来的收益递增，规模经济就无法显著存在，从而无法实现正反馈。数字产品具有高固定成本和低边际成本的特点，随着生产量的增加，单位产品的成本降低，形成了边际成本优势，这是网络经济中正反馈现象广泛存在的重要原因之一。

其次，网络外部性需要达到一定的规模才能引发正反馈过程，即临界容量。网络效应会随着网络规模的增加而增强消费者的消费意愿，但只有当网络达到一定规模时，正反馈才开始发挥作用，实现强者愈强、弱者愈弱的效果。此外，市场对产品需求的多样性也与网络外部性相关。在一个网络外部性强、需求方规模经济程度高的市场中，如果市场消费者对产品的需求多样化，一种产品可能难以达到引发正反馈的网络规模；相反，如果市场中产品的多样化程度较低，网络外部性引发正反馈的可能性就较大。

最后，要实现正反馈过程，还需要路径依赖和锁定的存在。路径依赖和锁定使早期的消费者成为新技术或新产品推广的障碍。如果一个系统由于前期历史的影响而进入了一个不一定是最有效率的均衡状态，并且这种影响的力量足够大，能够克服革新的力量，使系统达到临界容量，产生并加强正反馈，那么这个均衡状态就会被选择并持续存在，形成一种"选择优势"，将系统锁定在这个状态。换句话说，转移到另一个网络系统的转移成本较高，使转移不经济，消费者被迫选择现有的系统，即使这个系统可能不是最有效率的。如果消费者可以轻易地在两个系统之间转移，就无法将其锁定在现有系统中，这时自我增强的正反馈机制也无法形成。

◎思考题：

1. 从网络外部性到实现正反馈需要的条件有哪些？

2. 在网络外部性下，临界容量的存在会对厂商行为策略产生什么影响？

3. 经济学中的正反馈理论是一个对动态的经济过程的描述，它包括什么？

第三节 正反馈下市场的基本特征

从上面的内容我们可以观察到，正反馈的形成是多种复杂因素共同作用的结果，这种自增强机制会使一个经济系统具有四个基本特征：一是多态均衡，系统中可能存在两个以上的均衡；二是路径依赖，经济系统对均衡状态的选择依赖于自身前期历史的影响，可能是微小事件和随机事件影响的结果；三是锁定，系统一旦达到某个状态就很难退出；四是可能无效率，由于路径依赖，受随机事件的影响，系统达到的均衡状态可能不是最有效率的，而出现次优技术获胜的现象，加上由于系统建立的成本高，一旦建立就不易改变，以及学习效应、合作效应和适应性预期等转移成本的存在，使系统逐渐适应和强化这种无效率的状态。

一、多态均衡

在传统经济学中，向上的供给与向下的需求曲线相交，产生了经济系统唯一的市场均衡点，形成了市场的均衡价格和均衡产量。然而在网络经济中，由于正反馈机制的存在，市场的需求曲线成为倒"U"形，这一变化使网络经济系统中可能存在不止一个均衡。为了便于理解，我们通过完全竞争市场，简要分析多态均衡现象是如何出现的。

我们不妨假设生产的边际成本为常数 c，在完全竞争的条件下，厂商作为价格的接受者，只能收取与边际成本相等的价格，供给曲线是具有无限价格弹性的水平曲线，即 $p(n,n)=c_0$ 考虑以下三种情况：当边际成本 $c > c_0$ 时（见图 4-3），供给曲线与需求曲线只有唯一的在纵轴上的交点，这意味着过高的边际成本和价格，使没有足够多的消费者愿意加入网络，市场的均衡在 0 点处，网络根本无法存在。当 $c = c_0$ 时（见图 4-4），临界容量出现在倒"U"形曲线的最高点，边际成本 c_0 仍然相对较高，但是市场中已存在两个均衡——除网络规模为 0 之外，还存在另外一个均衡 n_0。换句话说，在较高的边际成本和价格情况下，要么网络根本不存在，要么就会出现相当可观的网络市场规模。当

$k \leqslant c < c_0$ 时（见图 4-5），此时的经济系统中存在三个均衡，即 0、n_0、n_1。根据我们前面对临界容量的定义，取最小的均衡网络规模，因此 n_0 是我们所寻找的正的临界容量。这是网络经济下经常讨论的一种情况。当用户数量小于 n_0 时，无法实现均衡；当用户数量超过 n_0 时，网络规模开始迅速扩张。因此，在网络经济下，区别于传统经济下的唯一均衡，正反馈的这种自增强机制会使一个经济系统中可能存在两个以上的均衡点，也就是多态均衡现象。

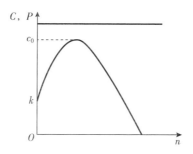

图 4-3 正反馈机制作用下的完全竞争市场均衡（1）

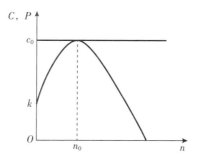

图 4-4 正反馈机制作用下的完全竞争市场均衡（2）

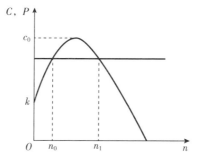

图 4-5 正反馈机制作用下的完全竞争市场均衡（3）

二、路径依赖

（一）路径依赖的含义及其分类

路径依赖是在知识迁移的过程中从其他学科"溢出"到经济学中的一个概念。数学混沌理论的非线性动态模型的重要内容之一就是对初始条件的敏感性依赖，结果被看似无关紧要的小事决定，甚至有可能被锁定。在生物学上，相关的定义则叫作"偶然事件"（Contingency），具有自然选择的不可逆转的特征。到了20世纪80年代，路径依赖的概念才被确定地引入经济学中，经济学家用路径依赖来表示即使在一个以自愿抉择和个人利益最大化行为为特征的世界中，经济发展过程中的（如一些技术、产品或标准）一个次要的或暂时的优势或者一件看似不相干的事件都可能对最终的市场资源配置产生重要而不可逆转的影响。

路径依赖理论为经济学研究提供了一种新的分析思路，是对新古典经济学理论的一次革命性的再造。然而，在利用路径依赖理论分析问题的过程中，需要先对路径依赖的不同类型有清楚的了解。根据斯坦利·利博维茨（Stanley J. Liebowitz）和斯蒂芬·马戈利斯（Stephen E. Margolis）的分析，对于初始条件的依赖可能会产生不同的结果。一方面，这种依赖可能是无害的，历史的偶然事件使我们被锁定在某一条特定路径，而这条路径已经是最优路径；另一方面，这种依赖可能会出现次优技术占优的情况，造成效率损失。此外，历史在做出选择时，拥有的信息可能是完全的，也可能是不完全的。根据这些条件，路径依赖可以分为三种类型，即一级路径依赖、二级路径依赖和三级路径依赖。具体来说，如果历史偶然事件确实产生了不可逆转的影响，使现实被锁定在特定的路径上，但这种不可逆转的路径选择并没有产生任何效率损失，而使经济达到最优均衡，那么这种路径依赖就称为一级路径依赖。而当信息不完全时，当时认为是最优的选择，事后看可能并不是最优选择，但是在当时做出选择时，并不知道这条路径不是最优的，后来当拥有更多的信息时才意识到这一点，这种情况称为二级路径依赖。这种路径依赖虽然不是最优的，但由于当时的信息有限，使人们无法改变次优的选择，因此这种依赖是无法避免的。与二级路径依赖相对的则是三级路径依赖，即历史的选择同样产生了效率损失，而且这种损失是有可能通过一些制度安排来避免的。

（二）路径依赖的特征

对路径依赖在经济学中的应用，关键是要理解它所隐含的两个重要特征：

第一，历史的重要性。在经济学和其他的社会科学中，科学家们一直都承认历史是十分重要的，但是对历史重要性的承认本身并不是路径依赖，而仅是路径依赖的前提条件之一。路径依赖所强调的一个观点是：目前的经济环境可能在很重要的程度上有赖于历史上的一些突然转折和偶发事件。19世纪90年代，当汽车工业刚刚起步时，摆在工程师们面前的选择有两种，即蒸汽机和汽油机。当时的蒸汽发动技术清洁、安全且为人们所熟悉，而汽油则被认为是最没有前景的动力燃料——价格昂贵、具有易爆的危险性且很难提炼出有效等级的汽油，同时使用汽油的发动机构造复杂、发动噪声大且不易制造，因此汽油机并不为人们所接受。这两种动力的汽车一直竞争到了1914年，北美突然爆发的一场口蹄疫终结了这种竞争局面。由于蒸汽机每走四五十千米就得加水，而当时美国各地给牲口饮水的马槽随处可见，因此蒸汽机完全可以像一匹老马一样，狂奔一阵再喝一通水。然而这场大规模的瘟疫暴发后，牲畜大量死亡，很多地方的马槽成了摆设或者干脆被拆除，这使蒸汽机一下子寸步难行。追捧汽油发动机的工程师们趁机改进技术，将汽油发动机小型化，提高可靠性。三年以后，著名的斯坦利蒸汽机的制造者斯坦利兄弟（Stanley Brothers）研制出凝聚器和汽锅，可以使蒸汽机车无须频繁加水，但为时已晚，汽油机车已经完全占据了市场，蒸汽机车再也没机会翻过身来。一场突发的瘟疫决定了即便汽油不可再生且污染严重，但至今汽车还都在使用汽油发动机。这也说明，当历史上的一些令人意想不到的事件以一种令人意想不到的方式影响、决定并控制历史发展的结果时，就发生了路径依赖。

第二，不可逆转选择。显然，如果路径选择是可以很轻易地发生改变，那么所谓的路径依赖就不存在太大的研究价值了。QWERTY键盘是目前通行的键盘，但事实上它并非最好的键盘。每个用过计算机或打字机的人都会发现，要记住这个键盘上所有字母的位置，着实要花一些工夫。这种键盘是1868年由克里斯托夫·拉森·授斯（Christopher Latham Sholes）工程师设计的，当时因为打字机速度过快常常出现技术故障，所以为了减慢打字的速度，克里斯托夫设计了QWERTY格式的打字键盘，并经公司的大批量生产，拥有了众多初始使用者，随后使用者如滚雪球般增加，最终QWERTY键盘锁定市场成为标准键盘，尽管后来有人发明了更为简单和方便的键盘，如1936年由奥古斯特·德沃夏克（August Dvorak）发明的键盘，但是由于人们为此还要对键盘进行重新的学习和记忆，转移成本过高，因此取代QWERTY键盘为时已晚，至今计算机键盘仍采用这种设计。在经济学的路径依赖讨论中，都或明示或暗示地将路径依赖与选择的不可逆转相互联系。实际上，这里所谓的不可逆转就是我们下面将要讨论的锁定。因此，路径依赖概念的一个关键判定就是具有"被历史事件锁定"的特征，尤其当这些历史事件并不重要时，路径依赖的特点就更为显著。

三、规模报酬递增与锁定

锁定是指由于各种原因，导致从一个系统（可能是一种技术、产品或者标准）转换到另一个系统的转移成本大到转移不经济，从而使经济系统达到某个状态之后就很难退出，系统逐渐适应和强化这种状态，从而形成一种选择优势，把系统锁定在这个均衡状态。要使系统从这个状态退出，转移到新的均衡状态，就要看系统的转移成本能否小于转移收益。下面通过一个简单的模型来探讨形成锁定的条件。模型的基本假设条件如下：

（1）假设市场上存在两个厂商，它们各自研发出一种新产品，分别设为 A 和 B，且两种新产品都具有网络外部性，即使用的人越多，产品的价值越大。

（2）消费者分为两种类型，分别设为 R 和 S。他们各自具有不同的产品偏好，设 R 类消费者偏好 A 产品，而 S 类消费者偏好 B 产品，并假设两种不同偏好的消费者的人数相等。

（3）产品推向市场后，不再进行升级或更新换代，因此，网络外部性的大小只与现有版本的网络规模有关。

在以上的基本假设条件下，可以对这两个厂商的简单模型做进一步的分析。R 和 S 两类消费者购买 A 和 B 产品所得到的效用如表 4-1 所示。

表 4-1　产品选择的效用

	产品 A	产品 B
R 类消费者	$a_R + rn_A$	$b_R + rn_B$
S 类消费者	$a_S + sn_A$	$b_S + sn_B$

R 类消费者购买产品 A 获得的效用为 $a_R + rn_A$，购买产品 B 获得的效用为 $b_R + rn_B$，其中，a_R 和 b_R 分别代表产品 A 和 B 的自有价值给 R 类消费者带来的效用，n_A 和 n_B 分别代表已经购买并使用 A 和 B 产品的人数。总体网络规模为 n，因此 $n_A + n_B = n$。A 产品和 B 产品的网络规模（即已有用户人数）的差异为 $d_n = n_A - n_B$。

rn_A 和 rn_B 可以分别看作购买两种产品时的协同价值。前面的假设条件已经说明，在不考虑网络规模的情况下，R 类消费者更为偏好产品 A，即 $a_R > b_R$。同理，S 类消费者购买产品 A 获得的效用为 $a_S + sn_A$，购买产品 B 获得的效用为 $b_S + sn_B$。其中，a_S 和 b_S 分别代表产品 A 和 B 的自有价值给 S 类消费者带来的效用。同时，如前假设，S 类消费者偏好 B 产品，即 $a_S < b_S$。

报酬递增、报酬递减还是报酬不变，取决于 r 和 s 的符号情况。具体来说，当 r 和 s 都大于零，属于报酬递增的情况：随着网络规模的扩大、使用人数的增加，产品产生的协同价值也随之递增。当 r 和 s 都小于零，属于报酬递减的情况：随着网络规模的扩大、使用人数的增加，产品给消费者带来的效用不断下降。当 r 和 s 都等于零时，属于报酬不变的情况：此时，消费者的产品选择与网络规模毫无关系，完全可以依自己对产品的偏好进行决策。在报酬不变的情况下，消费者的消费决策只受到自身偏好的影响而不受网络规模的左右。因此，可以预见，选择产品 A 和选择产品 B 的人数必定相等。换句话说，R 类消费者都会选择 A，S 类消费者都会选择 B。在这种情况下，有违消费偏好的锁定现象不会发生。在报酬递增的情况下，是否存在消费者被锁定的可能性呢？答案是肯定的。尽管 R 类消费者自身偏好 A 产品，但是如果 A 产品带来的总体效用小于 B 产品，R 类消费者也会选择他们并不偏好的 B 产品。同样的道理，尽管 S 类消费者自身更偏好 B 产品，但是如果 A 产品带来的总体效用大于 B 产品，S 类消费者也会选择他们并不偏好的 A 产品。具体来说，可以由以下条件推导出锁定出现的条件。

$$a_R + rn_A < b_R + rn_B \tag{4-1}$$

当式（4-1）成立时，R 类消费者从消费 A 产品中得到的效用小于从消费 B 产品中所得的效用，因此，R 类消费者也不得不选择 B 产品。将式（4-1）适当变形可得：

$$d_n = n_A - n_B < (b_R - a_R)/r \tag{4-2}$$

之前已经假设了 $a_R > b_R$，因此，式（4-2）可以解释为，无论什么原因，当产品 B 的现有消费者比产品 A 的数量大很多，即 B 的网络规模比 A 大很多时，新进的 R 类消费者就会转而选择 B 产品。当越来越多的人选择了 B 产品时，也将会有更多 R 类消费者被锁定在 B 产品上。也就是说，R 类和 S 类的消费者都会选择 B 产品。

同理，当式（4-3）成立时，S 类消费者从消费 A 产品中得到的效用大于从消费 B 产品中所得的效用。因此，S 类消费者不得不选择 A 产品。

$$a_S + sn_A > b_S + sn_B \tag{4-3}$$

将式（4-3）变形，可以得到：

$$d_n = n_A - n_B > (b_S - a_S)/s \tag{4-4}$$

之前所假设的 S 类消费者偏好 B 产品，即 $b_S > a_S$，因此式（4-4）可以解释为，无论什么原因，当产品 A 的已有用户人数大大超过产品 B 时，后来的 S 类消费者只好选择 A 产品，尽管这并不是他们从心里所偏好的。

四、可能无效率与转移成本

从上面的分析不难看出，由于某些不可预测的因素而造成的事实上的锁定，而最终会被锁定在哪一种产品很难做出准确的预测。在产品 A 和产品 B 同时进入市场时，人们很难判断消费者会偏向哪种产品，进而最终被锁定。这种最终结果的不确定性导致了无法确保自由竞争的最终结果是最优的，如无法确保消费者最终被锁定的产品在技术上是最优的，在质量上是最好的，最能满足消费者的个人偏好，因此可能造成市场无效率。

在网络经济中，当转移成本高于收益时，市场主体往往更倾向于维持当前的系统状态，而不愿意转移到新的系统。在这种情况下，锁定和路径依赖现象就会发生。锁定意味着市场主体由于高昂的转移成本而无法轻易改变当前的选择或系统状态。而路径依赖则表明市场主体在做出决策时，会受到过去选择和经验的影响，导致他们更倾向于继续使用当前的系统或技术。

当产品和技术的标准化不完善，或者不同系统之间不兼容时，转移成本会进一步增加。消费者或厂商如果想要从一个网络转移到另一个网络，他们需要面对众多的障碍和费用。这些费用不仅包括已经投入到当前技术中的沉没投资以及转向新网络所需的支出等私人成本，还包括市场主体当前享有的网络外部性和预期从转移中可能获得的潜在网络外部性之间的差异等社会转移成本。

总的来说，转移成本的增加会使市场主体更加倾向于锁定在当前的系统状态，并且在决策过程中受到路径依赖的影响。只有当转移成本低于转移收益时，市场主体才会更愿意进行系统的转移。在网络经济中，锁定和转移成本被视为一种普遍存在的规律，而非例外。

以操作系统选择为例，当一个新用户考虑选择使用 Windows 或 MacOS 操作系统时，他们必须全面考虑一系列问题。这些问题包括新操作系统中软件的多样性及有效性，转换文件、工作表格和数据库格式可能带来的影响，以及学习新系统的难度等。一旦用户选择了某种技术或格式来存储信息，他们可能会面临非常高的转移成本。数据文件可能无法完好地转换，甚至可能出现与其他工具不兼容的情况。除此之外，用户还需要投入时间和精力来学习另一种全新的系统。这些因素都增加了用户转移的成本和风险，使他们更加倾向于保持当前的系统状态，从而形成了锁定和路径依赖的现象。表 4-2 是对经济生活中存在的锁定和相关转移成本类型所做的一个总结。

表 4-2　锁定和转移成本

锁定的类型	转移成本
合同义务	补偿或毁约损失
耐用品的购买	设备更新，成本随着耐用品的老化而降低

续表

锁定的类型	转移成本
针对特定品牌的培训	学习新系统，包括直接成本和生产效率的损失；成本随时间而上升
信息和数据库	把数据转换为新格式，成本随着数据的积累而上升
专门供应商	支持新供应商的资金；如果功能很难得到维持，成本随时间而上升
搜索成本	购买者和销售者共同的成本，包括对替代品质量的认知
忠诚顾客计划	在现有供应商处失去的任何利益，再加上可能的重新积累使用的需要

资料来源：张丽芳.网络经济学［M］.北京：中国人民大学出版社，2013.

◎ **思考题：**

1. 路径依赖的常见类型有哪几种？
2. 在正反馈自增强机制的作用下，网络市场具有的四大特征是什么？
3. 锁定与转移成本之间存在什么样的关系？
4. 消费者和厂商所负担的总的转移成本包括哪几种？

【案例延伸阅读】

抖音的发展过程

抖音，作为一款短视频社交应用，自其 2016 年诞生以来便迅速崛起，成为网络经济中的一颗璀璨明星。它的成功得益于多方面的因素：首先，移动互联网的普及和智能手机性能的提升为抖音提供了广阔的市场基础；其次，抖音凭借其精准的用户定位、丰富的内容生态和高效的传播机制，迅速吸引了大量用户；最后，抖音通过先进的算法推荐技术，实现了个性化内容推送，极大地提升了用户体验和黏性。这些因素共同作用下，抖音在短时间内积累了庞大的用户群体，为网红经济的兴起提供了肥沃土壤。

在网红经济模式下，抖音平台上的网红们通过短视频展示自己的生活方式、才艺特长和产品推荐等内容，吸引了大量粉丝的关注和支持。据统计，截至 2023 年，抖音平台上拥有百万粉丝以上的网红已超过数十万，他们的视频内容覆盖了娱乐、美食、时尚、旅游等多个领域。随着粉丝数量的增长，网红的影响力逐渐扩大，进而转化为商业价值。品牌商家通过与网红合作，借助其影响力和粉丝基础，实现产品推广和销售转化。据市场研究数据显示，2022 年抖音平台上的网红经济规模已超过千亿元，形成了网红与品牌商家之间的共赢局面。这种商业模式不仅推动了抖音平台的快速发展，也带动了整个网红经济的繁荣。

然而，抖音的兴衰之路并非一帆风顺。随着平台规模的扩大和用户数量的激增，抖音也面临着诸多挑战。一方面，内容趋同和同质化问题日益严重，缺乏多样性的内容难以满足用户日益增长的需求。据统计，2023年抖音平台上的重复内容比例已达到30%，这严重影响了用户的体验。另一方面，部分网红为了追求流量和关注度，不惜发布低俗、虚假甚至违法的内容，严重损害了平台的形象和用户的利益。此外，随着竞争对手的崛起和监管政策的收紧，抖音也面临着巨大的市场竞争压力和合规风险。

为了应对这些挑战，抖音采取了一系列措施。首先，加强内容审核和监管力度，严厉打击低俗、虚假和违法内容。据统计，2023年抖音平台已下架违规视频数百万条，处罚违规账号数十万个。其次，优化算法推荐机制，提高内容多样性和个性化程度。通过引入更多元化的内容标签和推荐算法，抖音努力为用户提供更丰富、更具个性的内容体验。再次，加强与品牌商家的合作力度，拓展商业变现渠道。抖音积极与各大品牌商家合作，推出更多优质产品和服务，实现商业价值的最大化。最后，注重用户体验和反馈收集，不断优化产品功能和界面设计。通过用户调研和数据分析，抖音不断优化产品功能和界面设计，提升用户体验和满意度。

2016年至今，抖音展示了新媒体平台在互联网时代下的快速发展和巨大潜力，同时也揭示了其面临的挑战和困境。通过深入分析抖音的商业模式、市场影响以及应对策略，我们可以更好地理解网络经济学的运作规律和发展趋势，为未来的互联网创业和投资提供有益的参考和启示。

【案例分析】

抖音的成功得益于多方面的因素。首先，移动互联网的普及和智能手机性能的提升为抖音提供了广阔的市场基础。随着移动互联网的快速发展，人们越来越依赖智能手机进行社交、娱乐等活动，这为抖音等短视频应用提供了巨大的市场空间。其次，抖音凭借其精准的用户定位、丰富的内容生态和高效的传播机制，迅速吸引了大量用户。抖音通过算法分析用户的兴趣和行为，为每个用户推送符合其喜好的内容，这种个性化推荐机制极大地提升了用户体验和黏性。再次，抖音还提供了丰富的内容创作工具和社交功能，降低了内容创作的门槛，激发了用户的创作热情。最后，抖音通过先进的算法推荐技术，实现了个性化内容推送。这种技术不仅提高了用户的满意度和活跃度，还为网红经济的兴起提供了有力支撑。网红们通过抖音平台展示自己的才华和生活方式，吸引了大量粉丝的关注和支持，进而转化为商业价值。

然而，抖音的兴衰之路并非一帆风顺。随着平台规模的扩大和用户数量的激增，抖音也面临着诸多挑战。一方面，内容趋同和同质化问题日益严重。为了追求流量和关注度，部分网红不惜发布低俗、虚假甚至违法的内容，这不仅损害了平台的形象，还严重侵犯了用户的利益。另一方面，随着竞争对手的崛起和监管政策的收紧，抖音也面临着巨大的市场竞争压力和合规风险。为了应对这些挑战，抖音采取了一系列措施。首先，加强内容审核和监管力度，严厉打击低俗、虚假和违法内容。通过建立健全的内容审核机制和监管体系，抖音努力净化平台环境，保护用户权益。其次，优化算法推荐机制，提高内容多样性和个性化程度。通过引入更多元化的内容标签和推荐算法，抖音努力为用户提供更丰富、更具个性的内容体验。再次，加强与品牌商家的合作力度，拓展商业变现渠道。抖音积极与各大品牌商家合作，推出更多优质产品和服务，实现商业价值的最大化。最后，注重用户体验和反馈收集，不断优化产品功能和界面设计。通过用户调研和数据分析，抖音不断优化产品功能和界面设计，提升用户体验和满意度。

综上所述，抖音的兴衰之路是一个典型的网络经济学案例。它展示了新媒体平台在互联网时代下的快速发展和巨大潜力，同时也揭示了其面临的挑战和困境。通过深入分析抖音的商业模式、市场影响以及应对策略，我们可以更好地理解网络经济学的运作规律和发展趋势。对于未来的互联网创业和投资而言，抖音的成功经验和教训提供了有益的参考和启示。在互联网时代，创新、用户至上、合规经营等理念将成为推动平台持续发展的关键要素。

（案例来源：抖音发展历程介绍［EB/OL］.原创力文档，［2024-06-11］. https://max.book118.com/html/2024/0609/5330312114011223.shtm.）

第五章 网络市场结构

改革创新开创反垄断工作新局面

中央经济工作会议要求，深入推进公平竞争政策实施，加强反垄断和反不正当竞争，以公正监管保障公平竞争。2021 年 11 月 18 日，国家反垄断局挂牌。此次机构调整，为进一步完善反垄断体制机制，做好反垄断工作提供了坚强组织保障。

市场监管总局加挂"国家反垄断局"牌子，设立竞争政策协调司、反垄断执法一司、反垄断执法二司，分工负责反垄断相关工作，同时组建竞争政策与大数据中心，强化反垄断、竞争政策理论研究和技术支撑。

2018 年 2 月，党的十九届三中全会作出加强和优化政府反垄断职能的部署。根据《深化党和国家机构改革方案》和关于国务院机构改革方案的决定，组建市场监管总局，负责反垄断统一执法，整合了国家发展改革委、商务部、原工商总局的反垄断职责，消除了此前存在的职责交叉、执法尺度不一等问题，优化了反垄断执法体制，提高了反垄断执法效能。同年 12 月，市场监管总局依据《反垄断法》，授权各省、自治区、直辖市人民政府市场监督管理部门，负责本行政区域内反垄断执法工作，建立起中央和省两级负责、优化协同高效的反垄断执法体制。

进入新发展阶段、贯彻新发展理念、构建新发展格局、推动高质量发展，对建设全国统一市场和保护公平竞争提出了更高要求。2021 年 3 月和 8 月，习近平总书记在中央财经委员会第九次会议和中央全面深化改革委员会第二十一次会议上，对充实反垄断监管力量、增强监管权威性作出重要指示。在党中央、国务院高度重视下，市场监管总局加挂"国家反垄断局"牌子，设立竞争政策协调司、反垄断执法一司、反垄断执法二司，分工负责反垄断相关工作。同时，组建竞争政策与大数据中心，强化反垄断、竞争政策理论研究和技术支撑。这次机构调整，进一步充实了反垄断监管力量，为做好反垄断工作提供坚强保障。

完善公平竞争政策法规体系。持续完善反垄断法律制度体系，推进修订《中华人民共和国反垄断法》（以下简称《反垄断法》），制定《禁止滥用市场支配地位行为暂行规定》等 5 部规章，发布《国务院反垄断委员会关于平台经济领域的反垄断指南》等 8 部指南指引，修订出台《公平竞争审查制度实施细则》，制定《公平竞争审查第三方评估实施指南》，健全公平竞争审查规则，优化工作机制，基本建立起覆盖线上线下、日趋系统完备的竞争法律制度体系。

强化反垄断监管执法。围绕平台经济、医药、公用事业、建材、汽车等民生发展重点领域，查处垄断案件 345 件、审结经营者集中案件 1920 件。不断提升反垄断监管执法透明度，加强行政指导和执法信息公示，发布反垄断执法年度报告，督促引导企业自觉依法合规经营。在查处某医药垄断协议案中，当事人与一级经销商、二级经销商、连锁型药店等交易相对人达成固定和限定价格的垄断协议，导致药品价格显著上涨，严重损害消费者利益。通过对当事人进行行政处罚，促使药品价格回归竞争水平，保障患者用药利益，减轻就医负担。

维护全国统一大市场。全面落实公平竞争审查制度，废止和修订妨碍全国统一市场和公平竞争的文件近 3 万件。加大反垄断监管力度，及时查处指定交易、妨碍商品要素自由流通等滥用行政权力排除、限制竞争行为。比如，对有的地方通过设置妨碍市场主体平等进入和退出条件、实行区别性歧视性优惠政策、指定交易等方式，实施地方保护和构筑区域壁垒进行立案查处，及时纠正滥用行政权力排除、限制竞争行为，依法保护市场公平竞争。

完善平台经济反垄断制度规则。加快推进《反垄断法》修订，修正草案已提请全国人大常委会审议。发布《关于平台经济领域的反垄断指南》，对平台经济领域相关市场界定、市场支配地位认定等难点问题和"二选一"、算法共谋、大数据杀熟等典型垄断行为反垄断监管作出系统性规定，增强反垄断法律制度的可操作性和可预期性。

严格依法审查平台企业经营者集中案件，保护有利于创新的公平竞争环境。依法严格审查平台企业经营者集中案件，提升经营者集中反垄断审查效率，降低企业制度性交易成本。2021 年 1~10 月，立案和审结数量较上年同期分别增长48.7% 和 50.4%，平均立案和审结时间较机构改革前缩短 1/3 以上。严格审查平台企业并购行为，防止"掐尖式并购"；依法责令解除广受诟病的网络音乐独家版权，重塑相关市场竞争格局。深入核查平台企业违法实施经营者集中案件线索，2020 年以来对 88 件违法实施经营者集中案件作出行政处罚，处罚金额 6000 万元。

反垄断监管效能有待进一步提升。反垄断涉及面广，监管执法政策性、专业性、技术性强。当前我国反垄断监管执法不断向纵深推进，对保护市场公平竞争、维护消费者利益和社会公共利益发挥了积极作用，但同时也存在监管专业技术支撑不足、监管能力有待进一步提升、监管协同性有待进一步增强等问题。必须统筹推进线上线下一体化、事前事中事后全链条监管，加快构建全方位、多层次、立体化监管体系，持续提升反垄断监管执法队伍素质，加快推进科技赋能，综合运用相关法律和监管工具，不断提升反垄断监管执法效能。

完善反垄断法律制度，进一步筑牢法治根基。推动加快修订《反垄断法》，持续完善配套立法，不断健全市场准入制度、公平竞争审查机制、数字经济公平竞争监管制度、预防和制止滥用行政权力排除限制竞争制度等。

加强反垄断监管执法，进一步维护市场公平竞争秩序。持续规范平台经济、科技创新、信息安全、民生保障等重点领域竞争行为，严格依法查处垄断协议、滥用市场支配地位等垄断行为。持续加强经营者集中反垄断审查，防止"掐尖式并购"和资本无序扩张。健全市场竞争状况监测评估和预警制度，加强垄断和竞争失序风险研判和识别预警。加强竞争法律制度和政策宣传培训，增强政策透明度和可预期性，督促企业提升合规意识和能力。

优化反垄断监管体制机制，进一步提升反垄断监管效能。加强行政执法和司法保护衔接、市场监管和行业管理协调、竞争政策和产业政策协同，注重借鉴国际经验、加强开放合作、参与全球治理，不断提升适应和运用国际规则的能力。

（案例来源：韩亚栋.改革创新开创反垄断工作新局面［N］.中国纪检监察报，2021-12-19（4）.有改动。）

第一节　垄断与竞争

学 习 要 求

1. 理解垄断与竞争的概念和区别，以及它们在网络市场中的应用。
2. 掌握网络市场中垄断势力的形成。
3. 掌握网络市场中垄断和竞争的关系。

一、市场结构的一般分析

（一）市场结构的基本类型

市场结构是指一定产业的厂商间以及厂商与消费者之间关系的特征和形式，

其中心内容是竞争和垄断的关系。市场结构的基本类型包括完全竞争、完全垄断、寡头垄断及垄断竞争。

完全竞争是理想的市场竞争状态，其中所有厂商和消费者都具有完全信息，市场参与者众多且自由进入或退出市场，产品同质化，价格由市场决定。完全垄断则是只有一个卖方控制市场的情况，没有直接的替代品与之竞争，垄断者可以通过控制产量和提高价格来获取超额利润。

介于完全竞争和完全垄断之间的市场结构是寡头垄断和垄断竞争。寡头垄断市场中只有少数几家企业，它们相互依赖，企业的决策会影响竞争对手的利润，因此它们需要考虑对手的反应来制定自己的策略，竞争与合作并存。在垄断竞争市场中存在许多厂商，他们针对不同需求开发差异化的产品或服务，消费者对不同厂商的产品有一定的替代性。这些市场结构中，完全竞争和完全垄断是极端情况，而寡头垄断和垄断竞争更符合实际情况。它们在经济学中被用来研究市场行为和产生的效果。

（二）市场结构的计量指标

1. 市场集中度指标。

市场集中度是衡量产业竞争和垄断的最常用指标。市场集中是指市场中卖方的规模及其分布，相应的衡量指数即市场集中度，其中使用较多的有绝对集中度、相对集中度和赫芬达尔指数。

绝对集中度是最基本的集中度指标，通常用在市场上处于前 n 位企业在市场中的份额总和来表示，n 的取值取决于研究的需要，计算口径可以是销售份额、资产份额或产量份额等。计算公式如下：

$$CR_n = \sum_{i=1}^{n}(X_i / X) \tag{5-1}$$

式中，n 为市场中厂商总数；X_i 为市场中规模最大的第 i 家企业产量；X 为市场中所有企业的总产量；CR_n 为市场中规模最大的前 n 家企业的市场份额，用以衡量市场前几位企业的绝对市场集中度。在实证分析中，绝对集中度因计算简单而得到了广泛应用。一般来说，CR_n 越大，表明集中度越高，前 n 位企业在这个市场中所占比重越大，对市场的操纵能力也就越强；反之，CR_n 越小，表明集中度越低，少数厂商很难操纵和支配市场，竞争程度较强。乔·贝恩（Joe S. Bain）最早运用绝对集中度指标对产业的垄断和竞争程度进行分类研究，他将集中类型分为 6 个等级，并据此对产业集中程度进行测定（见表 5-1）。

表 5-1　贝恩对产业垄断和竞争类型的划分

类型		前四位企业市场占有率（CR₄）	前八位企业市场占有率（CR₈）	该产业的企业总数
极高寡占型	A	75% 以上	—	20 家以内
	B	75% 以上	—	20~40 家
高集中寡占型		65%~75%	85% 以上	20~100 家
中（上）集中寡占型		50%~65%	5%~85%	企业数较多
中（下）集中寡占型		35%~50%	45%~75%	企业数很多
低集中寡占型		30%~35%	40%~45%	企业数很多
原子型		30% 以下	40% 以下	企业数极多，不存在集中现象

　　相对集中度是反映产业内所有企业的规模分布的指标，常用洛伦兹曲线（Lorenz Curve）和基尼系数（Gini Coefficient）表示。

　　如图 5-1 所示，洛伦兹曲线是通过纵轴表示企业占总份额的累积百分比，横轴表示企业数的累计百分比来展示市场中企业规模的分布情况。当市场内所有企业规模相等时，洛伦兹曲线与对角线重合；而曲线偏离对角线越多，说明市场中企业规模分布越不均匀，离散程度越大。

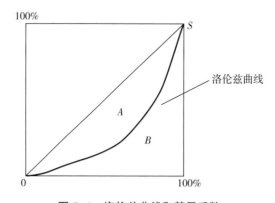

图 5-1　洛伦兹曲线和基尼系数

　　基尼系数是衡量洛伦兹曲线与对角线之间面积（A）与对角线下的三角形面积（A+B）之比的指标，取值在 0~1。当企业规模完全相等时，基尼系数为 0；而当一家企业垄断整个市场时，基尼系数为 1。因此，基尼系数越接近 1，表明市场中的企业规模分布越不均衡。

赫芬达尔指数是反映市场集中度的综合指数，记为 *HHI*，公式为市场中各厂商的市场份额的平方和，即：

$$HHI = \sum_{i=1}^{n}\left(X_i/X\right)^2 \tag{5-2}$$

式中，n 为市场中厂商的总数；X_i 为市场中第 i 家企业的产量；X 为市场中所有 n 家企业的总产量。例如，市场中有四个厂商，市场占有率分别为 25%，则：

$$HHI = 0.25^2 + 0.25^2 + 0.25^2 + 0.25^2 = 0.25$$

2. 产品差别化指标。

经济运行中不同市场结构下，厂商生产的产品在差异性和替代性方面表现各异。产品替代性强表示市场竞争充分，而产品差异化程度大则显示市场具有垄断特征。因此，产品差异化程度被视为反映市场结构的重要指标，可通过需求交叉弹性和供给交叉弹性等相关指标来衡量。需求交叉弹性反映了产品价格变化对另一产品需求量变化的影响，而供给交叉弹性则反映了产品价格变化对另一产品供给量变化的影响。这两个指标的公式相同，都可表示为：

$$E_{XY}=\left(Q_x/Q_x\right)/\left(P_y/P_y\right) \tag{5-3}$$

产品的需求交叉弹性越大，意味着消费者更容易替代同类产品，产品之间的差异较小，竞争程度加剧。相反，需求交叉弹性越小，说明产品差异较大，消费者不容易替代，厂商更有可能在市场上建立垄断地位。从供给交叉弹性的角度来看，如果这一指标较大，各厂商能够灵活地调整产量以适应竞争对手的价格变动，表明市场竞争相对充分。然而，在实际应用中，由于数据收集的难度，这些指标的可操作性可能受到限制。

二、网络经济下的寡头垄断形态

（一）网络经济下的市场结构——以寡头垄断为主导

网络经济的特性造成了网络经济下垄断和竞争的双重性，在现实中，我们往往观察到网络经济呈现寡头垄断的结构特征。

在网络经济中，理论上存在网络外部性和正反馈，导致"强者更强，弱者更弱"，市场趋于垄断。然而，实际情况受消费者偏好和生产者差异影响，阻碍了纯粹垄断的发展。网络经济仍处于动态发展，政府政策等外部因素影响垄断现象。市场结构呈现高度集中、少数参与厂商、寡头垄断。网络外部性、规模经济、数字产品成本特性构筑了市场进入壁垒，而在位厂商的策略性行为加剧了潜在进入者的难度。

在位厂商虽然有稳固地位，但是并非必定具备操纵市场和价格的能力。它们需与竞争对手激烈竞争，时刻面临潜在进入者的威胁。市场进入壁垒的存在并不意味着竞争消失，网络经济下的竞争形式多样，包括技术和标准竞争。为了在竞争中胜出，厂商采取产品差异化策略，使市场结构呈现垄断竞争性质。

基于最新市场研究数据与行业趋势分析，当前中国部分互联网产业依然展现出显著的寡头垄断特征，尤其是在快速发展的数字经济领域。在 B2C 电子商务市场中，以京东、天猫为代表的两大巨头占据了市场的绝大部分份额，CR_n（前 n 家企业市场集中度）远超行业平均水平，形成了稳固的双寡头格局。京东凭借其强大的物流体系与正品保障策略，天猫则依托阿里巴巴集团的庞大生态系统和品牌资源，共同构建了难以逾越的市场壁垒。然而，值得注意的是，拼多多等后起之秀通过创新的社交电商模式，也在迅速崛起，对既有格局形成了一定程度的挑战，尽管其市场份额尚不足以撼动前两名的地位，但增长势头不容忽视。

与此同时，在综合型移动支付服务市场，支付宝与微信支付的双寡头竞争依然激烈。支付宝凭借其在电商领域的深厚积淀和广泛的用户基础，继续领跑市场；而微信支付则依托微信社交平台的庞大用户群和便捷的支付体验，快速追赶，两者共同占据了市场的绝大部分份额。尽管市场竞争激烈，但其他支付工具如银联云闪付、QQ 钱包等也在通过技术创新和差异化服务寻求突破，逐渐扩大市场份额。

此外，在直播电商、在线教育等新兴互联网产业中，市场也呈现高集中寡占型特征。头部平台凭借内容生态、技术实力和用户黏性等优势，占据了市场的核心位置。然而，随着市场边界的不断拓展和新兴企业的不断涌入，这些领域的竞争也日益加剧，市场份额的微小变动都可能引发市场格局的重大变化。

综上所述，随着数字经济的持续发展和互联网技术的不断创新，寡头垄断的市场结构在多个互联网产业中依然占据主导地位。但与此同时，市场竞争也日益激烈和多元化，新兴企业和创新模式不断涌现，为市场注入了新的活力。因此，未来互联网产业的市场格局仍将保持动态变化，企业需要不断创新和适应市场变化，才能在激烈的市场竞争中立于不败之地。

（二）网络经济下垄断势力的形成机制

市场结构受多方面因素影响，其中包括市场容量、规模经济效应、追求垄断的战略行为以及政策与法律环境等。进入壁垒是影响市场结构的关键因素之一，是非完全竞争市场存在的基本条件。如果没有进入壁垒，厂商可以自由进入或退出市场，从而使市场达到完全竞争或可竞争状态。以下将从进入壁垒的角度分析垄断势力的主要来源。进入壁垒通常可分为结构性壁垒和战略性壁垒。

结构性壁垒是指不受厂商支配、外生的壁垒，由产品技术特点、自然资源环境、社会法律制度、政府行为以及消费者偏好形成。这些壁垒是在厂商追求利润最大化的过程中，由于产品技术特性、消费者需求和外部政策法律等因素而产生的客观因素。结构性壁垒主要包括规模经济、绝对成本优势、学习效应、产品差异化、资本要求以及对稀缺资源的先入垄断。

这些因素共同形成了一种市场环境，对在位厂商有利，但对潜在进入者不利，从而构成了市场结构中的垄断势力。

战略性壁垒是指在位厂商为了保持在市场上的主导地位，利用在位者的优势所进行的一系列有意识的战略性行为，以构筑阻止潜在进入者进入市场的强大壁垒。通常在位厂商会运用诸如价格策略、标准策略、操纵消费者预期、捆绑销售等各种战略性行为。

在网络经济下，市场更加容易呈现高度集中的市场结构，形成为数不多的几个厂商占据绝大部分的市场份额的市场状况。究其原因，主要有以下几个方面：

1. 需求方规模经济形成的进入壁垒。

在传统经济形式下，规模经济是形成结构性进入壁垒的一个重要成因。规模经济是指随着产量的增加，产品的平均成本呈不断下降的状态，主要体现在供给方规模经济。在网络经济中，规模经济不仅包括供给方规模经济，还包括需求方规模经济，两者都在构建市场进入壁垒方面发挥重要作用。

供给方规模经济的作用机制较为容易理解，不再赘述。而需求方规模经济是由网络外部性引起的，可分为直接网络外部性和间接网络外部性。需求方规模经济主要受到直接网络外部性的影响，这进一步构成了新进入者进入市场的障碍。通过直接网络外部性，使用相同或兼容产品的用户数量直接影响用户效用，因此，消费者效用函数中的变量除了包括传统因素（如产品质量和价格）外，还考虑了已有用户规模。网络外部性概念说明了用户数量和产品价值之间的正相关关系。换言之，网络外部性可以归纳为需求方规模经济，需求规模越大，协同价值越大，产品给用户带来的整体效用越大。电话、传真机、社交网络、即时通信软件等产品都是展现直接网络效用的典型例子。

2023 年的柔性屏幕技术行业深刻展现了需求方规模经济如何构筑起一道难以穿透的行业壁垒，为市场的新进入者设置了重重挑战。这一行业不仅代表了未来显示技术的前沿趋势，还是需求方规模经济效应下市场格局固化的鲜活案例。

首先，柔性屏幕技术的成熟与市场的持续扩张，为领先厂商提供了广阔的舞台。这些厂商通过不断创新与迭代，成功地将柔性屏幕应用于智能手机、平板电脑、可穿戴设备乃至智能家居等多个领域，极大地丰富了用户体验，从而吸引了大量忠实用户。随着用户基数的不断膨胀，用户间的相互依赖和偏好逐渐增强，形成了强大的网络效应。这种效应使新用户在选择产品时更倾向于那些已有广泛用户基础的品牌，因为他们相信这样的品牌能提供更好的兼容性、更丰富的应用生态以及更稳定的售后服务。

其次，技术积累和专利保护是构建行业壁垒的重要基石。柔性屏幕技术的研发需要深厚的技术底蕴和持续的研发投入，而领先的厂商经过多年的积累，已经掌握了大量的核心技术和专利。这些技术和专利不仅为它们提供了竞争优势，还通过法律手段保护了自身的创新成果，使新进入者难以绕过这些障碍进行自主研发。此外，供应链的优化也是领先厂商巩固市场地位的关键。它们与上游供应商建立了长期稳定的合作关系，确保了原材料的稳定供应和成本的有效控制。同时，通过优化生产流程和提高生产效率，进一步降低了生产成本，增强了市场竞争力。

最后，生态系统的构建是柔性屏幕技术行业形成高行业壁垒的又一重要因素。领先的厂商围绕其柔性屏幕技术构建了完整的生态系统，包括操作系统、应用程序、配件等多个环节。这个生态系统不仅为用户提供了丰富的选择和便捷的使用体验，还通过数据共享和资源整合实现了价值的最大化。对于新进入者来说，要想在短时间内构建起如此庞大的生态系统几乎是不可能的，因为它们需要投入大量的人力、物力和财力去吸引开发者、合作伙伴和用户等各方资源的加入。

柔性屏幕技术行业在需求方规模经济的作用下形成了高行业壁垒。领先厂商通过积累庞大的用户基础、掌握核心技术和专利、优化供应链以及构建完善的生态系统等多方面的努力，成功地巩固了市场地位并设置了难以逾越的障碍。对于新进入者来说，要想在这个领域取得突破将是一项极其艰巨的任务。

2. 绝对成本优势形成壁垒。

数字产品的特殊成本结构使在位厂商在市场初期需要大量投入研发、市场营销和版权等方面的固定成本。这些成本难以在短期内变动，且如果生产停止就无法收回。然而，随着生产规模的扩大，初期高额的固定成本逐渐被分摊，平均成本下降。由于在位厂商率先进入市场，已经生产了大量产品，平均成本下降，使它们能够以更低的价格销售产品，保持盈利空间。相反，潜在进入者要面对高固定成本和高平均成本，处于绝对成本劣势，导致大多数潜在进入者望而却步。

在网络经济中，技术含量高、复杂性强的行业通常存在较强的学习效应。学习效应指随着生产经验和累积产出的增加，单位产出所需的投入数量不断下降。在网络经济条件下，学习效应得到强化，因为信息和知识可以更有效地利用，并且可以产生附加产品的信息，用于开发新产品或改进现有产品。在位厂商由于具有丰富的生产经验和学习效应的作用，能够以较高的效率和较低的成本生产相同数量的产品。这种经验的累积是长期的过程，新进入者在短期内难以迎头赶上。以蜂窝通信网络市场为例，公司在安装网络的过程中积累了宝贵的知识和经验，使安装了大量网络的公司拥有更大的信息和知识优势，相比其他公司更具竞争力。

因此，综合来看，这些绝对成本优势构成了新进入者在网络经济中面临的重要进入壁垒，使大多数潜在进入者需要谨慎考虑进入市场。

3. *产品差别化壁垒。*

产品差别化是指在同类产品竞争中，由于产品特性或消费者偏好等方面存在差异，导致产品之间不完全替代的关系。这种差异可以分为真实的产品差异和人为的产品差异。真实的产品差异是产品自然特性的差异，而人为的产品差异则是通过不同方法使相似的产品在消费者心目中形成主观差异，进而形成特殊偏好。

在现实中，产品差别化的基础是长期中消费者对产品形成的偏好差异。网络经济的特性之一是网络外部性，它加强了消费者的消费惯性和忠诚度，从而放大了产品差别化的效应。

以间接网络外部性为例，用户人数导致产品价值增加的方式是间接的，不是直接来自消费者需求函数的相互作用，而是来自产品相关的辅助产品的数量和可获得性。产品的效用取决于互补产品的品种、质量和价格。在网络经济下，市场中的在位厂商存在时间较长，互补产品的数量规模较大，这为他们构建了产品差别化壁垒。

以操作系统软件市场为例，微软的 Windows 系统通过用户规模带来了直接网络外部性，并为应用软件开发商提供了广阔的市场。竞争对手想要挑战微软的主导地位，必须取得应用软件开发商的支持。这涉及正反馈机制，即应用软件的多少取决于操作系统的预期用户数量，而未来的用户规模又取决于是否有足够的配套应用软件。新的操作系统在市场上立足未稳之时，独立软件开发商可能不愿意为其开发应用软件，因此形成了产品差别化壁垒。

举例来说，IBM 曾试图挑战 Windows 在 PC 操作系统市场上的主导地位，但由于 Windows 的绝对统治地位，软件开发商不看好 IBM 的 OS/2 操作系统。尽管 IBM 花费巨额资金并试图复制应用软件接口，但由于应用软件壁垒等因素，OS/2 最终无法与 Windows 抗衡，导致 IBM 退出了 PC 操作系统市场。因此，产品差别化在网络经济中起到重要作用，通过构建产品差别化壁垒，在竞争中获得优势地位。

4. *在位厂商采取策略行为构筑战略性进入壁垒。*

以上三个方面侧重从结构性进入壁垒的角度，分析网络经济下的进入壁垒以及由此导致的寡占市场结构。在业界，企业通常通过两种战略手段影响潜在竞争者的利润预期，从而形成市场进入的壁垒，达到抑制竞争的目的。首先，它们可以影响竞争对手未来的相对成本结构。这可能包括大规模投资于研发活动，以降低未来产品的成本。此外，企业还可以通过战略性广告活动提高潜在竞争者的未来成本。其次，企业可以影响未来市场需求结构。通过产品差异化战略，创造出适应不同市场细分的差异性产品，占据产品需求空间的先机，从而影响竞争对手的预期需求。

以即时通信（Instant Messaging，IM）软件为例，它最初是一个具有强大和黏性社交网络功能的工具。然而，随着互联网的发展和腾讯在各种应用上的全面渗透，IM 软件已经演变成拥有多元化功能的平台。用户逐渐习惯于不同功能之间的无缝连接和互联。腾讯的 IM 软件已经成为连接各种应用和社会关系的桥梁和工具。在社交网络服务方面，无论是腾讯朋友、腾讯空间还是腾讯微博，都在市场上拥有广泛的用户受众和份额。换句话说，腾讯的 IM 软件已经成为整个社交网络服务产业链中最为发达和占据主导地位的一环。

以腾讯的游戏市场为例，从图 5-2 可以看出，2019 年，腾讯的游戏业务收入为 1147 亿元，同比增长了 9.8%；2020 年，腾讯的游戏业务收入为 1561 亿元，同比增长了 36%；2021 年，腾讯的游戏业务收入为 1743 亿元，保持了逐步上升的趋势；2022 年，腾讯的游戏业务收入为 1707 亿元，出现小幅度回落，其主要原因可能是由于未成年人保护措施的出台以及整体经济环境的影响；2023 年，腾讯的游戏业务收入达到了 1799 亿元，经济效益开始回升。从上述数据可以看出，腾讯的游戏业务收入在 2019~2023 年基本保持持续增长的态势，这主要得益于国际市场的快速增长。此外，腾讯在游戏领域的创新和发展，如推出新的游戏产品、优化现有游戏等，都是推动其游戏业务增长的重要因素。

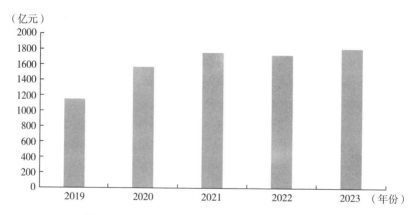

图 5-2　2019~2023 年腾讯的游戏业务收入情况

资料来源：笔者根据腾讯官方网站提供的相关财报数据整理所得。

三、网络经济下的垄断与竞争

在网络经济条件下，传统经济理论中对垄断与竞争的刻板观念受到挑战。与传统观点不同，垄断在这种环境下被认为具有必然性和合理性。从根本原因来看，垄断往往起源于竞争的激烈过程；在发展过程中，争夺垄断地位本身也是一种竞争机制；在动态变化中，垄断和竞争相互影响、相互转化，而且企业在不同时间段对垄断地位的竞争也呈现异常激烈的特点。因此，在网络经济中，垄断并非仅是竞争的对立面，而是在复杂的竞争关系中展现出一种动态的存在形式。这种新的视角挑战了传统对竞争和垄断关系的简单二元对立，强调了它们之间复杂而多变的相互作用。具体而言，网络经济下的垄断和竞争之间的关系呈现以下几个方面的特征：

第一，网络经济下的垄断与传统的"垄断消除竞争论"相悖。

在网络经济时代，企业之间的竞争确实发生了根本性的变化。传统上，企业主要通过价格和产量等方面展开竞争，但在今天，技术创新的速度加快和更替的频繁使新技术可能在获利之前就被淘汰。这导致了抢占市场先机和技术制高点的压力和动力增大，使竞争变得更加激烈。垄断和专利虽然可以压制某种竞争，但增加了另一种竞争。企业在竞争中争取垄断或专利权，同时在被垄断（或有专利权）的市场内，通过相近或可替代的技术进行竞争。因此，厂商的垄断并没有消除竞争，反而使竞争在更长的时间跨度、更广的空间范围和更高的程度上展开。手机市场的变化就是一个例子，如摩托罗拉移动的出售和索尼爱立信品牌的消失。全球手机市场的革命性变化使三星超越苹果成为全球最大的手机厂商。尽管存在寡头厂商，如三星、苹果、诺基亚，但它们之间的竞争与合作更为频繁。专利战在手机产业中层出不穷，企业之间通过专利侵权指控展开激烈的法律斗争，进一步凸显了在网络竞争中，垄断与传统意义上的"垄断消除竞争论"相悖的现象。

第二，网络经济下的垄断是在一定程度上能缓解"马歇尔冲突"的竞争性垄断。

网络经济的兴起改变了传统市场结构理论中对垄断和竞争的看法。在网络经济中，垄断不同于传统经济，竞争与垄断的关系也呈现新的特点。与传统理论不同的是，网络经济中的垄断并不意味着经济效率的降低；相反，竞争与垄断在这一领域可以相互促进。

在网络经济中，垄断者往往能够实现更高程度的规模经济，同时保持竞争的激烈程度。与传统市场结构理论形成对比的是，竞争性垄断市场结构在网络经济中能够兼容规模经济和竞争活力，成为一种缓解"马歇尔冲突"的市场结构。这种市场结构既能发挥垄断所带来的规模经济，又能保持竞争的活力，实现了有效竞争。

因此，网络经济下的垄断并没有像传统市场理论所认为的那样降低经济效率；相反，它可能比完全竞争市场更有效率地利用资源。这种新的市场动态挑战了传统的"两难选择"，为经济资源的最有效配置和利用提供了新的可能性。

第三，网络经济下的垄断突破了"垄断抑制技术进步"的瓶颈。

在网络经济时代，垄断并没有阻碍技术的进步和创新，反而推动了技术进步的速度和创新频率的提升。这个时代的显著特点在于知识和技术的更新转化为现实生产力的时间越来越短。企业的生存和发展取决于其能否跟上技术的不断进步和创新。由于激烈的竞争，任何企业对特定创新技术的垄断以及基于此垄断建立的对相关产品生产和市场的控制只能是短暂的，难以长期维持。垄断企业因技术的迅猛发展需要频繁调整和变革，面临着前所未有的变化。

2022~2023 年，智能手机市场的竞争越发激烈，主要表现为供应商之间出货量和市场占有率的波动，如表 5-2 所示。小米在 2023 年第四季度的市场表现尤为突出，出货量和市场份额均有所提升，成为市场的领跑者之一。OPPO 和 vivo 则在市场中保持稳步增长，尤其是在 2023 年第四季度，vivo 的市场份额显著提升。这种市场变化反映了智能手机厂商之间的激烈竞争，而各厂商对操作系统和硬件的技术选择也在一定程度上影响了其市场表现。在全球市场中，操作系统的竞争仍然是安卓主导，各大手机厂商主要依赖安卓系统以适应全球用户需求。

表 5-2　2022 年和 2023 年第四季度和全年智能手机出货量及市场占有率

供应商	2022 年第四季度		2022 年全年		2023 年第四季度		2023 全年	
	出货量（千万台）	占有率（%）	出货量（千万台）	占有率（%）	出货量（千万台）	占有率（%）	出货量（千万台）	占有率（%）
小米	3.32	11.0	15.0	12.7	4.07	13.0	14.9	13.0
OPPO	2.53	8.4	10.0	8.6	2.34	8.3	10.3	9.0
vivo	2.29	8.2	10.0	8.2	2.4	9.6	9.2	8.0

资料来源：笔者根据 IDC 官方网站提供的相关数据整理所得。

在网络经济下，与传统经济相比，垄断企业面临更大的动态竞争压力。大企业在网络经济中虽然可能拥有高市场份额，但这种垄断地位往往是不稳定的。技术标准的改变和技术范式的转换常常导致企业市场地位发生变化。网络经济的特点是技术创新频繁、专用性强、标准程度高，这使少数大型企业更容易掌握技标准，形成垄断地位。

与传统经济不同的是，数字产品在网络经济中容易过时，更新换代速度快。因此，即使企业取得垄断地位，产品可能在短时间内就过时了，而厂商来不及提高价格。为了保持垄断地位，企业需要在原有平台上进行产品升级和更新。这也意味着信息技术创新对企业的资金实力和技术创新能力提出了更高的要求。

此外，垄断企业在网络经济中面临着供给方规模经济和需求方规模经济的双重压力。垄断可能导致企业提高产量、降低价格，但打破垄断可能伤害消费者利益。因此，在网络经济中，企业要想维持垄断地位，需要不断适应变化，进行技术创新，以确保其产品能够满足市场需求并保持竞争力。这也解释了为什么在信息产业中，有效而持久的商业行为才能在市场中生存，并且市场敏感性使企业迅速做出反应变得至关重要。

◎思考题：

　　1.度量市场结构的常用指标主要有哪些？

　　2.网络市场中常见的垄断形式有哪些？

　　3.网络市场中垄断与竞争关系的变化体现在哪几个方面？

第二节　网络市场的结构特征

学 习 要 求

　　1.明确网络市场的定义和性质。

　　2.理解网络市场的结构特征。

　　3.掌握网络市场的运作机制。

　　4.了解网络市场的优势。

网络市场的结构特征是指在互联网环境下形成的市场结构和特点。网络市场的发展和普及给商家和消费者带来了许多独特的优势和挑战。网络市场，简言之，是指依托互联网技术和平台，实现商品、服务、信息交换与流通的市场形态。它打破了地理界限，缩短了交易距离，使买卖双方能够跨越时空限制进行高效互动。随着信息技术的飞速发展，特别是移动互联网、大数据、云计算、人工智能等技术的广泛应用，网络市场已成为全球经济的重要组成部分，深刻改变了人们的生产生活方式。

一、虚拟性和无界性

（一）虚拟性

网络市场的首要特征是其虚拟性。这一特征源于互联网技术的本质，即信息的数字化传输与存储。在网络市场中，商品和服务的展示、交易、支付乃至物流配送的多个环节均可在虚拟空间内完成，无须物理实体的直接接触。这种虚拟性极大地降低了交易成本，提高了交易效率，使市场参与者能够跨越地理界限进行无缝连接。

1.信息展示的深化与创新。

在信息展示方面，随着技术的不断进步，商家利用图片、视频、虚拟现实及增强现实等多媒体手段，将产品展示提升到了全新的高度。这些技术手段不仅让消费者能够全方位、多角度地观察产品细节，还极大地丰富了购物体验，使线上购物几乎可以媲美甚至超越线下购物体验。商家上传高清、多角度的产品图片，配合360度全景视图，让消费者可以旋转查看产品，如同亲手触摸一般细致入微。

通过精心制作的视频，商家可以展示产品的使用方法、功能特点、材质质感等，使消费者更直观地了解产品性能。VR技术的引入，让消费者能够"走进"虚拟商店，亲身体验产品摆放的环境效果，甚至"试穿"衣物、"试用"家具，极大地增强了购物的沉浸感和互动性。在美妆、珠宝等领域，AR技术允许消费者通过手机摄像头在真实环境中预览化妆效果或佩戴饰品的样子，实现即时反馈和个性化推荐。结合HTML5、WebGL等技术，商家可以创建互动式的产品说明书，让消费者通过点击、滑动等操作，深入了解产品的每一个细节和功能。

2.交易平台的智能化与生态化。

电商平台作为网络市场的核心，正不断向智能化和生态化方向发展，为用户提供更加便捷、高效、全面的购物体验。利用大数据和人工智能算法，电商平台能够根据用户的搜索历史、浏览行为、购买记录等信息，提供个性化的商品搜索和推荐服务，提高用户的购物效率和满意度。除了基础的商品搜索、比价、评价、支付功能外，电商平台还集成了物流查询、售后服务、金融服务（如消费信贷、保险）等多种服务，构建了高度集成的交易生态系统，满足用户的全方位需求。电商平台与社交媒体平台的深度融合，形成了社交电商的新模式。用户可以在购物过程中分享心得、评价商品、与好友互动，形成口碑传播，增强用户黏性和忠诚度。随着全球化进程的加速，电商平台纷纷拓展跨境电商业务，帮助国内商家拓展海外市场，同时也为国内消费者提供更多元化的海外商品选择。

3. 数字支付的革新与普及。

数字支付的普及和发展是网络市场繁荣的重要推动力。支付宝、微信支付等第三方支付工具的崛起，不仅简化了支付流程，提高了交易效率，还通过技术创新和风险管理措施，保障了交易的安全性和可靠性。

数字支付支持多种支付方式（如扫码支付、NFC 支付、指纹支付等），用户无须携带现金或银行卡即可完成交易，极大地提升了支付的便捷性。第三方支付平台通过采用加密技术、实名认证、风险评估等手段，有效防范了交易欺诈、资金盗刷等风险，保障了用户资金的安全。除了基础的支付功能外，第三方支付平台还不断拓展金融服务领域，如提供消费信贷、理财服务、保险保障等，满足用户的多元化金融需求。

随着跨境电商的兴起，数字支付平台也开始积极布局海外市场，为国内外用户提供跨境支付解决方案，促进全球贸易的便利化。

（二）无界性

网络市场的无界性是其虚拟性的直接延伸。在传统市场中，地理距离是限制商品流通和市场竞争的重要因素。然而，在网络市场中，这一限制被彻底打破。借助互联网，市场参与者可以轻松地跨越国界、洲界，实现全球范围内的商品交易和信息交流。

1. 市场准入的深化与机遇。

网络市场为中小企业和初创企业打开了一扇通往全球市场的大门，极大地降低了市场准入的门槛。这些企业不再受限于地理位置、资金规模或传统营销渠道的束缚，而是可以通过互联网平台直接触达全球消费者。这种市场准入机会的扩展，不仅为中小企业提供了与大型跨国公司同台竞技的舞台，还促进了市场竞争的多元化和公平性。网络市场允许中小企业利用社交媒体、内容营销、搜索引擎优化等低成本手段进行品牌推广和产品宣传，有效降低了营销成本。中小企业在网络市场中更容易实现产品的个性化和定制化服务，满足消费者日益增长的个性化需求，从而在细分市场中占据一席之地。网络市场的快速迭代和消费者需求的不断变化，促使中小企业不断创新，开发出具有竞争力的新产品和服务，实现差异化竞争。

2. 消费者选择的多元化与智能化。

网络市场为消费者提供了前所未有的选择范围，不仅商品种类繁多，还在价格、品质、服务等方面也呈现多元化的特点。消费者可以轻松地在全球范围内比较不同商品和服务的性价比，找到最适合自己的选项。电商平台利用大数据和人工智能技术，为消费者提供个性化的商品推荐，帮助消费者快速找到符合自己需求和喜好的商品。消费者可以通过评价系统对购买的商品和服务进行反馈，为其他消费者提供参考，同时也促使商家不断改进产品和服务质量。随着跨境电商的兴起，消费者可以轻松购买来自世界各地的商品，享受全球购物的乐趣和便利。

3. 文化融合与全球化视野。

网络市场的无界性不仅促进了商品和服务的流通，还加速了不同文化之间的交流与融合。消费者在网络市场中可以接触到来自世界各地的商品和文化元素，拓宽了视野，丰富了生活体验。网络市场为各国特色文化产品的展示和销售提供了平台，促进了文化产品的国际传播和交流。消费者通过购买异国风情的商品，尝试不同的生活方式和习惯，促进了文化的相互理解和尊重。网络市场的全球化特性使消费者更加关注全球趋势和事件，培养了全球化视野和跨文化交流能力。

二、高度互动性和个性化

（一）高度互动性

网络市场中的信息流动是双向乃至多向的，市场参与者之间可以实时进行信息交换和反馈。这种高度互动性不仅增强了市场的透明度，还为企业提供了更多了解消费者需求、优化产品和服务的机会。

1. 在线评价的深度影响与价值。

在线评价作为电商生态系统中不可或缺的一环，其影响力远远超出了简单的信息分享范畴。消费者在购买商品后留下的评价，不仅为后来的潜在买家提供了宝贵的参考意见，帮助他们作出更加明智的购买决策，还成为商家评估自身产品和服务质量的重要风向标。真实、客观地评价有助于建立消费者对电商平台和商家的信任。当看到其他消费者的正面反馈时，新顾客更有可能选择在该平台购物，从而增加销量和忠诚度。评价中包含的批评和建议是商家宝贵的改进资源。通过分析评价内容，商家可以及时发现产品或服务中的不足，并据此进行调整和优化，以提升客户满意度和市场竞争力。优秀的评价能够激发消费者的分享欲望，通过社交媒体等渠道传播开来，形成正面的口碑效应，为商家带来更多的曝光和潜在客户。

2. 社交媒体营销的多元化与互动性。

随着社交媒体的蓬勃发展，企业越来越重视这一平台在营销中的应用。通过微博、微信、抖音等社交媒体平台，企业不仅能够发布产品信息、进行品牌宣传，还能与消费者进行实时互动，收集用户反馈，形成了更加紧密的市场联系。社交媒体营销注重内容的质量和创意。企业需要根据平台特性和用户兴趣，制作有趣、有料的内容来吸引用户关注，提升品牌形象和知名度。借助社交媒体上的关键意见领袖（KOL）和网红的力量，企业可以快速扩大品牌影响力，吸引更多目标受众。通过合作推广，企业能够触达更广泛的潜在消费者群体。社交媒体营销鼓励用户参与和共创内容。企业可以发起话题讨论、挑战赛等活动，激发用户的参与热情，形成用户生成内容（UGC），进一步丰富品牌故事和形象。

3. 定制化服务的个性化与精准化。

网络市场的高度互动性使企业能够更准确地把握消费者的个性化需求，从而提供更加精准和个性化的定制化服务。这种服务模式不仅满足了市场的多元化需求，还提升了消费者的购物体验和满意度。通过收集和分析消费者的浏览记录、购买行为、评价信息等数据，企业可以深入了解消费者的偏好和需求，为定制化服务提供数据支持。利用大数据和人工智能技术，企业可以构建个性化推荐系统，为消费者提供符合其兴趣和需求的商品和服务推荐，提升购物效率和满意度。定制化服务还体现在一对一的客户服务上。企业可以为客户提供专属的客服支持、售后保障等个性化服务，增强客户黏性和忠诚度。

（二）个性化

随着大数据和人工智能技术的发展，网络市场正朝着更加个性化的方向发展。企业可以利用数据分析技术，深入挖掘消费者的购买历史、浏览行为、兴趣爱好等信息，为每位消费者提供量身定制的购物体验。

1. 个性化推荐的深度解析与影响。

个性化推荐系统是电商平台利用大数据和人工智能技术，对消费者行为进行深入分析后，提供的一种高度个性化的购物体验。通过追踪消费者的浏览记录、搜索关键词、购买历史以及点击行为等数据，系统能够智能地预测消费者的兴趣和需求，并据此推荐相关商品或服务。个性化推荐能够精准地匹配消费者的购物意向，减少消费者在信息海洋中的迷茫感，从而大大提高购买转化率。当消费者看到自己真正感兴趣的商品时，更有可能产生购买行为。个性化的推荐内容让消费者感受到平台的贴心和关怀，增强了用户对平台的依赖和信任。这种积极的购物体验会促使消费者更加频繁地访问平台，形成稳定的用户群体。个性化推荐不仅限于消费者已知或已购买的商品类别，还能帮助消费者发现新的、潜在感兴趣的商品。这种"发现式"购物体验能够激发消费者的购买欲望，为商家带来更多销售机会。

2. 精准营销的多样化策略与实践。

精准营销是企业基于消费者个性化特征，制定并实施针对性营销策略的过程。通过收集和分析消费者数据，企业能够深入了解消费者的兴趣、偏好、购买能力等关键信息，从而制定出更加精准、有效的营销方案。利用大数据和算法技术，企业可以将广告精准地投放给目标消费者群体。这种定向投放不仅提高了广告的曝光率和点击率，还降低了营销成本，实现了广告效果的最大化。通过收集消费者的邮箱地址和订阅偏好，企业可以向其发送个性化的邮件营销信息。这些邮件通常包含针对消费者感兴趣的商品推荐、优惠活动、品牌资讯等内容，旨在增强消费者的品牌忠诚度和购买意愿。在社交媒体平台上，企业可以利用用户画像和兴趣标签等功能，将营销信息精准地推送给目标受众。同时，通过社交媒体的互动性和传播性，企业还能够引发消费者的关注和讨论，进一步扩大品牌影响力。

3. 定制化生产的创新与实践。

随着消费者需求的日益多样化和个性化，定制化生产成为制造业领域的重要趋势。通过 3D 打印、智能制造等先进技术的应用，企业能够实现小批量、多品种的定制化生产，满足消费者的个性化需求。3D 打印技术以其快速成型、材料多样、设计自由等特点，为定制化生产提供了强有力的技术支持。企业可以根据消费者的具体需求，快速设计出符合要求的产品原型，并进行小批量生产。智能制造通过集成物联网、大数据、云计算等先进技术，实现了生产流程的智能化和自动化。在定制化生产过程中，智能制造系统能够自动调整生产线配置、优化生产参数、提高生产效率和质量稳定性。定制化生产不仅满足了消费者对产品外观、功能等方面的个性化需求，还促进了市场的多元化发展。企业可以根据市场趋势和消费者反馈，不断调整产品设计和生产策略，以适应不断变化的市场需求。

三、动态竞争和合作

（一）动态竞争

网络市场的竞争是高度动态和激烈的。由于市场准入门槛相对较低，新企业可以迅速进入市场并通过创新商业模式、优化用户体验等方式获得竞争优势。同时，传统企业也面临着来自互联网企业的巨大挑战，不得不加快转型升级步伐以保持竞争力。

（1）技术创新：技术创新是网络市场竞争的关键。企业需要不断探索新技术、新应用，以提升产品性能、降低成本、优化用户体验等方式赢得市场。

（2）商业模式创新：除了技术创新外，商业模式创新也是网络市场竞争的重要手段。企业通过创新商业模式，如共享经济、平台经济等，实现资源的优化配置和高效利用。

（3）价格战与差异化竞争：在网络市场中，价格战和差异化竞争并存。一方面，企业通过降低价格吸引消费者；另一方面，企业通过提供独特的产品和服务来区分自己与竞争对手。

（二）合作共生

尽管网络市场竞争激烈，但合作共生也是其重要特征之一。在复杂多变的市场环境中，企业往往需要与其他企业建立合作关系，共同应对挑战、分享资源、实现共赢。

（1）数据共享与分析：在供应链协同中，数据成为连接各个环节的纽带。企业通过共享销售数据、库存数据、生产数据等，可以实时掌握市场动态，优化生产计划，减少库存积压，提高供应链整体效率。同时，利用大数据分析工具，可以对市场趋势进行预测，为企业决策提供支持。

（2）平台化运作：许多企业开始构建或加入供应链平台，通过平台化运作实现资源的优化配置和高效利用。这些平台不仅提供了订单管理、物流跟踪、金融服务等基础功能，还通过算法优化、智能匹配等手段，帮助企业快速找到合适的合作伙伴，降低交易成本，提升合作效率。

（3）生态化发展：随着供应链协同的深入，企业之间的合作不再局限于单一产品或服务，而是逐渐向生态化发展。企业通过构建或融入产业生态圈，实现资源共享、优势互补、互利共赢。这种生态化发展不仅有助于提升企业的核心竞争力，还能促进整个行业的转型升级。

四、网络效应和赢家通吃

（一）网络效应

网络市场的另一个显著特征是网络效应。网络效应是指当一个产品或服务的用户数量增加时，每个用户从中获得的效用也会相应增加。这种效应在网络市场中尤为明显，因为互联网的本质就是连接和共享。随着用户数量的增加，网络中的信息、资源、服务不断丰富和完善，进一步吸引更多的用户加入，形成良性循环。

（1）正向网络效应：正向网络效应是指用户数量的增加直接导致每个用户效用的提升。例如，社交网络的用户越多，每个人能联系到的人就越多，社交体验就越好。同样，电商平台的商品种类和卖家数量越多，消费者就越容易找到心仪的商品，购物体验也就越好。

（2）负向网络效应：虽然网络市场中以正向网络效应为主，但也存在负向网络效应的情况。例如，当网络拥堵导致数据传输速度下降时，用户的效用就会降低。此外，某些情况下，用户数量的激增也可能带来管理上的困难，如垃圾信息泛滥、网络安全问题等，从而影响用户体验。

（二）赢家通吃

网络效应往往导致市场呈现赢家通吃的现象。在网络市场中，由于用户迁移成本较高（如重新建立社交网络、适应新的购物习惯等），一旦某个产品或服务在市场中占据领先地位，就很难被后来者超越。这种现象在搜索引擎、社交媒体、即时通信等领域尤为明显。因此，在网络市场中，企业往往需要投入巨大的资源进行市场开拓和用户培养，以期在激烈的竞争中脱颖而出。

总的来说，网络市场的结构特征使商家和消费者都能从中受益。商家可以通过网络市场扩大销售渠道、降低成本、提高效率，同时也面临着更激烈的竞争和品牌建设的挑战。消费者则可以享受更多的选择和便利，获取更多的信息和个性化的服务，但也需要注意网络安全和信任问题，以保护自己的权益。网络市场的发展将继续推动经济的发展和社会的变革，为人们的生活带来更多的便利和可能性。

◎思考题：

1. 说明网络市场结构特征对市场竞争、消费者需求等方面的影响。

2. 分析网络市场中的多边市场特性。

3. 网络市场的个性化机制是如何运作的？

第三节　网络市场结构的影响

学 习 要 求

1. 理解网络市场结构的基本概念。

2. 了解网络市场结构的影响。

随着互联网的迅猛发展，网络市场已经成为现代经济中不可或缺的一部分。网络市场的结构对经济产生了深远的影响，它改变了传统市场的运作方式，为企业和消费者带来了许多新的机遇和挑战。

一、网络市场结构对市场竞争的影响

网络市场结构对市场竞争的影响是多方面的，既促进了市场竞争的激烈化，也带来了新的竞争形态和策略。

（一）竞争激烈化：门槛降低与全球互联的双重驱动

网络市场的低门槛特性是其激烈竞争的重要根源之一。相较于传统市场，网络市场对新进入者的要求更低，技术门槛、资金门槛乃至市场准入门槛都有所降低。这种低门槛不仅为初创企业和小型企业提供了前所未有的发展机遇，也让大型企业面临来自四面八方的竞争压力。同时，网络市场的全球性特征更是将这种竞争推向了极致，任何一个角落的创新都可能迅速传遍全球，影响整个市场的格局。进一步地，网络效应的存在加剧了这种竞争态势。网络效应，即用户数量的增加会提升产品或服务的价值，这种效应在网络市场中尤为显著。当某一平台或产品吸引了大量用户后，其网络效应会不断放大，形成强大的市场吸引力。然而，这种吸引力并非不可动摇，因为任何微小的创新或改进都可能吸引用户转移阵地，从而引发市场的重新洗牌。因此，网络市场中的领先者必须时刻保持警惕，不断创新以巩固自身地位。

（二）竞争形态变化：从单一维度到多维度的全面较量

随着网络市场的发展，竞争形态也在悄然发生变化。传统市场中，价格和质量往往是竞争的主要维度。但在网络市场，这些维度虽然依然重要，但已不再是唯一的竞争焦点。用户体验、技术创新和生态系统建设等因素逐渐崭露头角，成为决定企业成败的关键因素。

用户体验是网络市场竞争的核心。在海量信息和高度互联的时代，用户对于产品和服务的期望值不断提高。企业需要通过不断优化产品设计、提升服务质量、增强用户互动等方式来提升用户体验，从而赢得用户的青睐。同时，技术创新也是网络市场竞争的重要手段。通过技术创新，企业可以开发出更具竞争力的产品和服务，满足市场的多样化需求。此外，生态系统建设也是网络市场竞争的重要方向。企业需要构建完善的生态系统，整合产业链上下游资源，实现共赢发展。

（三）竞争策略创新：免费策略、精准营销与数据驱动的深度结合

网络市场中的竞争策略也在不断创新。其中，免费策略是平台企业常用的竞争手段之一。通过提供免费的基础服务吸引用户，然后通过增值服务或广告收入实现盈利。这种策略不仅有助于快速积累用户基础，还能通过用户行为数据为企业后续的商业化运作提供有力支持。同时，精准营销也成为网络市场竞争的重要策略之一。企业利用数据分析和用户画像技术，深入挖掘用户需求和行为特征，实现个性化推荐和定制化服务。这种精准营销方式不仅提高了市场效率，还增强了用户体验和满意度。此外，数据驱动也成为网络市场竞争的新趋势。企业通过收集和分析用户数据，不断优化产品和服务，提升市场竞争力。同时，数据也成为企业决策的重要依据，帮助企业更好地把握市场趋势和用户需求变化。

二、网络市场结构对消费者行为的影响

在数字经济的浪潮中，网络市场结构的特殊性不仅重塑了市场竞争格局，还深刻地改变了消费者的行为模式和消费习惯。这种变化不仅体现在信息获取、购

物体验上，还显著提升了消费者的参与度，使市场活动更加多元化和互动化。

（一）信息获取更加便捷与全面

网络市场为消费者打开了一个信息宝库的大门。与传统的购物方式相比，消费者不再受限于地理位置或时间限制，只需轻点鼠标或滑动屏幕，就能轻松访问来自全球各地的商品信息。搜索引擎、比价网站、社交媒体等多样化的信息渠道，让消费者能够迅速获取商品的详细参数、用户评价、价格走势等关键信息。这种信息获取的便捷性，使消费者能够作出更加明智和理性的购买决策，降低了信息不对称带来的风险。

（二）购物体验更加个性化与定制化

网络市场通过大数据分析和人工智能技术，实现了对消费者行为的深度洞察。平台企业利用这些数据，能够精准地把握消费者的需求和偏好，进而提供个性化的推荐和定制化服务。无论是商品的推荐列表、页面布局还是购物流程的设计，都力求符合消费者的个性化需求。这种个性化的购物体验不仅提高了消费者的满意度和忠诚度，还促进了市场的细分和差异化发展。同时，一些平台还提供了定制化服务，如定制服装、家居用品等，进一步满足了消费者的个性化需求。

（三）消费者参与度显著提升

网络市场中的消费者不再是被动地接受者，而是积极的参与者和创造者。他们通过在线评论、社交媒体分享、用户生成内容等方式，积极表达自己的购物体验和意见。这些反馈不仅为其他消费者提供了宝贵的参考信息，还帮助平台企业不断优化产品和服务。此外，一些平台还通过举办线上活动、社群建设等方式，鼓励消费者之间的互动和交流，进一步提升了消费者的参与度和归属感。这种高度参与的市场环境，不仅促进了市场的繁荣和发展，还为企业提供了宝贵的用户洞察和市场反馈。

三、网络市场结构对企业战略的影响

随着网络市场结构的不断演进，其独特的性质对企业战略制定与执行提出了全新的要求。为了在激烈的竞争中立于不败之地，企业必须积极调整其战略，以适应这一变化多端的市场环境。以下是从平台战略、技术创新战略以及用户至上战略三个方面进行的深入探讨。

（一）平台战略：构建生态系统，实现共赢发展

在网络市场中，平台化战略已成为众多企业的首选。企业不再仅关注于单一的产品或服务，而是致力于构建一个包含供应商、分销商、用户等多方参与者的生态系统。这一战略的核心在于通过整合资源、优化流程、提升效率，实现生态

系统中各参与者的共赢发展。平台企业需要密切关注生态系统的健康状况，促进不同参与者之间的协同合作，共同推动市场的繁荣。同时，平台还需不断创新服务模式，增强用户黏性，确保在竞争激烈的市场中保持领先地位。

（二）技术创新战略：持续创新，引领市场潮流

技术创新是网络市场的核心竞争力所在。面对快速变化的市场需求和消费者偏好的多样化，企业必须不断加大研发投入，推动技术创新和产品升级。这要求企业具备敏锐的市场洞察力和前瞻性的技术布局，能够准确把握技术发展趋势和市场需求变化，提前布局新兴技术领域。同时，企业还需建立完善的技术创新体系，鼓励内部创新，加强与外部科研机构、高校等合作，共同推动技术创新和产业升级。通过持续的技术创新，企业可以在市场中保持领先地位，引领市场潮流。

（三）用户至上战略：关注用户需求，提升用户体验

在网络市场中，用户是企业最重要的资产之一。企业必须树立用户至上的理念，将用户需求作为战略制定的出发点和落脚点。这意味着企业需要深入了解用户需求和行为习惯，通过数据分析和用户画像等手段实现精准营销和个性化服务。同时，企业还需不断优化产品和服务流程，提升用户体验和满意度。例如，企业不仅可以通过引入智能客服系统、提供个性化推荐服务等方式来增强用户黏性，还可以通过建立用户反馈机制、及时响应用户投诉等方式来提升用户满意度和忠诚度。通过实施用户至上战略，企业可以赢得用户的信任和支持，从而在市场中占据有利地位。

四、网络市场结构对经济体系的影响

网络市场结构的不断演变，不仅重塑了市场竞争格局和消费者行为模式，还对整个经济体系产生了广泛而深远的影响。这些影响涵盖了经济增长、产业升级、就业结构等多个方面，共同构成了数字经济时代下的全新经济生态。

（一）促进经济增长：网络市场的经济引擎作用

网络市场以其独特的优势，如降低交易成本、提高市场效率和促进创新等，成为推动经济增长的重要力量。首先，网络市场通过减少信息不对称和中介环节，降低了买卖双方的交易成本，使商品和服务的流通更加顺畅。其次，网络市场的实时性和全球性特征，使市场反应速度更快，资源配置更加优化，从而提高了市场效率。此外，网络市场还为企业提供了广阔的创新空间，鼓励企业不断推出新产品、新服务和新模式，以满足市场的不断变化和消费者的多样化需求。这些创新活动不仅促进了企业自身的发展壮大，还带动了整个经济体系的增长和繁荣。

（二）推动产业升级：网络市场的转型催化剂

网络市场的发展对传统产业产生了深远影响，推动了它们的数字化和智能化转型。一方面，传统产业需要借助互联网、大数据、人工智能等先进技术，优化生产流程、提升产品质量和效率，以适应新的市场环境和发展趋势。另一方面，网络市场也为传统产业提供了新的销售渠道和商业模式，帮助企业拓展市场、增加收入和利润。这种转型不仅提升了传统产业的竞争力和可持续发展能力，还催生了新的产业形态和经济增长点。例如，电子商务、互联网金融、在线教育等新兴产业的快速发展，就是网络市场推动产业升级的生动体现。

（三）改变就业结构：网络市场的就业双刃剑

网络市场的发展对就业结构产生了双重影响。一方面，它创造了大量的新就业岗位和创业机会。随着网络市场的不断壮大和新兴产业的不断涌现，对于具备互联网思维、技术能力和市场洞察力的专业人才需求日益增加。这些岗位涵盖了技术开发、运营管理、市场营销等多个领域，为求职者提供了广阔的职业发展空间。同时，网络市场也为创业者提供了低门槛、高回报的创业平台，鼓励更多人投身创业大潮中。另一方面，网络市场的发展也使一些传统行业面临就业压力和挑战。随着技术的进步和市场的变化，一些传统岗位逐渐被自动化和智能化取代，导致部分劳动力面临失业风险。因此，政府和企业需要采取措施加强职业培训和教育支持，帮助劳动力适应新的就业环境和市场需求，实现就业结构的平稳过渡和升级。

综上所述，网络市场结构对经济和商业环境产生了广泛的影响。它改变了商业模式，加剧了市场竞争，改变了消费者行为。然而，网络市场也面临着一些挑战和问题。为了充分发挥网络市场的潜力，政府、企业和消费者需要共同努力，加强监管和维权，推动数字化包容性，以实现网络市场的可持续发展。

◎思考题：

1. 研究网络市场结构对市场竞争的影响。

2. 研究网络市场结构对消费者行为的影响。

3. 研究网络市场结构对企业战略的影响。

4. 研究网络市场结构对经济体系的影响。

【案例延伸阅读】

AI 技术突破引领我国智能产业与数字经济蓬勃发展

2024 年 6 月 20 日，习近平主席向 2024 世界智能产业博览会致贺信，引发会场内外业界人士热烈反响。大家表示，习近平主席的贺信阐明了当前人工智能在推动科技革命和产业变革中的重要意义，为深化人工智能发展和治理国际合作，推动人工智能健康发展、促进世界经济增长、增进各国人民福祉指明了方向。

当前，人工智能正以前所未有的速度发展。即便是专家，也会被频频出现的新技术、新成果震撼。习近平主席在贺信中指出："人工智能是新一轮科技革命和产业变革的重要驱动力量，将对全球经济社会发展和人类文明进步产生深远影响。"这引发了与会者的强烈共鸣。在会场聆听了习近平主席的贺信，国家超算天津中心应用研发首席科学家孟祥飞深有感触："面对全球经济增长乏力，培育新的增长动力成为关键。以人工智能为代表的新一轮科技革命和产业变革给世界带来深远影响。我们要深刻理解人工智能这一重要驱动力量，用好、发展好人工智能。"

习近平主席的贺信彰显中国对人工智能发展的高度重视。参会的乌兹别克斯坦共和国工商会副主席乌米德·萨法罗夫表示，中国在人工智能领域已成为世界领先的国家之一，"我们希望推动乌兹别克斯坦企业与中国智能产业企业积极建立合作，并引进中国成熟的技术"。放眼全球，以 ChatGPT 为代表的大模型取得技术突破。我国智能产业与数字经济蓬勃发展，多项创新成果引人注目，既引领时代之先，又助推社会进步。"从以前的'互联网＋'到如今的'人工智能＋'，我国人工智能与产业融合进入'换挡提速'新阶段。"参会的科大讯飞董事长刘庆峰表示，将以习主席的贺信为指引，积极参与推动互联网、大数据、人工智能和实体经济深度融合，为高质量发展提供新动能。"看到习近平主席的贺信，让我更加期待中国未来人工智能市场的发展和机遇。"参展商德国 TENSOR 公司工程师马库斯说，2024 年该公司将在中国成立新公司，计划在中国发展低空经济，增加更多与中国人工智能和产业链方面的合作。

当前，全球范围内人工智能在立法、行业标准等方面依然面临多重挑战。中国敢为人先。

2017 年，我国就印发了《新一代人工智能发展规划》。按照规划，到 2025 年，人工智能基础理论实现重大突破，部分技术与应用达到世界领先水平，人工智能成为我国产业升级和经济转型的主要动力，智能社会建设取得积极进展。

近几年，我国又出台了《关于加快场景创新以人工智能高水平应用促进经济高质量发展的指导意见》《生成式人工智能服务管理暂行办法》等一系列政策，积极探索人工智能发展新模式、新路径。

"习近平主席在贺信中提出，积极推动互联网、大数据、人工智能和实体经济深度融合，为我们进一步明确了未来发展方向。"参展单位北京大学（天津滨海）新一代信息技术研究院副院长李方平表示，人工智能在金融、医疗、教育、养老等领域的应用，不仅能带来生产效率的提升，还在持续增进人类福祉方面蕴藏巨大潜力。

如今，中国数实融合的脚步越走越快，国民经济97个大类中，七成以上已用上了5G，各行各业数字化、智能化水平持续提升。

"习主席的贺信指明了业界前进的方向，将促进人工智能、智能网络应用与实体经济有机结合。"北京蜂巢世纪科技有限公司董事长夏勇峰说，我们将积极探索实践应用落地，让更多创新成果步入寻常百姓家。

极越汽车首席执行官夏一平说："贺信明确了中国与世界共同把握数字化、网络化、智能化发展机遇的意愿，为促进中国与全球产业紧密合作指明了方向，为产业智能化发展注入信心。"

既要拥抱新事物新机遇，也要装好刹车再上路。未来，中国将如何推动人工智能、智能产业发展？

2023年10月，习近平主席提出《全球人工智能治理倡议》，此次在贺信中又强调："中国愿同世界各国一道，把握数字化、网络化、智能化发展机遇，深化人工智能发展和治理国际合作，为推动人工智能健康发展、促进世界经济增长、增进各国人民福祉而努力。"与会者表示，这再次阐明中国愿同各国推进人工智能全球治理的态度和主张，人工智能发展与安全并重。

习近平主席的贺信强调要把握智能化发展机遇，深化国际合作，空中客车中国公司首席执行官徐岗深有共鸣："我们在深圳设立了创新中心，在苏州设立了研发中心，这些都是空客不断加大与中国智能产业合作的关键投资，旨在技术变革中与中国的创新力量深度合作，推动航空航天业不断向前发展。"

"对于人工智能技术，人们有兴奋、期待，也有担忧、不安。"中国新一代人工智能发展战略研究院首席经济学家、南开大学经济研究所所长刘刚认为，我们倡导"智能向善"，深化人工智能发展和治理国际合作是有力保障。

（案例来源：新华社.共创共享 携手并进——习近平主席致2024世界智能产业博览会贺信引发业界强烈共鸣［EB/OL］.中华人民共和国工业和信息化部网，［2024-06-21］.https://www.miit.gov.cn/xwdt/szyw/art/2024/art_ef941f20cb8a4c0db93365ce5bcae584.html.）

第六章　网络经济下的竞争策略

【思政案例导入】

规制刷单炒信、好评返现、恶意不兼容等问题——
预防和制止网络不正当竞争

为预防和制止网络不正当竞争，维护公平竞争的市场秩序，国家市场监督管理总局发布《网络反不正当竞争暂行规定》（以下简称《规定》），自 2024 年 9 月 1 日起施行。受访专家表示，《规定》有助于市场监管部门精准识别和遏制网络不正当竞争行为，为加快建设全国统一大市场保驾护航。

一、明确网络竞争行为规则

"反不正当竞争在维护公平竞争中具有基础性作用，关系市场经济的基础水平和质量。"国家市场监督管理总局有关负责人介绍，随着中国数字经济高速发展、信息技术创新迭代，仿冒混淆、虚假宣传、商业诋毁等传统不正当竞争行为利用互联网技术花样翻新，反向刷单、非法数据获取等新型网络不正当竞争行为隐蔽性更强，妨碍经济运行效率提升，制约商品和要素自由流动、公平竞争，制约全国统一大市场的形成。对此，亟待强化公平竞争治理，不断完善高效完备、透明可预期的常态化监管机制。

《规定》明确，以维护公平竞争的市场秩序、鼓励创新、保护经营者和消费者合法权益、促进数字经济规范健康持续发展为基本目标，创新监管模式，明确协同监管工作机制，统筹各方力量，着力提升综合治理效能。

"《规定》旨在通过健全和明确网络竞争行为'红绿灯'规则，为各类经营主体明晰指引、划清底线，保障市场竞争机制在法治轨道上高效有序运行，引导数字技术更好赋能，引领中国竞争力不断提升。"该负责人说。

二、既利经营者又利消费者

国家市场监管总局有关负责人介绍，《规定》全面梳理列举了网络不正当竞争行为。一是明确了仿冒混淆、虚假宣传等传统不正当竞争行为在网络环境下的新表现形式，对刷单炒信、好评返现等热点问题进行规制，着力消除监管盲区；二是对反不正当竞争法规制的网络不正当竞争行为进行细化，列举了流量劫持、恶意干扰、恶意不兼容的表现形式及认定因素；三是对反向刷单、非法数据获取、歧视待遇等利用技术手段实施的新型不正当竞争行为进行规制。同时设置兜底条款，为可能出现的新问题、新行为提供监管依据。

《规定》指出，经营者不得采取对商品生产经营主体以及商品性能、功能、质量、来源、曾获荣誉、资格资质等作虚假或者引人误解的商业宣传，欺骗、误导消费者或者相关公众，其中包括：通过网站、客户端、小程序、公众号等进行展示、演示、说明、解释、推介或者文字标注；通过直播、平台推荐、网络文案等方式，实施商业营销活动等行为。

"《规定》的诸多条款与2024年3月发布的《中华人民共和国消费者权益保护法实施条例》相辅相成，对于经营者网络宣传等行为进行了进一步的细化规制。"大成律师事务所合伙人张炜说，"两部新规发布，可以说是市场监管部门打出的一套'组合拳'，对于切实保护消费者合法权益有重要作用。"

三、强调平台主体责任

平台企业掌握海量数据，连接大量主体，既是网络不正当竞争监管的重点对象，也是协同监管的关键节点。国家市场监督管理总局有关负责人介绍，《规定》突出强调了平台主体责任，督促平台企业对平台内竞争行为加强规范管理，同时对滥用数据算法获取竞争优势等问题进行规制。

比如，平台经营者不得利用服务协议、交易规则等手段，对平台内经营者在平台内的交易、交易价格以及与其他经营者的交易等进行不合理限制或者附加不合理条件。主要包括强制平台内经营者签订排他性协议；对商品的价格、销售对象、销售区域或者销售时间进行不合理的限制；不合理设定扣取保证金，削减补贴、优惠和流量资源等限制等。

监督检查方面，《规定》提到，市场监督管理部门基于案件办理的需要，可以委托第三方专业机构对与案件相关的电子证据进行取证、固定，对财务数据进行审计。对于新型、疑难案件，市场监督管理部门可以委派专家观察员参与协助调查。专家观察员可以依据自身专业知识、业务技能、实践经验等，对经营者的竞争行为是否有促进创新、提高效率、保护消费者合法权益等正当理由提出建议。

"网络不正当竞争行为往往具有技术性强、辐射地域广的特点，给地方尤其是基层市场监管部门执法造成了一定困难。"张炜说，"《规定》第二十七条扩大了市场监督管理部门对于部分特殊案件的管辖范围；第二十九、第三十条明确可引入第三方专业机构以及专家观察员进行协助调查。该条款直击网络不正当竞争执法的难点、痛点，为执法活动提供了有效的程序和技术上的支持。"

国家市场监督管理总局有关负责人表示，将加大对地方市场监管部门执法工作的指导，及时制定执法指南，提升基层执法人员依法行政水平，不断提升监管的科学性、规范性、协调性、稳定性，做到公正监管、正确执行、服务发展。

（案例来源：孔德晨.规制刷单炒信、好评返现、恶意不兼容等问题——预防和制止网络不正当竞争（锐财经）[N].人民日报海外版，2024-05-15（3）.）

第一节　战略锁定

学 习 要 求

1.掌握锁定、安装基础、转移成本等基本概念及其相互之间的关系。
2.掌握战略锁定效果的影响因素。
3.理解锁定周期的概念及其对战略锁定实施的影响。
4.理解企业应该如何实施战略锁定，并能据此对现实生活中一些战略锁定的案例进行具体分析。

一、战略锁定效果的影响因素

（一）网络外部性的直接作用

网络外部性的作用使网络经济下的市场与传统经济下的市场存在着很大的区别，它广泛存在于电信、铁路、航空等有线网络和操作系统，网络游戏，即时通信软件等无形网络之中。网络外部性的一个直接效果便是市场锁定现象的产生，以游戏对战平台为例，当第一个用户使用一款对战平台产品时，这款产品几乎没有任何价值，因为它还无法实现用户进行联机游戏的功能，但从第二个加入的用户开始，使用这款产品的网络价值就开始以极快的速度不断攀升。梅特卡夫定律认为，网络外部性的作用最终会使网络价值呈现指数级增长。在这个过程中，网络价值的上升会成为用户被锁定在该网络中的一个重要影响因素，若用户此时在不兼容的两个品牌之间进行转换，则意味着网络价值的损失或者不同网络价值的替代差异。因此，用户在考虑转移到另外一款新产品时，由于这款新产品的用户网络仍处于发展阶段，价值较低，在经过成本与利益的权衡之后，用户很可能不会选择这款新产品，自然而然就被锁定在旧的用户网络中，正的网络外部性越强，用户网络扩展得越快，价值上升得越快，企业实施锁定策略的效果越好，在网络经济下，高度发达的信息技术使经济以网络的形式组织起来。对网络经济中的企业来说，用户网络具有更加重要的意义，拥有一个较大的用户网络不但意味着众多的用户和潜在的收益，而且使网络外部性的作用发挥得更加充分，对用户的锁定更加牢固。

（二）转移成本的决定性作用

转移成本是与锁定相联系的一个概念，当用户从一个网络转移到另一个网络时，所付出的代价就是转移成本，转移成本越高，用户越难以从原有网络中脱离，因此转移成本的大小对锁定的效果起到决定性作用。

卡尔·夏皮罗（Carl Shapiro）和哈尔·瓦里安（Hal R. Varian）根据转移成本来源的不同，将由转移成本所造成的用户锁定分为以下六种类型：

（1）通过与用户签署合同可以达到锁定用户的目的。

（2）当用户向企业采购耐用品时，也很容易由于转移成本过高而被企业锁定。

（3）当操作人员使用一种设备时，就产生了与购买耐用设备的锁定相似的一种锁定形式，即特定产品学习培训型锁定。

（4）当用户随时间的推移逐渐地向一家供应商购买专门设备时，就产生了专门的供应商锁定。

（5）购买者和销售者为了在市场中找到对方并建立商务关系而引起的搜索成本。

（6）完全是由企业的策略构造出来的，奖励那些重复购买的用户，明确激励用户完全或主要从当前供应商购买产品的用户忠诚计划造成的锁定。

转移成本并不是网络经济的产物，它在传统经济下也有表现，只是在网络经济下，它的作用变得越发明显。例如，在阿迪达斯和耐克两个品牌的运动产品之间进行转换，一般不会给用户带来很大的麻烦，但是在安卓和 iOS 两个手机操作系统之间进行转换，情况就会发生变化：用户需要重新下载安装应用软件，最重要的是还要花很多时间和精力去适应和学习新的操作系统。也就是说，用户此时会面临很大的转移成本，致使在两个操作系统之间进行转换的可能性变小，因而直接被锁定。

转移成本衡量供应商对其用户的锁定程度，因此企业在寻求新用户时，需要了解他们转移成本的构成，这样企业就可以针对不同的用户制定不同的策略，从而引导、协助新用户顺利实现产品的转移。同时，转移成本是一个动态的概念，它产生于消费者不同阶段的投资和已实现的需求，从用户购买产品开始到进行下一次产品转移为止，转移成本是不断变化的。因此，要把转移成本放在整个锁定周期当中来进行考虑，认清这一点有利于对转移成本进行正确的度量。另外，转移成本的变化趋势与转移成本的类型密切相关。例如，在信息存储和技术培训方面的转移成本，通常是随着时间的推移而增加，随着产品折旧、升级而减少。

二、战略锁定的实施

对所有的企业而言，安装基础可以说是其最具有战略性意义的资产之一，是企业获取长期利润的重要来源，因此实施战略锁定对企业有着十分重要的意义。锁定现象并非一成不变，而是一个动态的过程，锁定的周期一般包括产品选择、试用、产品确认、锁定（见图 6-1）。如此循环往复，在达到锁定之后，又会从新的层次上开始新一轮锁定。

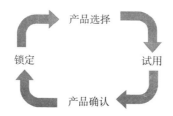

图 6-1　锁定生成周期

资料来源：张丽芳. 网络经济学［M］. 北京：中国人民大学出版社，2013.

因此，企业在制订既定的战略计划时，可以从以下三个方面入手：①建立安装基础；②稳固安装基础；③开发安装基础的价值。同时，战略锁定并不是简单地以锁住用户本身为目的，而应以用户真正的需求为出发点，加强企业和用户的关系，着眼于企业和用户双方都能从各自的选择决策中获取自身利益最大化，从而实现双赢的局面，有效地发挥锁定的作用。

（一）建立安装基础

品质卓越的产品往往能在短时间内迅速建立起一个用户安装基础，突破临界容量，发挥网络外部性的直接作用，但是这种自然产生的锁定并不多见。一般情况下，企业需要依靠良好的经营管理来建立和保持一个稳定的用户安装基础。争夺安装基础的竞争是非常激烈的，在这个过程中企业需要花费大量的投资去争取用户，不愿意或者不能对用户做出让步的企业将很难在竞争中获取优势。

1. 评估安装基础的投入和收益，提前规划锁定周期。

在建立安装基础之前，企业必须对安装基础的投入和收益进行评估，因为对锁定周期的最终分析取决于预期收益的现值，而不仅是当期的收益。企业应当把每个锁定的用户当作一项有价值的资产，估计出在锁定周期内向一位用户出售产品所获得的利润，并据此推算出安装基础上用户的价值。对安装基础价值的量化有助于在争夺新用户时进行产品定价。在评估的过程中，由于锁定现象是一个动态的过程，相应安装基础的价值也是一直在变的，企业不能仅考虑传统的静态会计数据，而应把不同类型的消费者放在整个锁定周期之内进行个别分析。因此，企业一开始就应该提前预见到整个锁定周期，把战略锁定用户视为一项系统工程，从全局入手进行评估和规划，以期达到投入最小化和收益最大化的效果。

此外，需要说明的是，新旧消费者在诸多方面存在着差异。一般而言，最初的用户会比后来用户的支付意愿更为强烈，因为前者往往更加需要该产品。因此，根据从老用户的安装基础上获得的利润来指导吸引新用户的投资策略是不妥当的，但是有助于确定对竞争对手的反击力度。

2. 强势营销，引导用户的品牌选择。

网络经济又称为"注意力经济"，这表达了一个现实，即随着信息的发展，有价值的不是信息，而是注意力。网络经济时代，常常可以看见企业之间大打营销宣传的竞争之战，这些都是为了吸引消费者的注意力，引导消费者的品牌选择。互联网的普及更是为企业提供了一个绝佳的营销平台，因为互联网的受众面非常广。在这个阶段，企业应通过强势营销，如在互联网、报纸、电视等各种平台上做广告，利用市场公关宣传品牌，发放品牌宣传资料等，吸引消费者来购买自己的产品。这方面的例子屡见不鲜，如淘宝网建立初期，并没有国内 C2C 市场的领先优势，并远远落后于易趣（eBay），不过在实施一系列的强势营销和推广战略后，淘宝网迅速赶超易趣，成功建立起自己的安装基础。淘宝网做了大量的广告，从公交车站的灯箱广告到报纸的大幅广告，甚至到一些不知名的小网站上做广告，淘宝网的身影无处不在；淘宝网还相继与 21CN、搜狐网和 MSN 建立了联盟合作伙伴关系，扩大自己的影响力；淘宝网利用传媒做市场宣传，如利用当时的贺岁片《天下无贼》提高了其知名度，还独家拍卖《手机》《头文字 D》等影片中的道具，凭借这一系列的策略收到了非常好的市场宣传效果。

此外，企业还可以通过产品的免费试用、低价销售等优惠政策来吸引消费者。在网络经济中，数字产品极低的边际成本的特点使"免费的午餐"成为可能，利用免费试用、低价销售来获利，这在传统经济中是与常理不符的举措，却是企业在网络经济中进行营销的重要方法之一。淘宝网成立之初就以"三年免费"牌迅速打开中国 C2C 市场，短短三年内就替代易趣成为中国 C2C 市场的龙头老大。如今许多新开发出来的软件都会先发布一个试用版本，可以免费使用，等到消费者熟悉了该软件的功能之后，进一步地使用就需要向软件供应商支付费用。这在网络游戏产业中表现得非常明显，大部分的网络游戏都会先发布一个公测期，在这段时间的服务全部免费，当玩家在游戏上耗费了大量的时间和精力之后，要想进入下一步情节或者更换更好的游戏装备，就需要支付费用。很多玩家由于游戏等级很高、装备很好或者很喜欢这款游戏，放弃游戏的成本很高而不愿意退出游戏，因而被供应商锁定。

（二）稳固安装基础

在企业成功建立安装基础后，并不意味着自己的市场地位已经牢固，安装基础的建立只是一个开始，企业还应该采取措施不断稳固安装基础，加深对用户的锁定程度。

1. 提高用户转移成本。

为保证能够提高安装基础的稳固性，企业必须设法增加用户的转移成本。企业花费了很大的投资才吸引到的用户如果面临的是非常低的转移成本，那么用户在其他企业更加吸引人的优惠条件的诱惑下，很有可能转换品牌。常见的提高用户转移成本的方式有：①提高用户转移的物质成本，包括资本投入、时间与精力投入等；②用强制性手段限制用户转移，比如合同；③提高用户心理层面的转移成本。企业在吸引新用户时，不能只考虑市场份额的问题，因为高市场份额并不等于对用户的高度锁定，那种投入巨资追求高市场份额而不顾用户转移成本的策略难以为企业带来盈利。

2. 以用户的需求为中心，提供个性化服务。

用户在使用产品的过程中，最关注的是产品功能、服务方面的价值，这就要求企业应更加注重用户的感受，重视与用户的沟通交流，针对用户的个性化需求提供个性化的服务，改善产品的功能，否则，竞争者就有机会设计一款便利性和使用价值更优的产品，使该产品的优势足以抵消用户转换品牌的成本。因此，将个性化的服务融入产品设计中，是吸引用户的有效手段。例如，电脑行业巨头戴尔公司便成功利用定制业务来吸引消费者，消费者可以通过戴尔公司的网站参与电脑的设计与组装，选购自己喜欢的配件，这样的参与方式既能让消费者满意，也可以让企业省去一部分成本。

3. 培养用户对品牌的忠诚度。

企业在初步建立用户安装基础之后，紧接着就是要培养用户对品牌的忠诚度，确立产品在他们心目中的地位。这需要对企业与消费者的关系做出规划，通过提供增值的信息服务，倾听用户的意见和建议等方式进一步密切两者的关系。另外，企业可以制订一个顾客忠诚计划，利用先进的信息技术建立客户数据库，对用户一段时间内的购买行为进行追踪，构建一套用户忠诚度评价体系，定期对客户进行评估，对发现的问题及时进行处理，对不同类型的用户制定相应的激励政策，提高用户对品牌的忠诚度。

（三）开发安装基础的价值

企业投入巨大的成本建立了具有转移成本的安装基础之后，接下来就应该充分利用所拥有的市场地位从每位用户身上获取更多的利益，开发安装基础的价值。企业常用的策略包括向安装基础销售互补产品和向其他销售商出售接入安装基础的机会。

1. 销售互补产品。

对安装基础销售互补产品是企业利用安装基础的最主要形式，甚至在有些情况下，企业建立安装基础的主要目的就是要销售它的互补产品，因为对于部分产品而言，它们的互补产品往往是企业利润的主要来源。例如，电信企业为了大规模地建立安装基础，竟然不惜成本地赠送通信设备，其中的原因就在于企业清楚地知道它的利润来源主要在于其互补产品——通信服务的收费在建立安装基础过程中的花费是能够通过互补产品的销售来予以弥补的。因此，许多企业都积极地以各种优惠方式把顾客锁定在某种产品上，通过销售利润很高的互补产品来获取盈利。

顾客购买了产品之后就可能因对该产品的互补（或辅助）产品或服务的依赖而被锁定。例如，大型耐用设备的维修、软件程序的升级或功能扩展都属于这种情况。在市场竞争中，企业试图去扩大这些互补产品的范围以压倒对手。这种向安装基础销售互补产品的策略被众多成功案例证实是有利可图的，也是切实可行的。另外，这种策略实际上还增进了卖方与顾客的关系，有助于企业产品品牌的进一步确立。

数字产品所特有的成本结构使产品价格与边际成本的比率很高，因此企业可以通过占领其互补产品的市场达到获利的目的，也就是说不一定要靠产品本身的垄断价格去获取利润，至于互补产品本身是否会导致锁定并不影响本策略的运用。充分利用安装基础出售互补产品的典型案例就是微软公司，它在销售运行于 Windows 操作系统上的应用软件时就有效地做到了这一点。微软虽然凭借 Windows 垄断了操作系统软件的市场，但是它没有利用这一点从 Windows 操作系统软件的销售中获取垄断溢价。事实上正相反，Windows 操作系统软件的价格一降再降，其中的原因就在于微软意识到如果它能够通过操作系统的销售建立一个庞大的安装基础，那么它就可以利用销售互补产品——应用软件（当然是运行在 Windows 操作系统中）的手段赚取更大的利润。实践证明，应用软件的销售不但给微软带来了丰厚的利润，而且进一步确立了 Windows 操作系统的统治地位。

能够成功地提供和销售具有吸引力的互补产品组合的公司将会在锁定市场时占有极大的优势，因为它们可以利用互补产品的优势为其产品设计更具竞争力的销售条件。在这种情况下，买卖双方的关系不再是一个零和博弈的关系，只要互补产品不比独立企业生产的相同产品差，顾客还是会愿意从销售主要产品的企业那里购买互补产品。例如，很多使用 Windows 操作系统的用户同时也使用 Office 系列产品，很少使用来自第三方的办公软件。不仅如此，多数顾客更倾向于一次性购买，因为无论是在购买、安装还是在使用上，完整性好的产品往往既经济又方便。

有些企业的互补产品并不是自己生产的，而是由辅助企业提供的。例如，为微软公司编写适用于 Windows 操作系统的数以百万计的程序员，当他们为拥有世界上最大的电脑操作系统用户基础的微软公司编写程序时，不仅极大地增加了他们的利润，还间接地帮助微软公司锁定了用户，因为用户也愿意使用那些由最多、最优秀辅助企业编写新应用程序的操作系统。一向对自己的技术都保持一定封闭性的苹果公司，对外发布了针对 iPhone 的应用开发包（SDK），供免费下载，此举意在方便第三方应用开发人员开发针对 iPhone 及 Touch 的应用软件。用户在苹果 App 商店平台上购买这些应用软件所支付的费用由苹果与应用开发商以三七分成。

可见，对一个已经拥有相对稳固安装基础的企业而言，销售互补产品不仅可以最大化安装基础的价值，提高自己的利益，辅助企业借此"分一杯羹"，消费者还可以从中得到不同程度的好处。只要运用得当，销售互补产品将会是一个多赢的策略。

2. 出售接入安装基础的机会。

安装基础对企业自身而言是一项有价值的资产，对其他企业来说也具有价值，企业可以利用这种优势，向其他企业出售接入自己安装基础的机会。这种交叉营销不但进一步发掘了安装基础的价值，而且密切了商业伙伴之间的关系。大部分网络公司都开展了此项业务，如在公司主页上出售广告位置、建立超级链接等。不过，企业在出售的过程中要注意防范其他企业借机转移安装基础的风险，否则便得不偿失。

◎思考题：

1. 影响锁定效果的因素有哪些？它们与锁定之间的关系分别是怎样的？

2. 为什么说安装基础是企业最具有战略性意义的资产之一？

3. 锁定的周期一般包括哪几个过程？

4. 请描述现实生活中的一个特定案例，并运用本节知识对其进行分析。

第二节　产品差异化与定价策略

学习要求

1. 理解数字产品的成本特征对价格的影响。

2. 掌握产品差异化的概念及其与数字产品定价的关系。

3. 掌握价格歧视的三种类型，并会运用经济学的基本原理对其进行分析。

4. 掌握动态定价策略、两部定价策略和捆绑销售策略，并会运用本节知识对网络经济中的企业定价过程进行分析。

一、数字产品的成本特征对价格的影响

数字产品具有特殊的成本结构——高固定成本和低边际成本，这种特殊的成本结构使网络经济下企业必须采取与传统经济不同的定价策略。根据传统的经济学理论，在完全竞争的市场中，单独一个企业是市场价格的接受者，没有能力影响市场价格；而在数字产品的市场中，并不存在完全竞争的市场，因为任何人的降价行为都会导致产品价格的下跌并使之逐渐向边际成本移动，也就是说，产品价格会在竞争的驱使之下逐渐接近边际成本。

与此同时，尤其是在互联网的环境中，鉴于数字产品的边际成本几乎为零的特殊成本结构，自然而然就会得出这些数字产品会以零边际成本的价格在出售的结论。这明显与现实的情况不相符合，传统经济学理论在解释数字产品定价时出现了一定的困难。初期企业投入的巨额固定成本大多属于沉没成本，如果这些数字产品以零边际成本的价格出售，前期投入的人力、物力、财力等将得不到补偿，因而将没有任何企业有动力去研发新的数字产品。对于传统产品，企业停止生产后可以通过折旧等方式挽回部分成本。也就是说，数字产品特殊的成本结构导致传统经济中以边际成本来定价的策略不再适用于数字产品，而应采取其他形式的定价策略。

二、产品差异化

（一）产品差异化的概念

产品差异化是指企业通过某种方式改变所提供产品的质量、性能、外观等，使之与其他同类产品相比，显示出足以引诱消费者购买的某些产品特性，以使消

费者相信这些产品存在差异而产生不同的偏好，并将之与其他同类产品相区别。产品差异化并不是改变产品的种类。产品经过差异化之后，虽然还是原来的种类，但又与原先的产品有所不同。例如，杀毒软件有众多不同的品牌，即便是同一品牌的杀毒软件也可能有多种不同的版本。由此可见，产品差异化总是相对于产品的种类而言的，产品的种类不同，则产品差异化的范畴也不同。就上面的例子来说，不同品牌的杀毒软件都属于杀毒软件的差异化产品，而不同版本的杀毒软件又都属于同一品牌的差异化产品。对于前者，杀毒软件是产品的种类；对于后者，某一品牌的杀毒软件才是产品的种类。

当然，产品差异化并不是随意的，数字产品高固定成本的特性限制了产品差异化的程度和范围。企业不可能将所有技术上可行的产品都生产出来，而是事先从所有可能的模型中选择出若干种进行生产。由于高固定成本的存在，如果把所有的可能产品都生产出来，那么必然会耗费大量的固定成本，同时过度的产品差异化会使顾客的支付意愿越发分散，这就会导致多数产品面临着需求不足而根本无利可图。

（二）产品差异化的实施

任何一种产品都可以被认为是各种特性的组合，不同消费者可能对某种特性或特性组合具有不同的偏好。当然，在产品特性中，有些特性表现得比较明显，如产品的颜色、体积、样式等，而另外一些特性不太显著，如质量。由于产品的特性和特性组合的多样性，产品差异化可以有多样化的方式。根据消费者对组成产品的不同特性的偏好不同，可将产品差异化分为两种类型，即横向差异化和纵向差异化，这也是两类较为常见的差异化方式。在网络经济下，数字产品可变性的特点使产品差异化更容易实施。另外，有效的产品差异化应该满足下列原则：第一，该差异化应该能向相当数量的消费者让渡较高价值的利益，同时消费者也应该有能力购买该差异化产品；第二，该差异化应该是企业能够以一种突出、明晰的方式提供的，同时也应该是消费者看得见的；第三，该差异化应明显优于其他差异化途径，且企业通过该差异化能够获得利益；第四，该差异化应该是其他竞争者难以模仿的。在现实生活中，企业的产品差异化要同时满足上述几项原则并不容易，不过企业应该尽量在这些原则的指导下进行产品差异化。

1.横向差异化。

横向差异化是指消费者对于产品的某些特性的个人偏好具有差异，这种差异并无优劣之分，只是单纯的个人偏好而已。也就是说，在横向差异化的情况下，不存在通常意义上的"好"或者"坏"的区别。产品的横向差异化体现在颜色、外观、形态等方面，并非质量上的差异。企业对产品进行横向差异化所耗费的成本并不能带来价格上的差异，因此横向差异化产品的价格通常是一致的。在给定价格相同的情况下，消费者所做出的最优选择仅与其个人偏好有关。最明显的例子就是产品的颜色，如果顾客对颜色具有不同的偏好，如男士可能更偏好深沉的颜色，而女士可能更喜欢艳丽的颜色，那么即使横向差异化后的产品价格一样，它们也都可以在市场中各占一定的份额。

2. 纵向差异化。

纵向差异化是指在价格相同的情况下，所有消费者对产品的大多数特性及其组合的偏好顺序是一致的，最典型的例子就是产品的质量。在价格相同或相差不大时，理性消费者总是偏好质量更高的产品，也就是说，在价格相同的情况下，消费者关于产品的质量特性具有一种自然的偏好顺序。例如，假设某电脑公司以相同的价格出售两种不同性能（假定除 CPU 外，其他的功能都一样）的产品，一种使用的 CPU 为酷睿 i7 三代，另一种产品使用的 CPU 为酷睿 i7 二代，显然用户会选择酷睿 i7 三代的产品，这样产品就实现了纵向差异化。

纵向差异化的产品价格通常是不同的，往往质量好的产品比质量差的产品具有更高的价格，但是这种价格差异并不一定是线性的或一致的，而是随产品的质量和消费者偏好等因素的变化而变化。一般情况下，价格差异是由材料、人工费用等成本不同而引起的，因此反映着不同成本的价格差异应该是无差别的和线性分布的，然而由于质量不同而产生的价格差异却是有差别的。例如，某家网络新闻提供商对普通用户的收费是每月 10 元，而对高级用户的收费是每月 15 元。尽管高级用户得到了更好的信息服务，但该提供商为此每月仅比提供普通服务多支付 3 元的成本，那么可以说这 15 元的收费就是由于质量的改变所引起的差别价格。如果对提供高级服务的收费少于 13 元，则出现了质量折扣。一般而言，质量加价比较普遍，质量折扣则很少见，因为需要高质量产品的用户往往有很强的支付意愿，比较容易接受高价。

产品也可以同时进行横向和纵向的差异化。例如，两家横向差异化的手机销售商提供相似的服务，如果其中一家开始提供线上交易服务，那么就和另一家实现了纵向差异化。还需要强调的一点是，企业的产品差异化要具有一定的市场价值，而不是单纯为了差异化而进行差异化。有市场价值的产品差异化不应该是企业闭门造车的自我差异化，而是要来源于以市场尤其是消费者偏好、需求、选择等要素为导向的产品差异化。

（三）产品差异化与定价

产品差异化可降低产品之间的可替代性，使企业避开恶性竞争的困扰，提高市场存活率和盈利率。随着产品替代性的降低，一家企业产品降价的行为并不会显著影响另一家企业产品的市场份额，企业就有了相应的垄断势力，更易于在市场中站稳脚跟。因此，在这种情况下，能够成功进行差异化的产品就可以抵御降价的不利影响，使自己的价格维持在边际成本之上。这意味着，产品差异化能在很大程度上抑制同类产品之间的竞争，使企业处于有利可图的状态。产品差异化是如何导致产品替代性降低的呢？产品差异化还能引致用户偏好和忠诚，建立一个固定的用户群，这在很多情况下被称作利基市场（Niche Market）。由于固定的用户群对差异化的产品有某种特别的偏好，当该产品价格发生变化时，用户对价格的敏感程度会因该产品的独特性而降低，削弱其讨价还价的能力，同时他们也不会轻易选择同类产品中的其他产品来替代，这样就使实行产品差异化的企业拥有了对这些固定用户的某些市场权利，其中最主要的权利就是定价权利。

传统经济学理论认为，如果在一个行业中存在许多企业，每一个企业的规模都很小，并且它们都不能影响产品的市场价格，各个企业出售的产品是无差异的，那么该行业就处于完全竞争状态。在完全竞争的条件下，每个企业所面对的需求曲线是水平的，它们都通过达到边际成本等于边际收益时的产量，使利润最大化。如果各个企业之间没有成本差异，那么这个完全竞争市场中的各个企业获得的利润都是正常的利润。这种情况在理论上完全成立，然而在现实生活中却很难看到它的影子。常见的情况是，在存在微小溢价的条件下，消费者还是会购买某种特定品牌的产品。可能是由于该品牌提供了特别的售后服务，或者是企业通过某些方式使消费者相信其产品与其他品牌的产品有很大的差异，当然也不排除诸如购买方便之类的次要因素。显然，各种人为的或非人为的因素，造成了现实中产品的差异化。当企业生产和出售经差异化的产品时，构成完全竞争市场的一个重要条件——产品同质就被打破了。此时，单个企业面对的需求曲线不再水平，而是一条向右下倾斜的需求曲线 D（见图6-2）。

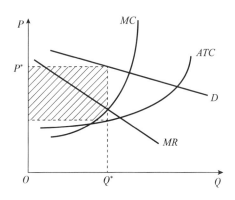

图6-2　产品差异化情况下的需求

在产品差异化的情况下，企业的定价不同于完全竞争条件下的定价。为了追求利润最大化，企业会选择边际成本 MC 等于边际收益 MR 的产量 Q^* 进行生产，此时产品价格为 P^*，平均总成本曲线 ATC 低于 P^*，企业获得的利润在图 6-2 中用阴影部分的面积来表示，它代表了高于正常利润的经济利润。以上的分析是从传统的经济学理论的角度出发的，尽管分析的产品并非数字产品，但可以引入其中分析的框架来分析数字产品的差异化，结论是相似的。

可见，在网络经济下，数字产品的成本特征以及信息技术的推广使产品差异化成为企业生存的必须。如果产品不能有效地进行差异化，那么数字产品市场的激烈竞争会导致价格下降到零（即产品的边际成本），这时企业就难以为继了。例如，仅依靠原始数据库这类数字产品为生的企业，大多已经被市场淘汰了。显然，为了生存，企业必须使自己的产品有所不同，并且要尽最大努力去保持这种不同。这既符合数字产品成本结构特征的要求，也是网络经济下激烈竞争的必然结果。例如，苹果公司将当时最新的多点触控技术（Multi-touch）应用在 iPhone 上，不但使 iPhone 实现触摸屏操作，而且操作的载体不再是传统的触摸笔，而是使用者的手指，大幅提升了用户体验。同时，苹果公司在行业内处于领先地位的语音控制系统和炫目的 UI 操作界面都是 iPhone 产品的特色，这些极具创意的产品特色迅速将其产品与其他手机制造商的产品区别开来，并逐步占领市场。同时，产品差异化增强了企业在产品定价方面的主动权，企业可以通过运用恰当的定价策略来增加利润。

三、以价格歧视为基础的差别定价

（一）价格歧视的概念

价格歧视（Price Discrimination）是指对同一商品向不同的消费者索取不同的价格。这里以价格歧视原理为基础的差别定价与基于成本的差别定价有本质上的不同。价格歧视定价是以消费者的价值取向来定价，即根据消费者对同一商品的支付意愿的高低来定价，价格的差别并不是基于成本的不同，而是企业为满足不同消费层次的要求而构建的价格结构。

以价格歧视为基础的差别定价被认为是网络经济下一种基本的定价策略，一些人甚至提出在网络经济环境下要"始终坚持差别定价"。这是因为在网络经济下实施价格歧视的条件更加成熟，差别定价所带来的效果也更加理想。具体来说，有三个方面的理由：第一，互联网的发展和电子交易的出现极大地增强了企业了解消费者偏好的能力，增加了企业分析和研究消费者的机会，同时极大地减少了信息的不确定性。第二，互联网上的电子商务实现了企业与消费者之间、企业与企业之间的"点对点"交易模式，交易成本大幅下降。由于交易更加直接、便捷，企业在定价方面也就有了更大的空间和灵活性，价格歧视也就成为必然的选择。第三，由于互联网及其他信息技术的飞速发展，数字产品的生产定制成本更加低廉。因此，以价格歧视为基础的差别定价策略在网络经济中的应用条件更加成熟，也是企业对数字产品一种较为理想的定价方式。

（二）价格歧视的类型

根据价格歧视的完全程度，通常将价格歧视分为三种类型：一级价格歧视、二级价格歧视和三级价格歧视。下面分别进行介绍。

1. 一级价格歧视。

一级价格歧视是指当一家垄断企业知道每个消费者的需求曲线，并据此向每个消费者索取其愿意为每单位产品支付的最高价格，也被称作完全价格歧视。

图 6-3 演示的是一级价格歧视的情况。企业销售第一单位产品时，消费者的最高支付意愿为 P_1，因而企业就以该价格销售第一单位产品。当企业销售第二单位产品时，消费者的最高支付意愿为 P_2，因而企业又按照此价格出售第二单位产品。以此类推，最终垄断企业会将产量增加到 Q^* 水平，该点处边际成本 MC 曲线与需求曲线 D（此时也是企业的平均收益曲线 AR）相交。这是因为在产量小于 Q^* 的水平内，消费者对每单位产品的最高支付意愿均大于边际成本 MC，所以只要企业继续增加产量，利润水平就还可以继续上升，直至产量等于 Q^* 的时候。假定产量和价格的变化是连续的，则此时企业的总收益为各单位产出收益的加总，即相当于图中 $OADQ^*$ 的面积，所有的消费者剩余都被企业占有，企业利润达到最大化。

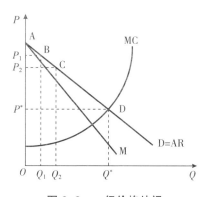

图 6-3 一级价格歧视

一级价格歧视的实质是向每个消费者索取其保留价格，然而这在现实生活中几乎是不可能的。首先，由于消费者通常不会诚实地告知其保留价格是多少，再加上其他客观因素的影响，企业难以获取消费者真实的保留价格。其次，要向每个消费者都索取一个不同的价格通常也是不现实的，除非消费者人数极少。因此，实施一级价格歧视的要求非常苛刻，一般也只在理论上成立，现实生活中更常见的是企业通过对几个消费者的保留价格的估计，进而索取不同的价格而实行不完全价格歧视。例如，电商平台通过收集用户浏览、购买行为等数据，运用大数据分析技术对用户进行细分，为不同用户群体提供个性化的商品推荐和定价。例如，一些电商平台会根据用户的购买历史、浏览偏好以及支付能力等因素，为不同用户展示不同的商品价格和优惠活动。这种策略有助于电商平台提高销售效率和用户满意度，同时也实现了不完全价格歧视。

2. 二级价格歧视。

二级价格歧视是指企业根据对相同产品或服务的不同消费数量索取不同的价格。此时每单位产品的价格取决于购买的数量，对于购买相同数量的消费人群索取相同的价格。例如，当消费者购买 1 单位产品时，每单位价格为 100 元；当消费者购买 10 单位产品时，每单位价格为 80 元。这就是一种二级价格歧视的情形。以购买不同数量的不同销售价格来激励消费者进行选择，企业也不必再去调查消费者对其产品有何评价，因为消费者的不同选择已经体现出了各自对产品的评价。

图 6-4 演示的是一种二级价格歧视的情况。企业根据不同的消费量规定了三个不同的价格水平。消费量在 O~Q_1 区间内的价格为 P_1，消费量在 Q_1~Q_2 区间内的价格为 P_2，消费量在 Q_2~Q_3 区间内的价格为 P_3，且 P_1、P_2、P_3 的价格依次随着消费量的增加而递减。如果企业不实行价格歧视，则将对所有消费者索取 P_3 的价格，企业总收益相当于 OP_3EQ_3 的面积，消费者剩余为 AP_3E 的面积。如果实行二级价格歧视，则企业的总收益增加量为 P_1P_2FB 与 P_2P_3MC 的面积之和，这恰好是消费者剩余的损失量。可见，实行二级价格歧视企业的利润会增加。

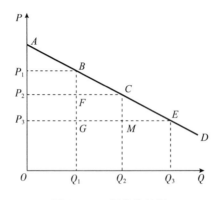

图 6-4　二级价格歧视

二级价格歧视相比一级价格歧视的要求条件要少很多，在实际生活中也比较常见。这一策略的运用在我国移动通信市场就很常见。例如，中国移动规定，用户的通话费在一定的通话时间内价格比较高，超过某个范围则可以享受一定的折扣；福建移动公司还根据不同消费人群的需要，设计多款移动数据流量套餐，如5元30兆套餐、10元70兆套餐、20元150兆套餐等。这些都是企业在现实生活中对二级价格歧视的应用。

3. 三级价格歧视。

在一级价格歧视中，企业的定价是建立在单个消费者保留价格之上的，但这样的条件太过苛刻，而三级价格歧视则是将价格建立在消费群体特征的基础之上。它是指企业的同一种产品对不同的消费群体（可以在不同市场上）索取不同的价格。在三级价格歧视中，总有一些特征可以将消费者分成不同的群组，并且不同群组的成员对价格的敏感程度不同。假定某企业在两个分割的市场上出售相同产品，其边际收益分别为 MR_1 和 MR_2，则企业会根据 $MR = MR_2 = MC$ 的原则来确定产量和价格，否则，企业不能实现利润最大化。例如，假设 $MR_1 > MR_2$，则很明显企业可以通过将产量从第二个市场转移到第一个市场来获得更多的利润，即只要各市场之间的边际收益不同，企业可以通过市场间产量的转移来增加利润。另外，如果总产量不能使边际收益与边际成本 MC 相等，则企业可以通过提高或降低其总产量来增加利润。

边际收益可以用需求弹性 E_D 表示，则：

$$MR = P(1 + 1/E_D) \qquad\qquad (6-1)$$

因此，对第一个市场和第二个市场分别有 $MR_1 = P_1(1 + 1/E_1)$ 和 $MR_2 = P_2(1 + 1/E_2)$，E_1 和 E_2 分别为两个市场的需求弹性。由 $MR_1 = MR_2$ 可得：

$$\frac{P_1}{P_2} = \frac{(1 + 1/E_1)}{(1 + 1/E_2)} \qquad\qquad (6-2)$$

可见，需求弹性较低的市场将会有较高的价格。当两个市场的消费者的需求弹性不同并且市场可分割时，企业制定两种不同的价格是有利可图的。

三级价格歧视是最为普遍的价格歧视类型。例如，某些网上论坛会针对注册用户和非注册用户提供不同的价格和服务组合。非注册用户只能浏览部分论坛信息并且没有发言权等，受限非常多，而注册用户则可以享受各种不同的服务，受限较少。中国移动针对不同的客户群体，分别推出"全球通""神州行""动感地带"这三种不同类型的卡。"全球通"的客户群主要是高端客户，"神州行"的主要客户群是大众群体，而"动感地带"的客户群主要是年轻时尚人群。这三种卡的套餐资费、话费都不尽相同，因为各个用户群体的通信需求和资费敏感程度都不一样。

（三）以价格歧视为基础的差别定价的适用条件和风险

从理论上讲，利用价格歧视对不同消费人群实施差别定价是数字产品的一种较为理想的定价方式，有助于提高企业的利润，但并不是所有的企业都可以实施差别定价，在实施过程中也会遇到诸多困难和风险。要想成功利用价格歧视对消费者实施差别定价，企业要满足以下三个条件：

（1）企业要拥有一定的市场力量，即能够将价格定在边际成本之上，否则就不能向消费者索取高于竞争性价格的价格。这一点前面也提到了，如果企业能够成功地实现产品差异化，就可以认为该企业掌握了一定的市场力量，或者说一定的定价权。

（2）市场中的消费者具有不同的偏好，企业可以根据偏好的不同对市场进行有效的细分。

（3）企业必须有能力阻止或限制支付低价的顾客将产品转卖给支付高价的顾客，也就是所谓的套利（Arbitrage）。可以想象，如果这种转卖是轻而易举的，则企业向一个消费者群体索取比另一个消费者群体更高价格的任何企图都势必会失败。在传统经济中，关税和运输费用的存在极大地制约了套利行为的存在，而对网络经济中的数字产品而言，这些都不复存在，因而网络经济对企业防止套利提出了严峻挑战。防止套利的根本在于努力降低产品的可转让性。一方面，企业要强化产品差异化，实现产品的个人化定制、本土化定制，降低产品之间的替代性；另一方面，充分利用网络经济环境为价格歧视提供的优越条件，改变销售模式，强调与消费者的双向交流。利用价格歧视实施差别定价的风险也是很高的，下面以差别定价试验为例进行说明，从中会得到一些启示。

以阿里巴巴集团旗下的淘宝或天猫平台为例，这些平台在2023年继续深化其个性化推荐和差别定价策略。通过大数据分析和人工智能技术，平台能够精准地识别消费者的购买历史、浏览行为、偏好以及支付能力等信息，进而为不同消费者提供个性化的商品推荐和差异化的价格设置。

这种差别定价试验体现在多个方面，如针对不同消费者群体（如新用户、老用户、高价值用户等）设置不同的优惠券额度、折扣力度或会员权益；根据消费者的购买意愿和支付能力，对同一商品在不同消费者间展示不同的价格区间；以及通过动态调价策略，在库存充足或促销期间，对部分商品进行价格调整，以吸引更多消费者购买。

为了奠定坚实的市场基础，该平台在试验前进行了周密的筹备。他们不仅加大了对原创内容的投资，引进了一批独家版权影视作品和热门综艺节目，还不断优化播放界面、提升视频画质与加载速度，力求为用户带来前所未有的观影体验。同时，平台还积极构建用户社区，鼓励用户分享观影心得、参与互动活动，以此增强用户黏性，培养忠诚用户群体。这一系列举措不仅提升了平台的市场竞争力，还为差别定价策略的实施打下了坚实的基础。

在细分市场与用户画像构建方面，该平台充分发挥了大数据技术的优势。他们利用先进的算法模型，对海量用户数据进行深度挖掘与分析，精准识别出不同用户群体的观看偏好、消费习惯及支付能力。基于这些洞察，平台为不同用户量身定制了个性化的推荐系统与定价方案。例如，对于高频使用且支付能力较强的用户，平台提供了更加丰富的会员权益与独家内容，同时实行相对较高的会员费；而对于偶尔使用或支付能力有限的用户，则推出了更加灵活多样的单次付费选项与优惠活动。

然而，差别定价试验并非一帆风顺。在实施过程中，平台遭遇了诸多挑战与难题。一方面，如何确保用户数据的安全性与隐私性成为首要任务。平台深知，一旦用户数据泄露或被滥用，将严重损害用户信任与平台声誉。因此，他们加强了数据加密与防护措施，严格遵守相关法律法规与行业标准，确保用户数据安全无忧。另一方面，防止套利行为也成为平台必须面对的一大难题。为了降低产品可转让性，平台不仅限制了账号共享、加强了版权保护力度，还创新性地推出了个性化定制服务与定制化广告推送等功能，以提升用户体验并降低套利风险。

在试验过程中，平台还遭遇了用户反应不一的困境。部分用户对价格差异表示不满甚至愤怒，认为平台在"宰客"或"歧视"低消费群体。针对这些反馈与质疑，平台迅速调整策略方向，加强用户沟通与解释工作。他们通过社交媒体、客服热线等渠道积极回应用户关切，解释差别定价的初衷与目的，并承诺将持续优化定价策略以更好地满足用户需求。同时，平台还推出了多项用户福利与补偿措施以缓解用户不满情绪并增强用户黏性。

经过数月的努力与调整，该平台的差别定价试验终于取得了初步成效。整体销售额与用户黏性均实现了显著提升，用户满意度与忠诚度也有所提高。更重要的是，平台通过市场反馈与数据分析不断优化产品与服务质量，为未来的持续发展与盈利增长奠定了坚实基础。然而，平台也深知差别定价并非一劳永逸的解决方案，需要持续创新与调整以适应市场变化与用户需求的多样性。因此，他们将继续加大研发投入与人才培养力度，不断探索新的定价模式与商业模式以引领行业潮流并实现可持续发展目标。

四、动态定价

在网络经济时代，信息技术的快速发展和应用改变了信息的分配和接收方式，也改变了人们的交流环境。网络作为一种可以进行双向沟通的交互式媒体，极大地减少了企业与消费者之间的沟通障碍。消费者可以通过网络搜索不同商家的商品信息再进行比较选择，可以通过网络直接与商家进行交易，而商家也可以通过网络掌握更多消费者信息，通过网络直接接受订单、安排产品配送。技术发展的一个直接影响便是企业定价模式的转型，动态定价策略便是在这种情况下应运而生的，越来越受到网络经济下企业的重视并得到广泛应用。Elmaghraby 和 Keskinocak（2003）总结了动态定价广泛实施的三个主要原因：第一，随着互联网等信息技术的发展和广泛应用，信息传播更为便捷和迅速，企业收集和处理信息也更加便利；第二，新技术的采用使价格调整变得更加容易，实施动态定价的菜单成本也大幅度降低；第三，辅助分析需求数据和动态定价决策支持工具的不断增加，为动态定价的普及和应用提供了更为有效和便利的环境。

（一）动态定价的概念及分类

动态定价是指在连续的时间下，动态地调整不同时点产品或服务价格的一种定价机制。相比传统经济下企业定价以产品或服务成本为主，动态定价还结合了消费者对产品、服务的认可价值或者市场供需状态的变化等因素的影响，因此更有效率。动态定价允许对同样的产品或服务根据消费者时间、供需状态的不同而确定不同的价格，有利于企业在不确定的市场环境下制定价格。通过价格与当前市场条件的匹配，能产生出一个最优的结果，使企业利润最大化。在动态定价中，产品价格是一个波动函数，作为一个因变量，它受到包括消费者的保留价格和偏好程度、竞争者的价格策略和交易成本等因素的影响，企业在制定价格或与消费者协商价格时，需要综合考虑这些因素，适时适当地变更产品价格，以确保企业的市场竞争优势。

通常动态定价方法可以分为两大类：标价机制和价格发现机制。在标价机制的动态定价方法中，产品或服务的价格由市场供应者决定，消费者是价格的接受者。然而，这个标价是动态变化的，市场供应者会根据时间、供需状况等因素不断调整商品价格。例如，戴尔公司高端计算机产品的定价策略与其竞争者不同，戴尔经常调整产品定价，时而上浮，时而下调。这些都是基于信息技术的发展使公司能对客户信息良好把握，以及对供应链管理深入认识，使公司能够预测短期内的销售趋势，调整报价，实现利润最大化。在价格发现机制的动态定价方法中，价格是在消费者不断出价、匹配的过程中得到的。典型的一个例子就是拍卖。例如，太阳微系统公司很早就开始在 eBay、TekSell 等拍卖站点上在线拍卖其产品。在我国，淘宝拍卖会、QQ 拍拍网等网站的在线拍卖功能也逐渐受到市场的欢迎。

（二）动态定价的经济学解释及定价模型

动态定价并不是一个新的概念。正如经济学家保罗·克鲁格曼（Paul R. Krugman）所说，"动态定价仅仅是古老的价格歧视策略在互联网时代一个新的应用版本"。因此，动态定价的经济学原理其实与价格歧视相同，都在于通过价格机制最大化榨取消费者剩余，并转化为企业的利润。在传统经济中，企业都意识到，价格歧视可以增加企业的利润，有效的价格歧视需要掌握一定的消费者需求信息。在传统经济中，企业的收集信息成本很高或者根本无法收集到足够的消费者信息，因而无法对产品实行动态化的定价。在网络经济时代，由于买卖双方可以通过网络互动，信息的传播、收集效率大大提高，企业能更加便利地获取来自客户的相关信息。例如，苹果应用商店（App Store）就可以通过消费记录知道消费者喜欢的产品类别、产品销售时间、历史上消费者的购买总额、消费者的位置等，并以较小的成本针对不同消费者改变产品的价格，有时甚至通过免费来吸引消费者。因此可以说，动态定价是价格歧视在网络经济时代的一个产物。

网络经济时代动态定价的运用还有一个优势，即借助于计算机进行需求数据分析和定价决策，动态定价可以更为有效地加以利用。根据所描述的数学模型和侧重点的不同，动态定价的定价模型可以分成以下几类：

（1）基于存量的模型。在基于存量的模型中，价格策略主要根据商品存量的数目和消费者购买情况而变化。

（2）数据驱动模型。数据驱动模型是运用统计学或者类似的技术，总结市场交易中已经获得的数据信息，计算最优的动态价格，这些信息包括消费者的各类参数和购买模式。通过电子商务站点获得的消费者的数据能够极大地提供价格变化成功的概率，从而提高收益。许多公司都采用这种方式来提高它们的收益和利润。

（3）基于拍卖的模型。拍卖是一种自然进行动态定价的模型。由于出价者的叫价反映了他们对资源价格的真实估计，因此基于市场条件的拍卖提供了一个真实的、即时的价格。拍卖模型是最流行的在线 B2B 和 B2C 市场中的动态价格协商方式。

（4）博弈模型。基于博弈模型提供了一种在理性和自私的代理人之间进行竞争和合作情况下的动态价格变化模型。在一个存在多个市场供应者的场景下，供应者为了争取顾客而相互博弈、竞争，从而形成动态的价格变化。博弈模型是一种有效地计算最优动态价格的模型。

（5）机器学习模型。这是一种较新的动态定价模型，主要应用在电子商务中，电子商务市场能够提供充足的基于供应者和消费者的在线学习信息。供应者能够去学习消费者的参数，从而通过算法去动态改变资源的价格，最大化它们的利润。通过机器学习模型，企业能够受益并观察所有可获得的数据，并根据数据所蕴藏的信息改变资源价格，从而更好地适应市场环境的变化。

上述定价模型的分类并不是绝对的，这些分类之间并不相互排斥，一个给定的模型可能同时属于两种不同的模型。例如，一个模型可能既属于机器学习模型，又属于数据驱动模型。同时，企业的动态定价策略也不是一成不变的，必须随着市场状态的改变而改变。随着技术的不断发展与更新，产生了越来越多新的动态定价模型，这些模型的有效性正被众多企业的定价实践所检验。

五、两部定价与消费者甄别

在无法确认消费者个人具体需求的情况下，企业可以运用更为复杂的方式来实施价格歧视，非线性定价中的两部定价（Two-part Tariff）就是其中之一。消费者在不同的两部定价中所做的选择，自然而然地显示出其自身所属的顾客群体类别，企业据此可掌握足够的消费者的需求和偏好信息，不必再费心去调查消费者的群体归属，这就是消费者的自我甄别机制。同时，两部定价要求消费者预先支付一定的固定费用，这部分固定费用对消费者来说其实是一种沉没成本。由于这部分沉没成本的作用，消费者往往会增加额外的消费以致浪费这部分沉没成本，这种心理作用给企业带来了巨大的利润。

（一）两部定价及其应用

两部定价是一种将价格分为固定费（入门费）和使用费两个部分的定价方法。在此定价法下，消费者必须预先支付一定的固定费用才有权购买产品或服务，然后再根据其消费量支付额外的使用费。两部定价是与价格歧视相关并为企业提供剥夺消费者剩余的另一种方法，可以用如下公式来表示其定价方式：

$$T(q)=A+pq \tag{6-3}$$

式中，$T(q)$ 为企业运用两部定价所制定的非线性价格；A 为固定费用并且通常大于零；p 为边际成本（边际价格）；q 为购买量。可见，两部定价提供了一系列线性的消费组合，与纯线性定价的直线不同，这条直线不经过原点。

作为一种传统的价格歧视方式，两部定价在数字产品的销售中同样得到普遍应用。例如，移动通信运营商在客户入网时，通常先向客户收取套餐费等固定费用，然后再按照其所规定的资费标准收取基本通话费；网络内容提供商总是要求用户先交一笔固定费用成为其会员，然后再根据用户的具体消费行为另行收费。当然，套利行为依然会发生，某个消费者可以先支付一笔固定费用，然后就可以购买产品转售给其他人。在完全套利的情况下，企业只能收取到唯一的一笔固定费用。为了有效地减少套利行为，企业可以设法提高消费者之间的交易成本。

（二）利用不同的两部定价进行消费者甄别

非线性定价的特点就是平均价格随销售量的变化而变化。两部定价作为非线性定价的一个特例也不例外，在等式 $T(q)=A+pq$ 中可以很清楚地看到，价格 $T(q)$ 是购买量 q 的函数，然而由于固定费用 A 的存在，平均价格并不是固定不变的。利用不同的两部定价可以有效甄别出消费者所在的顾客群体，下面用一个简化的两部定价的例子来予以解释。

假设只存在两类消费者，且第二类消费者比第一类消费者具有更强的支付意愿，同时企业知道这两种类型消费者的需求曲线和在顾客群中的分布状况，但是不知道具体某个消费者的类别归属，这时企业就可以向消费者提供两种不同的两部定价安排供其选择。企业可以对第二类消费者收取金额为 A_2 的固定费用，对第一类消费者收取金额为 A_1 的固定费用，A_2 大于 A_1；同时，企业向第二类消费者收取边际价格 P_2，向第一类消费者收取边际价格 P_1，P_2 低于 P_1。由于企业向购买数量多的消费者（即第二类消费者）索取的边际价格 P_2 较低，所以该类顾客保留了较多的消费者剩余，而企业正是通过索取较高的固定费用 A_2 来获取这笔消费者剩余。高额的固定费用 A_2 阻止了第一类消费者，他们宁愿为购买数量较少的产品支付较高的边际价格 P_1。也就是说，第二类消费者由于比第一类消费者购买的数量要多，所以比第一类消费者更看重较低的边际价格。这样，企业就能分出两类不同的消费群体。在自我甄别机制的作用下，每个消费者都会选择能给其带来更高效用水平的两部定价安排。

图 6-5 演示了企业利用不同的两部定价甄别消费者的情形，图 6-5 中的虚线分别表示两种不同的两段收费安排，S_1 表示第一种两部定价安排，S_2 表示第二种两部定价安排。虚线与纵轴的交点就是各自的固定费用，它们的斜率则分别代表了各自不变的边际价格，分别为 P_1 和 P_2。显然，购买数量少于 Q_0 的消费者选择第一种两部定价安排将会是划算的；如果购买数量超过 Q_0，消费者自然会选择第二种两部定价安排。可以推断出，消费者会选择两条虚线的下包络线使自己效用最大化，即图 6-5 中的实线部分。由此可见，通过提供两种两段收费安排来让消费者自行选择，企业就可以把消费者分成不同的顾客群体。这样，当企业对某一个群体降价时，它就不必向另外一个群体提供同样的低价。

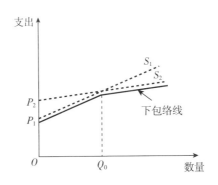

图 6-5 利用两部定价进行消费者甄别

六、捆绑销售定价

捆绑销售定价是指企业将两个或两个以上不同的产品或服务结合在一起以一个价格出售。在网络经济下，对数字产品运用捆绑销售的定价方式屡见不鲜。例如，中国移动公司推出的各种套餐服务，经常会将其各种产品包含在内，如飞信、免费139邮箱、手机早晚报业务等。微软公司也经常以捆绑销售定价的方式销售其软件产品，它把包括Word、Excel、Outlook、PowerPoint等应用软件捆绑在Microsoft Office中销售。著名的微软垄断案是由于微软公司把它的IE浏览器产品捆绑在Windows操作系统中进行销售，并逐步蚕食当时在浏览器市场如日中天的网景（Netscape）通信公司的市场份额，最终引发了网景公司对微软的起诉。沸沸扬扬的微软垄断案竟然起因于产品的捆绑销售，可见这种定价方式对竞争对手的打击是多么的致命。企业除了可以对自己的产品实施捆绑销售之外，还可以与相关企业的产品进行捆绑销售。例如，包括IBM、戴尔在内的许多著名的计算机硬件厂商都曾与微软公司签署协议，要求微软公司授权它们在出售计算机硬件时可以预装Windows操作系统。

单纯的捆绑销售是比较少见的，一般情况下，企业会采取混合捆绑销售的方式。混合捆绑销售，就是指除了捆绑销售之外，企业还可以把捆绑的产品包拆开进行单个产品的销售。例如，消费者在市场上既可以直接办理移动的套餐服务，也可以只单独办理其中的几项业务。显然，混合捆绑销售的定价方式能够更好地满足消费者的不同需求。

此外，还要注意一点，捆绑不是产品差异化的一种形式，尽管有时候这会让人模糊难辨。上文曾提到，产品差异化不会改变产品的种类，而捆绑则是把不同种类的产品组合起来。例如，不要把预装了操作系统的个人电脑当作对个人电脑所进行的纵向差异化，而Windows Vista发展到Windows 10才是真正的纵向差异化。同样，Office 2003并不是Word 2003的差异化产品，而Word 2007才可以被认为是Word 2003的一个差异化产品。

（一）实施捆绑销售定价的原因

捆绑而成的产品包往往能够增强产品的竞争力，这可能是众多企业如此热衷于捆绑销售的原因之一。例如，预装了Windows操作系统的个人电脑要比没有预装的个人电脑更受欢迎，因为前者给消费者带来了许多方便，顾客无须自己再花时间和精力去安装操作系统——这也需要一定的技术能力，避免了顾客可能的低效率行为。捆绑的Microsoft Office套装办公软件之所以会如此成功，其中的一个重要原因就是这些产品组合在一起时的工作效果更好、效率更高。

捆绑销售还降低了消费者支付意愿的分散程度。一般来说，消费者的支付意愿是比较分散的，尤其是在产品间相关性较低的情况下，消费者没有增加购买的激励，往往只会购买支付意愿最强的那种产品。捆绑销售由于以产品包的形式提供了价格折扣这个购买激励，这就使消费者的支付意愿集中起来并且会进行更多的购买，因而有利于企业获取更多利益。

捆绑销售对企业极具吸引力，其原因在于：捆绑产品的价格通常会比产品分开销售的价格之和低，因而有利于企业在市场上推广自己的产品。实施捆绑销售实际上就等于在向消费者销售一种产品的同时，以低于单独售价的增量价格向该消费者出售其他的产品，因此有时候捆绑销售又有点类似于数量折扣。实际上，数量折扣可以被看作捆绑的一种广义形式，它的作用机制与捆绑大同小异。当然，通过捆绑销售来提供价格折扣也是一种常见的竞争策略，因为直接地降低产品价格很容易被竞争对手发现，搞不好就会引发一场价格战，所以企业往往要利用捆绑销售暗地里给予价格折扣。有时候捆绑销售也可以作为产品促销的一种有力手段。

（二）独立产品的捆绑销售定价

捆绑销售的定价方式是如何实施价格歧视的呢？下面我们就通过例子来说明它的运作机制。假设一家企业对 A 和 B 两种产品均有垄断力量，这家电脑游戏公司独自开发了两种需求颇旺的电脑游戏 A 和 B，那么它是分开销售两个游戏所得的利润高，还是捆绑销售所得的利润高呢？根据乔治·J.施蒂格勒（2018）的观点，这取决于各位消费者对每个游戏的赋值和他们对两个游戏组合成的产品包赋值的对比情况。

该垄断公司的销售对象可分为两类：第一类消费者在分开购买的情形下，对 A 最多愿出 90 元，对 B 最多愿出 30 元；第二类消费者对 A 最多愿出 100 元，对 B 最多愿出 20 元（见表 6-1）。每类消费者愿意出多少钱购买 A 与其是否购买了 B 无关，反之，他们对 B 愿出多少亦与是否购买了 A 无关。

表 6-1 有利可图的捆绑销售

	第一类消费者	第二类消费者
对 A 愿意支付的金额（元）	90	100
对 B 愿意支付的金额（元）	30	20
对产品包愿意支付的金额（元）	120	120

假设该公司生产 A 和 B 两种游戏的成本为零，公司的目标是最大化收益。公司可以有两种选择：分开销售与捆绑销售。公司若单独销售 A，它收取 90 元

的价格最合适，因为这样两类消费者都会购买 A，公司的收益就达到了 180 元，这是单独销售 A 可以得到的最高收益。同理，公司单独销售 B 时，如果把价格定在 20 元就可以得到 40 元的最高收益。由此，公司分开销售 A 与 B 可以得到的总收益最多为 220 元。

现在，我们来看看如果公司捆绑销售 A 和 B 会出现什么结果。两类消费者都愿意对 A 与 B 组成的产品包支付 120 元。如果公司订立的产品包价格为 120 元，那么公司可以从销售中得到的收益为 240 元。因此，在这个例子当中，公司进行捆绑销售能够比分开销售 A 和 B 两种产品获得更高的收益和利润。因为将 A 和 B 两种产品作为一个产品包销售时，公司就可以有效地对 B 产品向第一类消费者索取比第二类消费者更高的价格，即前者支付 30 元，后者支付 20 元；同时公司又可以对 A 产品向第一类消费者提供比第二类消费者更低的价格，即前者支付 90 元，后者支付 100 元。也就是说，当两类消费者购买同一产品包时，他们对产品包的组成产品所赋的相对值是有所差异的。此时的捆绑销售定价就实现了价格歧视：电脑游戏公司就同一产品分别向不同的消费者索取了不同的价格。

虽然捆绑销售降低了消费者支付意愿的分散程度，但这种定价方式并不是在所有的情况下都适用，如果我们对表 6-1 中的个别数据稍加改动，就会发现捆绑销售并不是最有利可图的策略。在表 6-2 中，公司分开销售 A 和 B 两种产品反而比捆绑销售更为有利可图。分开销售两种产品可以得到的最高收益为 200 元，即公司按 90 元向两类消费者销售 A 得到 180 元，按 20 元只向第二类消费者销售 B 得到 20 元。将 A 和 B 两种产品作为产品包向两类消费者销售时，公司最多只能得到 190 元的收益。

表 6-2　无利可图的捆绑销售

	第一类消费者	第二类消费者
对 A 愿意支付的金额（元）	90	100
对 B 愿意支付的金额（元）	5	20
对产品包愿意支付的金额（元）	95	120

到目前为止，我们一直都假设公司有两种选择：要么分开出售产品，要么进行捆绑销售。在现实中，公司还有第三种选择，称为"混合捆绑"。正如其名称所表示的，公司既分开出售它的产品，也以低于个别价格之和的成套价格捆绑销售产品。有些时候，比起单纯的分开销售和捆绑销售，公司实行混合捆绑销售更

加有利可图。为了说明这点，我们对前面例子做一些修改。此时，共有四类不同的消费者，他们对 A 和 B 两种产品的支付意愿由表 6-3 给出。在这种支付意愿下，公司实行分开销售可以得到的最大收益为 320 元，即公司按 80 元向四类消费者销售 A 得到 160 元，按 80 元向四类消费者销售 B 得到 160 元，而将产品作为产品包向四类消费者销售时，公司最多可以得到 400 元的收益。当公司进行混合捆绑销售时，公司可以得到的最大收益为 420 元，即公司以 120 元的价格向第二类和第三类消费者销售产品包，以 90 元的价格向第一类消费者销售产品 B，以 90 元的价格向第四类消费者销售产品 A。

表 6-3　有利可图的混合捆绑销售

	第一类消费者	第二类消费者	第三类消费者	第四类消费者
对 A 愿意支付的金额	10	40	80	90
对 B 愿意支付的金额	90	80	40	10
对产品包愿意支付的金额	100	120	120	100

很明显，在上面的例子中公司进行混合捆绑销售得到了最大的收益。可是和单纯的捆绑销售一样，混合捆绑销售有时候也是无利可图的，这主要取决于不同的消费者对不同产品的不同支付意愿。

（三）关联产品的捆绑销售

在上面的几个例子中，捆绑产品包中的两个游戏产品基本上是相互独立的，但是多数情况下，消费者对产品包中各种产品组件的需求是存在着一定关联关系的。例如，大部分电信企业常常将电话（包括固定电话和移动电话）等通信设备与自身的通信服务捆绑起来进行销售。在竞争比较激烈的市场中，有的电信企业为了推销通信服务，干脆实行免费赠送通信设备的办法。以移动通信的捆绑销售为例，移动电话的价值在很大程度上取决于通信服务的优劣，而通信服务的价格则深刻地影响着移动电话的需求，反之亦然。这种对产品组件需求上的关联性进一步刺激了企业运用捆绑销售来实施价格歧视。事实也证明了，如果被捆绑的产品之间存在一定的相关性（互补性），则捆绑定价的效果会更好。

我们首先分析在不实施捆绑销售时，企业是如何在具有相关性的产品上实现利润最大化的。假设某家企业垄断 A 和 B 两种产品。如果这两种产品的需求相互独立，则对 A 的需求仅取决于 A 的价格，对 B 的需求亦只取决于 B 的价格；若两种产品需求相互关联，则对 A 的需求既取决于 A 的价格，又取决于 B 的价格，同样，对 B 的需求亦取决于 A 和 B 两者的价格。

如果产品 A 与产品 B 的边际生产成本恒为 m_A 和 m_B，相应的价格为 P_A 和 P_B 相应的需求曲线 $D_A(P_A)$ 和 $D_B(P_B)$，则企业销售产品 A 可得的利润为：

$$\pi_A(P_A, P_B) = (P_A - m_A)D_A(P_A, P_B) \tag{6-4}$$

式中，$(P_A - m_A)$ 为企业每销售一单位产品 A 所得的利润。同理，企业销售产品 B 可得的利润为：

$$\pi_B(P_A, P_B) = (P_B - m_B)D_B(P_A, P_B) \tag{6-5}$$

企业销售两种产品所得的总利润取决于两种产品的价格。总利润 π 为：

$$\begin{aligned} \pi(P_A, P_B) &= (P_A - m_A)D_A(P_A, P_B) + (P_B - m_B)D_B(P_A, P_B) \\ &= \pi_A(P_A, P_B) + \pi_B(P_A, P_B) \end{aligned} \tag{6-6}$$

企业在确定最优价格 P_A 时，不但要考虑到 P_A 会决定产品 A 的产销量，从而决定 π_A，而且要考虑到 P_A 会影响 π_B（即企业来自产品 B 的利润）。企业在确定产品 B 的价格 P 时，同样要考虑到 P_B 对 π_A 和 π_B 的双重影响。也就是说，生产相关产品的垄断企业在确定最优价格时务必要考虑到产品之间的相关性。

垄断企业的问题如图 6-6 所示。产品 B 的价格若由 5 元下降至 4 元，则消费者对产品 A 的需求曲线便向右移动。因此，企业降低产品 B 的价格就可以扩大产品 A 的销量，企业从产品 A 的额外销量中所得的利润有可能超过企业因降价销售产品 B 而少得的利润（假设降价会使企业在产品 B 上的利润有所下降）；同样，如果 P_A 发生变动，D_B 也会随之发生位移。为选择利润最大化的 P_A 和 P_B，垄断企业就利润 π 对每个价格求偏导，并令其等于零：

$$\frac{\partial \pi}{\partial P_A} = \frac{\partial \pi_A}{\partial P_A} + \frac{\partial \pi_B}{\partial P_A} = 0 \tag{6-7}$$

$$\frac{\partial \pi}{\partial P_B} = \frac{\partial \pi_A}{\partial P_B} + \frac{\partial \pi_B}{\partial P_B} = 0 \tag{6-8}$$

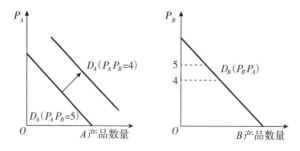

图 6-6　关联产品的需求

如果不是由一家垄断企业来同时控制 P_A 和 P_B，而是由两家垄断企业分别设定 P_A 和 P_B，那么所产生的条件就会和上面的不一样。因此，生产两种相关产品的垄断企业至少可以提高其中一种产品的价格，使其高于单独垄断一种产品的企业的索价水平。

由此可见，企业为了以更高的价格销售产品 A，而将产品 B 的价格 P_B 定在生产成本以下，可能也是有利可图的，这样的结果与两部定价类似。例如，我们可以将移动电话及其通信服务的捆绑销售视为一种两部定价，即把为移动电话支付的价格看成总付的购买权费，把为通信服务支付的价格看成使用费。

当消费者对产品的需求呈现相互关联的状态时，企业就可以运用捆绑销售来避免消费者的低效率行为，从而提高自身的利润。在两种产品的典型捆绑销售（即两种产品之间具有较高的互补性）中，企业对第一种产品订立一个价格，然后对相关产品索取一个高于竞争价格的高价。需求量大的消费者就第一种产品所支付的有效支出多于需求量小的消费者。还是以电信企业的捆绑销售为例，通话费用越高（或者说为移动通信服务支出的费用越多），则消费者为移动电话所支付的有效价格也就越高。假设电信企业对甲、乙两用户实行以免费（或者统一价）提供移动电话的形式进行捆绑销售，甲用户因为业务繁忙，经常使用移动电话，所以向该电信企业支付的通信服务费用比乙用户多，那么就可以认为甲对移动电话支付的有效价格（并不一定是以购买移动电话的名义而支付）要高于乙。因此，要使互补产品的捆绑销售带来最大利润，一个关键的要素就是消费者对相关产品的需求各不相同。

总之，非线性定价可以在企业不了解单个消费者需求时，帮助企业实施价格歧视。消费者在两部定价中所做的选择间接地显示出他们属于哪一类型的消费群体。捆绑销售能否有效提高利润取决于消费者对这些商品的需求是否有关联性。

◎思考题：

1. 数字产品的成本特征对产品定价有什么影响？

2. 如何有效实施产品差异化策略？为什么产品差异化对网络经济下的企业非常重要？

3. 请简要介绍价格歧视的三种类型。

4. 网络经济下，动态定价的运用具有哪些优势？

5. 在微软垄断案中，网景公司控告微软捆绑销售浏览器软件。捆绑销售是如何运作的？为什么会对自由竞争造成如此致命的打击？

第三节　标准竞争

学习要求

1. 理解标准的定义及标准竞争的重要性。

2. 掌握标准的两种形成机制。

3. 掌握市场主导者、市场失败者和新进入市场者各自的标准竞争策略，会用本节所学的知识进行具体案例分析。

一、标准的形成机制及标准竞争

标准可视为消费者的需要、技术的可能性、生产者的关联成本和通常由政府强制要求的社会效益等多方因素之间平衡的结果，其形成的过程就是追求一致性的过程，目标就是提高经济活动的效率。据此，一般可以将标准的形成机制分为两类：市场性标准和非市场性标准。

市场性标准实际上就是在市场选择的作用下，不同产品或技术间自发实现的一种优胜劣汰，最终某种产品或技术成为市场标准的情形。市场性标准通过市场选择过程形成，能更好地反映市场需求信号，但由于消费者信息不对称、一些历史偶然因素等原因，容易造成次优技术占领市场的情形。计算机的 QWERTY 键盘标准就是一个很典型的例子。非市场性标准是指依靠非市场性的力量来建立一个统一的市场标准，根据非市场性力量的不同，又可以分为强制性标准和自愿性标准两种。强制性标准主要是指由政府发布法令，在法律上赋予其法定标准的地位，强制要求所有人都必须遵循。自愿性标准主要是指由产业协会或者企业联盟等团体协商一致所形成的结果。非市场性标准一方面有助于较快推动标准的形成与普及，另一方面由于非市场性力量不一定能掌握好标准与市场的关系，因此非市场性标准也可能会给标准的建立和市场竞争带来负面影响。

从上述分析可以看出，市场性标准是通过企业间的竞争来决定个体标准能否成为市场标准的一个过程，即使是非市场性标准，企业也可以通过竞争来积极获取政府或产业协会的支持，进而影响市场标准的形成。标准竞争作为一种企业竞争战略，与一般的企业竞争战略（如价格竞争战略、产品竞争战略、顾客竞争战略等）相比，又有自身的特点。首先，竞争的目标不同。一般的企业竞争战略是在一定的外部环境下通过对企业内部各种资源的重新调整（如产品价格、产品研发力量）来建立竞争优势，而标准竞争的目标在于影响以行业标准为代表的外部制度环境的设立，从而建立企业的竞争优势。其次，标准竞争相比一般的企业竞争战略具有更多的不确定性。由于行业标准的形成不仅受到市场选择因素的影响，还受到政治、技术等诸多外部因素的影响，因此标准竞争的结果一般很难被企业左右，具有更多的不确定性。此外，标准竞争是一个动态的过程。随着时间的推移，某种标准可能成功，也可能失败。

标准竞争有三种情形：第一种，某种标准可能锁定了相当大的安装基础，市场呈现"赢家通吃"的局面。对于市场主导者来说，这种市场格局能带来巨大的利润，但同时面临着潜在的巨大竞争。第二种，市场没有出现一个主导的标准，每家企业以自己不同的方式进行竞争，占据一定的市场份额。第三种，整个市场可能实现对同一个标准的兼容，市场主导地位之争将演化成市场份额的价格竞争。无论哪种标准竞争格局都是不稳定的，将在各家企业对利润最大化的追逐中不断变迁。

因此，对于一个计划进行标准竞争的企业而言，它面临着许多关键的选择：是立即追随一个现有的市场标准实现与它的兼容，还是在市场中与之进行一场标准战争？作为市场的主导者、失败者和新进入者，如果企业要进行标准竞争，那么应该分别采取什么策略？什么时候应当实现标准竞争的和解？在建立联盟时，应当如何把握开放和控制技术的界限？诸如此类的问题始终困扰着网络市场中的竞争者。

二、市场主导者的标准竞争策略

如前所述，标准竞争的结果是不确定的，但是无论何种结果，市场都是不稳定的，网络经济中关于标准的竞争永远不会停止。对于成功者来说，在获得市场的主导地位之后，可以从标准的维护和运营两个方面进行规划。

（一）标准维护策略

1. 提高警惕，保持敏锐的市场洞察力。

在大多数情况下，市场的主导厂商由于最先建立起自己的安装基础而在某种技术竞争中取得了胜利，但它的产品在某些方面还可能存在不足的地方，这就给竞争对手提供了一个很好的机会。假如竞争对手据此开发出差异化的产品，并能吸引到有实力的顾客，那么主导厂商的市场地位和网络价值将会被侵蚀。因此，主导厂商不能自喜于前期竞争的胜利当中，应对竞争对手的反击保持警惕。

另外，技术是在不断进步的，这在网络经济下表现得更为突出。由于转移成本和品牌忠诚等原因，消费者可能不会很快转移到一个新的、不兼容的技术，但是如果这种新的技术提供了非同凡响的功能，那么消费者进行转移的动力就大大增加了。因此，市场主导厂商还应该保持敏锐的市场洞察力，时刻关注下一代技术的发展。以曾经统治手机界十余年的诺基亚公司为例，由于没能准确判断手机市场的走向，低估了对手，苹果公司半路杀出，三星公司强势崛起以及其他手机厂商的快速跟进使如今的诺基亚公司身陷被动局面——市场份额锐减、利润下滑、缩编裁员，市场地位大不如前。

2.扩大市场互补产品的供应。

扩大市场互补产品的供应的好处在于：互补产品市场的健康发展可以激发消费者对核心产品的需求。一个核心产品的主导厂商想要保持网络安装基础的稳定性，不仅要管理好自己的核心产品，还要考虑到互补品的供应。另外，许多产品具有明显的间接网络效应，其对用户产生的价值直接受到互补品数量的影响。对于具有明显间接网络效应的产品而言，吸引互补品供应商的加入和支持也是至关重要的。扩大互补品的供应可以提高核心产品的网络价值，从而加深企业对用户的锁定程度。为了向市场提供更多的互补品，主导厂商可以与互补品供应商签订合同，以各种优惠条件提高它们参与的积极性，必要时还可以提供技术和资金的支持。

微软建立之初，为了确立 MS-DOS，Windows 在计算机操作系统领域中的霸主地位，比尔·盖茨（Bill Gates）鼓励其他厂商开发基于 DOS 和 Windows 系统的应用程序。他的这一正确决策使 DOS 和 Windows 相对于其他操作系统更有竞争力，更多用户选择了微软的操作系统，因为微软提供的上万种互补性应用软件给用户带来了更多的便利，而其他操作系统并没有如此丰富的应用软件供应。微软通过鼓励其他应用软件厂商开发基于其操作系统的程序，大力发展了 DOS 和 Windows 系统的互补品市场，随着此类应用软件数量的增加，微软操作系统对顾客的价值也在不断提高，这就是微软在操作系统上获得巨大成功的互补品策略。与此相反，苹果公司的 Macintosh 操作系统当初不公开应用程序的接口，采取封闭性战略由自己开发应用软件，结果由于缺乏足够的辅助应用软件的支持而败下阵来。虽然苹果的操作系统并不比微软的操作系统差，但它的一次次进步除了给微软升级 Windows 做免费教材外，始终无法成为市场的标准。上述两个例子都很好地说明了互补品市场的发展对核心产品市场发展的重要性。

（二）标准运营策略

在标准竞争的过程中，主导厂商还应根据标准本身的特点与属性，选择合理的标准运营策略，即在标准的使用上，是独享还是向竞争者及市场上其他经济主体开放使用标准技术。据此，企业又有三种标准运营方式：限制性标准策略、开放性标准策略和混合性标准策略。

1.限制性标准策略。

限制性标准策略是指企业为了防止其他企业追随或模仿，严格控制其标准的知识产权，保持对其标准的专有权，并将其标准培育成行业事实标准的一种竞争策略。限制性标准策略的实施要求企业必须具有非常雄厚的研发实力，其产品或技术目前所占市场份额、技术的独创性和先进性在行业内具有绝对的优势，而且限制性标准策略还面临着用户数量增加缓慢和标准扩散慢的问题。不过，限制性标准策略通过出售标准专利，获取专利使用费而获益，达到回收研发成本和快速获利的目的，并可以有效地保护自己的市场份额。在标准形成后，企业对标准具有绝对的掌控权，可以独享标准所带来的垄断利益。例如，高通公司凭借其强大的研发实力和技术创新，成功地将 CDMA 技术打造成为无线通信领域的一个重要标准。

首先，高通公司对 CDMA 技术的知识产权进行了严格的控制，确保了其技术的独特性和先进性在行业内保持领先地位。这种控制不仅体现在对技术专利的持有上，还涉及对技术标准制定过程的积极参与和推动。其次，高通公司致力于将 CDMA 技术培育成行业事实标准。通过市场推广、技术演示和与运营商的合作，高通公司成功地使 CDMA 技术在全球范围内得到了广泛应用和认可。随着用户数量的不断增加，CDMA 技术逐渐成为无线通信领域的一个重要选择。然而，限制性标准策略也面临着一些挑战。在用户数量增加缓慢和标准扩散慢的问题上，高通公司采取了多种措施来克服这些困难。例如，通过加强市场推广、提供技术支持和培训等方式，吸引更多的用户选择 CDMA 技术；同时，通过与其他技术标准的兼容和互操作，推动 CDMA 技术的标准化进程。

通过实施限制性标准策略，高通公司成功地实现了对 CDMA 技术的专有权和掌控权。这使高通公司能够通过出售标准专利获取专利使用费，从而回收研发成本和实现快速获利。同时，高通公司还能够有效地保护自己的市场份额和竞争地位，享受标准所带来的垄断利益。

2. 开放性标准策略。

开放性标准策略是指由于网络外部性的作用，为了使本企业的技术或产品能尽快突破临界容量的瓶颈，通过放弃标准专利费，使标准能够为其他企业所采用，最终在标准竞争中获胜而成为行业标准的策略。开放性标准策略的特点就在于标准使用的开放性，显然，这必定会引起激烈的市场竞争、市场利益分流，导致利润水平较低，难以收回开发成本，而且容易受到其他企业对技术进行模仿、"克隆"的困扰，但由于其他企业的使用也间接扩大了标准的市场份额，用户基数很容易建立起来，开放性标准也较容易获得成功。在个人电脑及其兼容机架构市场的标准竞争中，IBM 公司就曾因为采用了开放性标准策略而获得成功。虽然苹果电脑在 20 世纪 80 年代初期的个人消费领域获得了前所未有的成功，但出于担心后来者对自己在个人电脑消费领域领导地位的威胁，苹果公司的产品一直没有开放授权给其他的计算机厂商，从而造成苹果公司后续产品与其他计算机厂商的产品兼容性极差的致命缺陷。作为微机（微型计算机）市场的后来者，IBM 公司也推出了自己的产品，开放标准产权，并欢迎所有同行加入这一架构的发展行列。不久之后，IBM 公司的开放性策略取得了成功，这个开放的个人电脑架构标准也成为微机市场上的新标准。

3. 混合性标准策略。

混合性标准策略是介于限制性和开放性之间的一种策略。企业有时无法独自采取限制性标准策略，但是又不愿意采取完全开放的竞争策略，往往在一些自己无法独自参与市场标准竞争的产品与技术领域或产品与技术研发的部分阶段，采取与其他企业联合研发的方式，对于那些拥有绝对优势的产品或技术则采取限制性标准策略。通常表现在基础产品上与其他企业联合，即采取开放性标准策略，而在关乎企业市场地位的产品和技术上采取限制性标准策略。混合性标准策略是目前市场上较为常见的一种竞争策略。例如，英特尔公司对个人电脑的图形系统接口 AGP 技术采取了开放性标准策略，而对 MMX 技术采取了限制性标准策略。

三、市场失败者的标准竞争策略

在市场竞争中，有成功者就必然有失败者，但是只要尚未从市场中退出，就不能算真正的失败。失败者往往在市场中只剩下相当小的市场份额，网络规模远远无法达到临界容量和引发正反馈机制，与之情况相类似的是市场中的小规模企业。尽管正反馈机制导致了"赢家通吃"的局面，但实际上，在大多数情况下，市场主导者无法占有所有的市场份额，这就给市场失败者和小企业提供了生存的机会。作为市场竞争的失败者和小企业，通常较难从主导者手中夺回市场，除非竞争对手出现了重大失误。不过，对于失败者和小企业来讲最重要的就是不能轻易言败，而应当勇于适应当前的境况，及时调整自己的策略，才有可能在技术和市场的不断发展中寻求生机，在下一代技术出现时挑战市场主导者的领导地位。

（一）组建战略联盟

战略联盟是指由两个或两个以上有共同战略利益和对等经营实力的企业，为达到占领市场、控制市场标准等战略目标，通过签订相关协议或联合组织等形式而结成的优势互补或优势相长、风险共担、生产要素双向或多向流动的一种松散的合作模式。卡尔·夏皮罗（Carl Shapiro）和哈尔·瓦里安（Hal R. Varian）指出，在标准竞争中要想取得成功主要取决于对七种关键性资产的掌握：①对用户安装基础的控制；②知识产权，主要包括有价值的专利权和版权；③创新能力；④先动优势；⑤生产能力；⑥互补产品的力量；⑦参与者的品牌与声誉力量。然而，任何企业的资源和能力都是有限的，很少有一家企业能单独拥有这项资产，因此组建战略联盟是标准取得成功的绝佳策略之一。如果一个企业有充足的资源在市场上维护自己的标准，并且能够合理地预期自己的技术会在市场竞争中取得胜利，那么它就没有加入一个联盟的强烈意愿，但如果这种情况并不存在，那么为了能够顺利进入市场，一个基于共同市场利益的标准战略联盟就有可能形成。随着信息技术的快速发展，国内外都不乏组建战略联盟参与市场竞争的例子。例如，国际上移动通信领域的 WCDMA 标准是由欧洲电信巨头爱立信（Ericsson）公司、诺基亚公司联合日本电信巨头 NTT DoCoMo 公司共同开发的，家电领域的DVD 联盟、广播电视领域的 DVB 联盟也都吸引了众多企业的参与。在中国，也有诸如闪联（信息设备资源共享协同服务标准）标准联盟、数字音频视频编解码技术标准（AVS）联盟的建立，这些战略联盟的组建都获得了较大的成功，有着较深的市场影响力。

（二）积极获取政策支持

标准的形成并非全部由市场因素决定，非市场性因素也会影响标准竞争的成败。如前所述，标准的发展过程，不能忽视政府的作用，有些技术标准之争的利益甚至已上升到国家层面，其背后往往有政府力量的支持，因此，政策因素有时可以成为影响标准竞争结果的决定性因素之一。例如，GSM 标准就是在欧盟的支持下成功超越美国的 CDMA 标准，成为移动通信领域主导标准的典范；我国政府对闪联标准的引导以及技术与政策的支持，也是闪联标准取得成功的重要因素之一；美国政府主导的竞争优先战略最终击败日本和欧盟的合作先行战略，赢得了数字电视标准竞争。从上述事例可以看出，政府可以通过政策法令、技术和资金支持等多种方式来帮助本国企业的技术创新成果成为市场标准。政府在标准竞争中往往能够发挥独特的作用。标准竞争中的失败者在无法凭借自身力量击败竞争对手的情况下，还可以利用政策因素，通过积极获取政府的支持，借助强制性的非市场力量来成为市场的标准。当然，这是一种比较极端的方式，很容易由于不公平待遇等而引起其他企业的不满，因此，企业也不一定要寄希望于通过强制措施来达到目的，还可以通过政府的促进、扶持、引导、保护等政策来推广和发展本企业的标准。

四、新进入市场者的标准竞争策略

在标准竞争的过程中，竞争策略是每个企业都必须认真对待的问题，因为一家企业的标准能否成为市场标准不仅取决于标准的技术水平、标准对市场需求的满足度，还取决于该企业的市场竞争策略水平的高低。实际上，标准竞争策略的核心在于争取建立独享的安装基础和良好的消费者预期，因此无论何种标准竞争策略都应该以这两个核心为导向。这里所谓的新进入市场者泛指所有向市场和消费者提供一种新的技术或产品的企业（但并不是仅限定在刚刚进入某一市场领域的企业），并且这类企业在市场尚未形成标准的情况下企图占领市场成为标准，或者在市场已有先发标准的情况下企图与主导厂商进行竞争成为市场的新标准。新技术或新产品所面临的问题在于：市场中尚无先发标准时，消费者对新技术或新产品存在顾虑；市场中已有先发标准时，市场中存在一种具有强大的网络规模、相对稳定的安装基础的技术和产品，相当部分的消费者由于较高的转移成本被锁定在现有的技术当中，存在消费者惰性，并对新进入市场的消费者产生不利的影响。因此，新技术或新产品要想建立安装基础，进入正反馈机制的良性循环，必须讲究一定的竞争策略。

（一）市场尚无先发标准

1. 先发制人。

所谓先发制人的策略是指企业先于竞争对手采取行动，提前建立安装基础，占领市场。先发制人的策略来源于正反馈过程中的先发优势。在网络经济中，网络外部性的存在使先行者容易在市场中获得优势，微小的偶然事件对市场发展路径有可能有着不可忽视的作用，因此，能否抢先进入市场往往成为决定成败的重要因素。

要实现先发优势，首先要求企业必须时刻关注市场和技术的发展趋势，才能发现商机。企业要对新兴事物保持高度的兴趣，不断学习，善于思考。以我国的发展为例，一种最简单的实现先发优势的方法就是注意国外的经济动向。我国是发展中国家，很多技术都要从国外引入，而外国尤其是美国研究和开发的力量和动机都很强，往往在国外先发展起来的技术不久后就被引入我国，这时谁能把握住发展趋势，谁就把握住了先发优势。新浪微博的成功就是一个很好的例子。新浪微博产品是以美国非常火爆的社交网络以及微博服务网站 Twitter 为模板，并结合自己的媒体基因而设计的。由于新浪微博最先进入我国的微博市场，先发优势非常明显。在以 Facebook 为模板的人人网刚推出产品之时，由于中国市场在 SNS 方面类似的产品较少，尚处于空白期，因此人人网抢占了市场先机，获得了巨大的成功。

要实现先发优势，其次在于产品开发和设计能力，如果企业能够早于别人开发出一种市场需要的产品和技术，就能够实现先发制人。但是，值得注意的是，早期的介入有可能造成产品质量上的缺陷或更多的故障，企业面临的未知风险较高，这些情况会毁掉企业的先发优势，因此不能为了早先进入市场而草草地把产品发布出来，而是应有一套完备的产品规划体系。成功属于捷足先登者，但是如若其低劣的产品质量得不到消费者的支持，反而可能将创意透露给其他竞争者，给了别人可乘之机。另外，实现先发制人的另一个重要方法就是要尽早建立起牢固的安装基础。

2. 预期管理。

在网络经济中，预期会自我实现，引发正反馈机制，因此预期管理是网络市场中重要的竞争策略之一。市场中处于观望状态的消费者在面临抉择时，会对产品或技术未来的发展动向、网络规模、互补品的供应等诸多因素进行预期，只有在预期能让自己满意的情况下，消费者才会做出购买决策。消费者的预期是以一定的信息为基础的，这就为企业影响消费者的预期提供了可能。企业要想让自己的产品和技术获得市场主导地位，就应该尽量利用消费者的预期因素，使大部分消费者购买自己的产品，并最终确立市场标准的地位。

预告是一种旨在影响消费者预期的经典策略，也是一种预期管理的表现形式，即提前宣布一种即将推出的产品，诱导那些刚好在产品推出之前到达市场的消费者，以冻结竞争对手的产品销售。其主要方式包括召开新闻发布会、新产品展销会、利用互联网等媒体将新产品的有关信息提前宣布等。小米手机 MIUI 操作系统的研发就采用了这种方式：在手机新功能开发之前就通过小米论坛提前向用户透露一些想法，与用户互动，或者在正式版本发布前一两周，让用户投票选择需要什么样的产品。预期管理的另一种表现形式就是广告。进入网络外部性很强的市场的企业都力图告诉消费者它们的产品将最终成为标准，有时甚至夸大销售业绩，以便给消费者造成一种在安装基础领域优于其他竞争对手并处于领导地位的印象，以此来吸引消费者加入它们的网络。

在预期管理中，一种很常见的情况是公司本身难以说服顾客相信它的网络规模很大，毕竟像微软这样著名和占据主导地位的公司是少数。这时，要想让消费者相信并加入网络，最直接的办法就是和其他公司结成联盟，并且对联盟进行宣传，给消费者造成一种网络规模庞大的印象。美国的太阳微系统公司就是采取这种方式进行预期管理的，它在报纸上用整版的广告列出 Java 语言联盟的公司名录，暗示消费者它的网络规模很大。同样，亚马逊书店宣称自己是"世界上最大的书店"也是采取的这一策略。

（二）市场已有先发标准

1. 标准模仿竞争。

当市场中已存在先发标准时，新进入的企业在标准竞争中获胜的概率很小，这时企业可以采用模仿战略，使自身产品符合市场标准，借此先建立自己的用户网络，待到一定时机，通过技术创新等成为市场的新标准。Besen 和 Farrell（1994）认为，标准模仿竞争是市场中弱势企业求得生存的一个有效策略。例如，当当网对亚马逊网的模仿；以夏新公司为代表的一批电子企业，步伐坚定地模仿亚洲"双 S"公司（指索尼和三星公司）。有效地模仿并不是传统意义上的抄袭，而是一种重建新标准的行为。在模仿中重建新标准，要求企业必须推出真正具有自己特色的、颠覆性的产品，形成差异化的产品竞争力。并非每个实施标准模仿策略的企业都能获得成功，事实上，这一策略的失败率非常高，只有经过全面考察，以及对未来市场高瞻远瞩的把握，标准模仿策略才能成功。

2. 渗透定价。

在标准争夺的过程当中，新进入者相比主导企业并没有太多优势，如果在技术层面上，新进入者无法对主导者构成太大威胁，那么新进入者就可以考虑从消费者层面入手。价格对于消费者的购买决策具有很大的影响力，因而渗透定价在现实生活中得到了充分的应用。渗透定价策略又称薄利多销策略，是指企业在产品上市初期，利用消费者求廉的消费心理，有意将价格定得很低（甚至是低于成本的定价），使新产品以物美价廉的形象吸引顾客，目的是在短期内加速市场成长，以期获得较高的销售量及市场占有率。一方面，低价策略可以弥补后发标准产品性能和网络效用的不足，使新进入者凭借低价优势逐渐蚕食先发标准的早期用户，并借助标准竞争的正反馈效应迅速占领市场。另一方面，渗透定价的实施也对竞争者造成了很大的障碍，低价格实际上对其他企业设置了一个人为的市场进入壁垒。

在某些情况下，尤其是对边际成本为零的数字产品来说，这一策略更为可行。奇虎360公司起初凭借永久免费的360安全卫士在互联网市场中站稳脚跟，随后，为了开发其安装基础的价值，奇虎360公司又进军新的市场——杀毒软件市场。作为一个市场的新进入者，这一次它依旧宣布永久免费，这一产品口号赢得了许多消费者的青睐，奇虎360公司又一次凭借价格策略获得了成功。许多企业不仅在互联网上免费派发样品，甚至向使用产品的客户付钱。网景公司就曾经将其Navigator浏览器免费送出，甚至向计算机制造厂商付钱让它们把Navigator浏览器安装在新机器上。采用渗透定价有一定的风险。在实行渗透定价前，厂商必须注意实施渗透定价必须满足一些条件：第一，有足够大的市场需求；第二，消费者对价格高度敏感而不是具有强烈的品牌偏好；第三，大量生产能产生显著的成本经济效益；第四，低价策略能有效打击现存及潜在的竞争者。所有的这些条件总结起来就是：现在的渗透定价产生的损失必须能够用将来占领市场后的利润加以补偿。也就是说，渗透定价必须实际上有效，能够真正让客户使用企业的产品，建立起一个真正的安装基础，产生网络外部性。

◎ **思考题：**

1. 简述标准的形成机制。

2. 市场主导者该如何对标准进行运营管理？

3. 为什么政策因素有时可以成为影响标准竞争结果的决定性因素之一？

4. 渗透定价的原理是什么？

第四节　兼容策略

学 习 要 求

1. 理解兼容的概念及兼容策略的重要性。

2. 了解网络经济中企业的兼容决策。

3. 掌握企业如何实现兼容。

一、兼容的概念及兼容策略的重要性

这里的兼容是指不同的产品或系统可以方便地共享彼此的信息，也就是说，它们之间的信息输入、输出可以相互接纳。根据不同的分类标准，兼容有多种不同的分类方法。根据兼容的方向，可以分为前向兼容和后向兼容。较低版本的产品能够与较高版本的产品兼容，就称为前向兼容；反之则称为后向兼容。例如，微软 Office 2007 可以打开 Office 2003 的文件，而反过来不行，这说明 Office 软件是后向兼容的。还可以将兼容分为单向兼容和双向兼容。如果 A 产品可以兼容 B 产品，但 B 产品不能与 A 产品兼容，就是单向兼容；如果 A 产品与 B 产品可以互相兼容则称为双向兼容。上述的 Office 产品就是一个单向兼容的例子。随着现代信息技术的飞速发展，兼容策略已经成为企业间竞争的关键策略之一。市场主导者需要考虑是否与其他企业兼容的问题，而市场失败者和新进入者则可以充分运用兼容策略建立安装基础，不过此时也要面临与谁进行兼容，以及兼容时机的选择等问题。因此，可以说兼容策略对市场中所有企业都有着非常重要的意义。可见，战略的运用是否得当，直接关系到企业在市场竞争中的成败。同时，企业的互补品策略也与兼容有关系，由于互补性产品主要是指不同功能互补的产品，互补品必须兼容，而兼容产品之间则不一定是互补的，可以具有相同功能，也可以具有相互替代作用，此时的兼容表现的是一种竞争关系。

兼容策略对企业有正反两方面的效应：一方面，由于网络外部性、正反馈机制的作用，兼容策略的使用提高了本企业产品对消费者的价值，增强了消费者对产品的支付意愿；另一方面，生产兼容产品意味着放弃产品差异化所带来的为消费者提供多样化选择的优势，从而产生负面效应。在现实生活中，经常可以看到企业间在产品兼容问题上互相竞争。以 Android 为例，其成功在很大程度上得益于其开放性和广泛的兼容性。Android 系统允许不同的手机制造商（如三星、华为、小米等）进行定制和优化，这使 Android 设备在市场上拥有极高的多样性和丰富的应用生态。由于网络外部性的作用，即用户数量越多，每个用户从该产品中获得的效用就越大，Android 的广泛兼容性吸引了大量开发者为其开发应用程序，进一步增强了用户对 Android 设备的支付意愿和忠诚度。这种正反馈机制使 Android 在全球范围内迅速普及，占据了智能手机操作系统市场的大部分份额。然而，Android 的广泛兼容性也带来了一定的负面效应。由于不同制造商对 Android 系统的定制和优化程度不同，导致 Android 设备在用户体验上存在一定的差异，但这种差异并不足以形成强烈的品牌忠诚度和差异化优势。相较之下，iOS 则通过其封闭性和高度集成的生态系统，为用户提供了独特而一致的使用体验。iOS 设备在硬件和软件上都经过苹果公司的严格控制和优化，这使 iOS 设备在用户体验上更加统一和出色。然而，iOS 的这种封闭性也限制了其与其他设备的兼容性，使用户在选择设备时可能会受到一定的限制。在智能手机操作系统领域，Android 和 iOS 之间的竞争体现了企业在产品兼容问题上的不同策略选择。Android 选择了广泛的兼容性以吸引更多的用户和开发者，而 iOS 则选择了高度的集成性和一致性以提供独特的用户体验。这两种策略各有利弊，但都在一定程度上推动了智能手机行业的发展和创新。

二、网络经济中企业的兼容决策

在网络经济时代，对兼容策略的选择已经成为企业竞争策略的重要组成部分。影响企业是否进行兼容的因素有很多，包括网络外部性、技术水平高低、市场规模等，许多学者对此也有过相关研究。Farrell（1989）的研究表明，如果不需要竞争企业的同意，或者说在弱的知识产权保护下能够获得兼容性，将没有企业有动机通过早进入而获得安装基础。也就是说，知识产权保护的强弱会影响企业对兼容的选择。曹虹剑和罗能生（2009）指出，影响企业兼容决策的因素主要是企业规模大小、声誉的高低以及网络外部性等因素。唐百川和胡汉辉（2005）还将转移成本因素（此处的转移成本与兼容程度及网络规模有关）考虑进去，在两个产品具有替代关系的情况下，运用豪泰林模型对企业的兼容决策进行了较为完整的分析，其模型的基本架构如下：

假设消费者均匀分布在长度为 L 的直线上，A 和 B 两种产品分布在直线两端，即对 A 产品而言，$X=0$，对 B 产品而言，$X=L$。消费者必须选择一种产品，他们对两种产品具有相同的保留价格为 R，单位距离的运输费用为 T，而网络外部性效用（大小取决于该产品的销售量）和运输成本（可表示消费者对不同产品在性能方面的偏好）是不同的。

假定消费者的转移成本为 S_i，两种产品各自的购买者形成的产品网络规模为 $Z_i(i=A,B)$，而消费者从中获得的网络外部性效用为 aZ_i，其中 a 为消费者网络外部性强度系数，且 $a \in [0,1]$，两种产品的兼容程度为 β，$\beta \in [0,1]$。当 $\beta=0$ 时，A 与 B 两种产品完全不兼容；当 $\beta=1$ 时，两种产品具有完全兼容的性质。两种产品间的兼容性越高，消费者的转移成本越小；原产品网络规模越大，消费者的转移成本越大。因此，转移成本 $\dfrac{dS}{d\beta}<0$，$\dfrac{dS}{dZ_i}>0$。为了简便计算，我们可以假设 $S_i=k(1-\beta)Z_i(k>0)$，这里的 k 为转移成本的敏感系数。因此，位于 X 的消费者在兼容前后消费两种产品的效用函数分别为：

$$U_A^U = R - P_A = TX + aZ_A$$
$$U_B^U = R - P_B = T(L-X) + aZ_B$$
$$U_A^C = R - P_A = TX + aZ_A = a\beta Z_B - S_A$$
$$U_B^C = R - P_B - T(L-X) + aZ_B + a\beta Z_A - S_B$$

式中，P_A 和 P_B 为 A 产品与 B 产品各自的价格，U_i^U 和 U_i^C 分别表示兼容前和兼容后。

为了寻找市场均衡点，只需在直线上找到对两种产品效用相同的消费者，令这个无差异消费者位于 X^*，则有：

$$R - P_A - TX^* + aZ_A + a\beta Z_B - S_A = R - P_B - T(L-X^*) + aZ_B + a\beta Z_A - S_B$$

设 $Z_A = L - Z_B = \sigma$，则有：

$$R - P_A - TX^* + a\sigma + a\beta(L-\sigma) - k(1-\beta)\sigma = R - P_B - T(L-X^*) + a(L-\sigma) + a\beta\sigma - k(1-\beta)(L-\sigma)$$

可解得 $X^* = \dfrac{P_B - P_A + TL + (k-a)(L-2\sigma)(1-\beta)}{2T}$。设 Q_i 和 π_i 分别为销售量和利润，此时 A 产品的利润为：

$$\pi_A = P_A Q_A = P_A X^* = P_A \frac{P_B - P_A + TL + (k-a)(L-2\sigma)(1-\beta)}{2T} \tag{6-9}$$

式（6-9）对 P_A 求偏导可得：

$$P_A = \left[P_B + TL + (k-a)(L-2\sigma)(1-\beta) \right] / 2 \tag{6-10}$$

同理可求得：

$$P_B = \left[P_A - TL - (k-a)(L-2\sigma)(1-\beta) \right] / 2 \qquad (6\text{-}11)$$

联立上式可得，兼容后 A 产品和 B 产品的均衡定价为：

$$P_A^C = TL + \left[(k-a)(L-2\sigma)(1-\beta) \right] / 3 \qquad (6\text{-}12)$$

$$P_B^C = TL - \left[(k-a)(L-2\sigma)(1-\beta) \right] / 3 \qquad (6\text{-}13)$$

均衡销量为：

$$Q_A^C = L/2 - \left[(k-a)(L-2\sigma)(1-\beta) \right] / 6 \qquad (6\text{-}14)$$

$$Q_B^C = L/2 + \left[(k-a)(L-2\sigma)(1-\beta) \right] / 6 \qquad (6\text{-}15)$$

同理可求得兼容前产品 A 和产品 B 的均衡定价和产量分别为：

$$P_A^U = TL - a(L-2\sigma)/3 \qquad (6\text{-}16)$$

$$P_B^U = TL + a(L-2\sigma)/3 \qquad (6\text{-}17)$$

$$Q_A^U = L/2 - a(L-2\sigma)/6 \qquad (6\text{-}18)$$

$$Q_B^U = L/2 + a(L-2\sigma)/6 \qquad (6\text{-}19)$$

（1）假定兼容前两种产品的生产厂商在网络规模上处于均势，即相当于 $\sigma = L/2$，将其代入式（6-12）至式（6-19）中，可求得：

$$P_A^U = P_B^U = P_A^C = P_B^C = TL$$

$$Q_A^U = Q_B^U = Q_A^C = Q_B^C = L/2$$

由此可见，若兼容前两个厂商在网络规模上处于均势，那么对于厂商来说，兼容对它们的均衡价格和均衡销量没有影响，厂商的利润不变，厂商没有动机实行兼容。我们可将结论推广到具有 n 个厂商进行完全竞争的情况，厂商是价格的接受者，可以近似认为市场上各个厂商具有相同的规模，由此可知，在这个市场上，厂商没有实现兼容的动机。

（2）当兼容前有一种产品的生产厂商在市场份额上占明显优势时，不妨假定 A 厂商在兼容前网络规模占有优势，即有 $\sigma > L/2$。兼容后产品 A 和产品 B 的均衡定价和均衡销量分别对 β 求偏导可得：

$$\frac{\partial P_A^C}{\partial \beta} = -\frac{(k-a)(L-2\sigma)}{3}$$

$$\frac{\partial Q_A^C}{\partial \beta} = -\frac{(k-a)(L-2\sigma)}{6}$$

$$\frac{\partial P_B^C}{\partial \beta} = -\frac{(k-a)(L-2\sigma)}{3}$$

$$\frac{\partial Q_B^C}{\partial \beta} = -\frac{(k-a)(L-2\sigma)}{6}$$

当 $k > a$ 时，对于 A 产品的生产厂商来说，$\frac{\partial P_A^C}{\partial \beta} > 0$，$\frac{\partial Q_A^C}{\partial \beta} > 0$，从而 π_A^C 随着 β 的上升而上升，因此 A 产品的生产厂商希望形成兼容；对于 B 产品的生产厂商来说，$\frac{\partial P_B^C}{\partial \beta} < 0$，$\frac{\partial Q_B^C}{\partial \beta} < 0$，$\pi_B^C$ 随着 β 的上升而下降，因此 B 产品的生产厂商不希望形成兼容。也就是说，当转移成本的敏感系数大于消费者网络外部性强度系数时，即消费者更多考虑转移成本带来的损失，而非外部性带来的额外效用时，原有市场份额较大的企业会倾向于选择自己的产品与其他企业的产品进行兼容，而市场份额较小的企业则可能倾向于阻止这种兼容的发生。尽管兼容大大提高了消费者的效用水平，但由于消费者更多考虑转移成本带来的损失，这使市场领先者在实现兼容后，对于自己原有巨大的消费群体的锁定程度并不会降低，反而使消费者更不愿意转向劣势企业的产品，一旦发生这种情况，将使劣势企业处于更为困难的境地。

当 $k < a$ 时，对于 A 产品的生产厂商来说，$\frac{\partial P_A^C}{\partial \beta} < 0$，$\frac{\partial Q_A^C}{\partial \beta} < 0$，从而 π_A^C 随着 β 的上升而下降，因此 A 产品的生产厂商不希望形成兼容；对于 B 产品的生产厂商来说，$\frac{\partial P_B^C}{\partial \beta} > 0$，$\frac{\partial Q_B^C}{\partial \beta} > 0$，$\pi_B^C$ 随着 β 的上升而上升，因此 B 产品的生产厂商希望形成兼容。也就是说，当转移成本的敏感系数小于消费者网络外部性强度系数时，即消费者更多考虑外部性带来的效用，而非转移成本带来的损失时，在其他条件相同的情况下，原有市场份额较小的企业会倾向于选择自己的产品与优势企业的产品进行兼容，而后者则可能倾向于阻止这种兼容的发生。兼容大大提高了消费者的效用水平，相较而言，市场份额小的产品消费者的效用增加更为明显。同时，市场份额较大者在实现兼容后，对于自己原有巨大的消费群体的锁定程度就大大降低了，这是因为消费者的转移成本敏感系数较低，可以较为自由地在两种产品之间进行选择。一旦优势企业原有的大规模产品网络所具有的锁定作用下降，该产品的市场份额优势就可能遭受其他竞争者的侵蚀。

三、兼容的实现

即使企业是处在不兼容的标准战争中，寻求兼容有时候仍然是一个重要的策略。市场上没有永远的敌人和朋友，合作和竞争是相互依存的一个动态过程。网络经济和正反馈使合作比以往任何时候都更加重要，大部分企业需要和其他人合作，以建立一种标准和一个兼容用户的网络。在兼容过程中，各家企业都有自己的利益和损失，在合作中又存在着竞争。因此，对一个企业而言在兼容策略上采取正确的措施是非常重要的。

（一）寻求适当的时机

什么时候适合寻求兼容，这是实施兼容策略应该考虑的第一个问题。实现兼容，对于任何企业来说，都同时带来了两个效应：竞争效应和网络效应。竞争效应意味着竞争的加剧，因为市场内的竞争者数量增多了；网络效应则意味着需求的上升，因为消费者更喜欢规模更大的网络。因此，兼容问题就简化为这两个效应之间的比较。如果网络效应强大到足以抵消竞争效应的影响，那么企业必然马上采纳兼容的策略；反之，企业应当暂且不实行兼容。

对于数个在竞争市场占主导者地位的竞争者来说，如果认为自己的产品或技术在质量和功能上比其他的产品和技术先进很多，竞争力足够强，或者在制造能力和市场占有率方面有较强的优势，这时可以选择不兼容，因为不兼容提高了大企业的市场地位，而兼容可能带来的竞争效应则往往大于网络效应。例如，微软公司曾提出 MSN 与腾讯 QQ 兼容互联的设想，不过被腾讯公司拒绝了，原因就在于腾讯公司在中国市场拥有很高的市场占有率。如果竞争者之间的力量相差不大，那么为了争夺市场主导地位的竞争成本是高昂的，这时竞争者的最好策略是进行产品兼容的谈判，共同扩大彼此的网络规模。例如，美国 3Com 公司和 Rockwell 公司之间就 56K 调制解调器的 X2 技术和 K56flex 技术之间爆发的竞争正是这样一种情况，由于它们之间的斗争，原先预期在 1997 年就将占据市场的 56K 调制解调器市场化进程被延缓，许多潜在的客户因为害怕选定一个将来被淘汰的技术而推迟了对调制解调器的升级，这两家公司之间的竞争造成了市场上的混乱和担忧，也破坏了整个产业和它们自己的利益。最后，这两家公司达成了协议，都与国际电信联盟兼容，共同支持 V.90 标准，竞争最终以相互妥协告终，因为双方最后发现这才是最好的解决方案。如果在标准竞争中一个竞争者发现自己相对弱小，这时就要考虑与对方实现兼容的可能性，采用对方的技术，减少或中和其劣势。

（二）选择实现兼容的对象

兼容策略涉及的第二个关键问题是和谁实现兼容。企业应该意识到，可能和自己合作的企业包括互补产品和替代产品的提供者，而替代产品的提供者就是自己的竞争对手。首先，互补产品的提供者都欢迎企业建立自己的安装基础，因为这有利于网络效应的扩大，进而为它们带来更多的需求。但是互补产品的提供者并非愿意和任何一种技术都实现兼容，它们和消费者一样，希望找到一个将来有希望成为真正标准的技术实现兼容。其次，竞争对手可能是最好的兼容对象，可以通过一个创造性的协议或者技术上的改进，使大家的共同利益都得到提高。以中国电信针对移动市场推出的免费 IM 软件"翼聊"为例，该软件的一大特色是兼容移动和联通用户，跨平台、跨网络、跨终端运行，可以最大限度地兼容市场主流用户。值得强调的一点是，并非只有占据市场大量份额的竞争者才是兼容考虑的对象，有时与许多小厂商的联盟合起来可能形成强大的网络效应，向这些小企业授权，邀请它们进入市场，甚至进行补贴，逐渐蚕食主要竞争对手的市场份额，反而是更为合适的兼容策略。

（三）实现兼容的方法

找到兼容的合适对象之后，竞争者面临的下一个问题是如何实现兼容。兼容实际上是竞争的另一种体现，具体的方法有许多种，不同的方法带来的成本和利益是不同的。一种较为常见的兼容方法是技术授权。这种方法首先要考虑对标准技术和产品的选择：可以选择某个竞争者的技术为标准，其他技术与之实现兼容；也可以选择一种技术作为市场标准，每个竞争者的技术与之接口。这主要视各竞争者的实力而定。如果存在一个较强大的竞争者，那么它的技术作为标准的可能性就会大些；如果最后是以某个竞争者的技术作为标准，对于其他竞争者而言，必须保持警惕，注意这种技术是否真的实现了开放的承诺，在产品标准、界面和规格等方面的关键部分是否依然由该竞争者独家占有。对于这个开放技术的竞争者来说，它应当尽可能实现对技术的控制，至少是对技术发展的控制，这样有助于减轻将来的价格竞争。在采用一个其他标准的情况下，联盟成员必须注意这个标准本身是否真的是中立的，还是对某一方特别有利。

实现兼容的另一种方法是加入一个"适配器"（Adapter）。适配器可能是一个用于转换的程序，也可能是一种技术接口。现实中有各种各样适配器的例子，将另一种程序的数据进行转换的程序就是一种适配器。例如，微软公司的 Office 软件始终占据着办公软件套件市场的统治地位，而且逐渐转变成企业应用中事实上的标准。不过，在市场中，有另一个竞争对手也是不容忽视的，那就是 Corel 公司的 Word Perfect Office 套件，它为消费者提供了在微软公司 Office 之外的其他选择。Word Perfect Office 是一个功能强大、价格便宜的办公软件套件，但是它有一个致命的缺点：与微软 Office 文档之间的转换能力较差，特别是 Excel 和 PowerPoint 文件。假如 Word Perfect Office 能够很好地解决这一问题，消费者就更可能购买或升级。

另外，市场的失败者和小企业还可以通过谈判的方法实现与市场主导者的兼容。对于市场份额较小的企业来说，兼容带来的网络效应要比不兼容的竞争效应有益得多。通过实现与主导网络的互联，小企业可以提升市场地位，逐渐扩大安装基础，培养客户群。小企业应当尽量利用自己的优势条件争取较为有利的条款，如技术优势、制造能力优势、客户优势等。

虽然小企业可以利用互联、兼容等策略在市场中得以继续生存，但可以预见控制着大网络的企业有很大动机限制小企业对其网络的接入，或者至少会对互联或兼容收费。只要能够获益，小企业还是应当尽量争取兼容的机会，否则就有可能在正反馈的负面作用中被挤出市场。

◎思考题：

    1. 请简述兼容的概念及兼容策略的重要性。

    2. 兼容和互补之间的关系是什么？请举例说明。

    3. 网络经济中的企业如何进行兼容决策？

    4. 实现兼容的方法有哪些？请举例说明。

【案例延伸阅读】

阿里巴巴集团控股有限公司滥用市场支配地位案

在网络经济学这一瞬息万变的领域中，阿里巴巴集团因"二选一"策略所引发的反垄断风波，宛如一场风暴，不仅震撼了中国电商行业的根基，也在全球范围内激起了对网络经济监管模式的深刻反思与广泛探讨。这场风波不仅揭示了市场力量在数字经济时代的复杂运作，更促使我们重新审视反垄断政策在网络空间中的适用性与有效性。

阿里巴巴集团作为中国乃至全球电商领域的佼佼者，其发展历程是网络经济从萌芽到壮大的缩影。然而，随着其市场势力的不断增强，"二选一"政策的实施如同一道隐形的壁垒，将商家锁定在特定平台之上，限制了市场的自由流动与多元竞争。这种行为不仅剥夺了商家自主选择销售渠道的权利，也削弱了其他电商平台的发展潜力，进而影响到整个行业的创新活力与消费者福利。

北京市高级人民法院的判决，无疑是对这一行为的有力回击，它不仅彰显了法律对于市场公平竞争原则的坚定维护，也为全球反垄断监管树立了新的标杆。判决不仅关注到了行为本身的违法性，更深刻剖析了其背后的市场逻辑与影响，为反垄断执法提供了宝贵的经验和参考。这一判决不仅为京东等受害企业带来了正义的胜利，更为整个电商行业乃至数字经济领域敲响了警钟，提醒所有市场参与者必须尊重市场规则，维护公平竞争的市场环境。

此外，该案还引发了社会各界对于反垄断监管在网络经济中应用的广泛讨论与深入思考。网络经济的独特性（如高度的动态性、跨界融合以及全球化的特点）对传统反垄断理论与方法提出了严峻挑战。如何在保护市场竞争与鼓励技术创新之间找到平衡点，如何在维护消费者利益与促进企业成长之间作出合理取舍，成为摆在监管者面前的重大课题。阿里巴巴"二选一"案的判决，为我们提供了宝贵的启示：反垄断监管必须紧跟时代步伐，不断创新监管思路与手段，以更好地适应网络经济的新特点与新要求。

展望未来，随着网络技术的不断革新与普及，反垄断监管将面临更加复杂多变的挑战。监管机构需要不断加强自身的专业能力与技术手段，提升对新兴业态的监管能力；同时，还需要加强与国际社会的合作与交流，共同应对跨国反垄断问题。此外，企业作为市场的重要参与者，也应当自觉遵守反垄断法律法规，树立正确的竞争观念与发展理念，以诚信经营和创新驱动为核心动力，共同推动网络经济的健康可持续发展。

总之，阿里巴巴集团"二选一"案的判决不仅是中国反垄断监管史上的一个重要里程碑，也是全球网络经济学中反垄断监管的一个重要案例。它以其独特的视角与深刻的内涵为我们揭示了网络经济时代反垄断监管的复杂性与挑战性。它提醒我们：在追求经济效益与市场地位的同时，必须始终坚守公平竞争与市场秩序的原则底线；只有这样，我们才能共同创造一个更加繁荣、公正、可持续的数字经济未来。

（案例来源：时间线：阿里巴巴滥用市场支配地位案，从被纠纷发生到被督导完成整改（2013 年至 2024 年 8 月）[EB/OL].知乎，[2024-09-09].https://zhuanlan.zhihu.com/p/717688761.）

第七章　网络经济下的市场效率

【思政案例导入】

数字科技助力精准扶贫

党的十八大以来，以习近平同志为核心的党中央高度重视脱贫攻坚工作，举全党全国之力，深入推进脱贫攻坚，走出了一条具有中国特色的扶贫开发道路，中国实现了人类有史以来规模最大、持续时间最长、惠及人口最多的减贫进程，取得了重大历史性成就，为全面建成小康社会奠定了坚实基础。2020年是脱贫攻坚决战决胜之年，在脱贫攻坚战的最后关头，更要坚持精准方略，提高脱贫实效，其中，数字科技的作用不断凸显。可以说，数字科技是脱贫攻坚的重要支撑与保障，其主要在精准扶贫方面赋能脱贫攻坚。

在脱贫攻坚的工作开展中，准确动态掌握贫困户基本情况是摸清家底的首要任务，建立实时迭代和高效共享的贫困人口信息库是脱贫工作开展的基础。要达到准确识别贫困人口、脱贫不稳定人口和边缘人口，详细记录致贫原因和帮扶需求的目标，大数据和云计算等数字科技发挥了重要作用。通过快速整合和更新贫困群众各类信息资源，形成扶贫专题数据库，可以推动各个部门信息共享与互联互通，从而形成实时的信息迭代机制和通畅的信息共享机制，进而通过数字科技赋能，创新透明高效的扶贫工作机制。

在实时的信息迭代机制下，扶贫相关部门可以实现对贫困群众的动态跟踪，及时帮扶。各部门能够在信息更新的第一时间就掌握贫困群众的变化情况，了解脱贫群众的动态需求，为每一个贫困户制定适合其自身情况的个性化帮扶方案。扶贫大数据为中央统一部署扶贫工作提供了精准的决策支撑。

在通畅的信息共享机制下，各部门、各地区之间会形成统筹协调、多方联动的协同工作格局。一方面，同一地区的不同部门在信息共享机制作用下，可以更好地相互协作配合，从医疗卫生、健康、教育等方面对贫困户实施全方位帮扶。另一方面，通过区域协作，不同地区间可以更加精准地调配和使用社会公共资源，达到优势互补、社会公共资源利用效益最大化的目标。

在透明高效的工作机制下，对于支援贫困地区开展扶贫工作的每一笔资金，其一旦入库都可以做到追本溯源，保证每一笔资金的使用都记录得清清楚楚。扶贫相关人员建档、消档的每一步也都会在系统中明确记录。这些数据都可供相关机构和老百姓随时监督调用。数字科技的广泛应用既为扶贫工作绩效考核奠定了基础，又从根本上杜绝了资金挪用、建消档不实等扶贫领域违纪违法问题，从而让群众有实实在在的获得感。

（案例来源：阴衍哲.数字科技助力精准扶贫［EB/OL］.澎湃新网，［2020-11-24］.https://m.thepaper.cn/newsDetail_forward_10123137.）

第一节　市场失灵

学习要求

1. 掌握帕累托最优的概念。
2. 了解福利经济学的基本定理。
3. 掌握福利经济学基本定理需要满足的前提条件。
4. 了解网络经济中存在的市场失灵问题。

一、帕累托最优

瑞士洛桑学派的代表人物——意大利经济学家维尔弗雷多·帕累托（Vilfredo Pareto）于 1906 年在其《政治经济学教程》一书中提出一种社会最大满足的标准，即帕累托最优标准，奠定了当代新福利经济学的发展基础。该标准是目前被人们普遍接受的一种判断资源配置效率的标准。帕累托最优又称帕累托效率（Pareto Efficiency），是指不可能通过资源的重新配置，达到使某个人的境况变好而不使其他任何人的境况变差的结果。如果对某种资源配置状态进行调整，使一些人的境况得到改善，而其他人的状况至少不变坏，符合这一性质的调整称为帕累托改进（Pareto Improvement）。

比如在纯交换经济这种非常简单的经济中，只有两个人，消费两种供给固定的商品。这里唯一的经济问题是把这两种商品配置给这两个人。这两个人是亚当和夏娃，两种商品是苹果（食物）和无花果树叶（衣服）。用埃奇沃斯框图（Edgeworth Box）描绘苹果和无花果树叶在亚当和夏娃之间的分配（见图 7-1）。

171

在图 7-1 中，埃奇沃斯框图的长度为 Os，表示经济中现有的苹果总数；其高度为 Or，表示无花果树叶的总数。亚当消费的物品数量由距 O 点的距离表示；夏娃消费物品数量由距 O' 点的距离表示。例如，在 v 点，亚当消费 Ou 数量的无花果树叶和 Ox 数量的苹果，夏娃消费 $O'y$ 数量的苹果和 $O'w$ 数量的无花果树叶。在埃奇沃斯框图中的任意一点，表示苹果和无花果树叶在亚当和夏娃之间的某种配置。

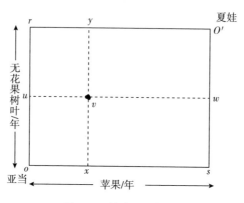

图 7-1　埃奇沃斯框图

假定亚当和夏娃各有一组传统形状的无差异曲线，分别表示他们对苹果和无花果树叶的偏好。在图 7-2 中，两组无差异曲线都放入埃奇沃斯框图。亚当的无差异曲线用 A 表示，夏娃的无差异曲线用 E 表示。数越大的无差异曲线，表明幸福程度（效用水平）越高。亚当处在无差异曲线 A_3，比处在 A_2 和 A_1 更幸福，夏娃处在 E_3，比处在 E_2 和 E_1 更幸福。一般来说，夏娃的效用随着其位置向左下方移动而提高，亚当的效用随着其位置向右上方移动而提高。

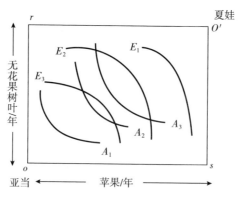

图 7-2　埃奇沃斯框图中的无差异曲线

假设任意选择苹果和无花果树叶的某种配置，如图 7-3 中的 g 点所示。A_g 是经过 g 点的亚当无差异曲线，E_g 是夏娃的无差异曲线。现在的问题是，能否在亚当和夏娃之间重新配置苹果和无花果树叶，使亚当境况变好而夏娃的境况不会变坏？可以看出，这种配置位于 h 点。一方面，在 h 点，亚当的境况变好，因为对他来说，无差异曲线 A_h 代表的效用水平高于 A_g 代表的效用水平；另一方面，夏娃的境况没有变坏，因为 h 点仍在她原来的无差异曲线 E_g 上。

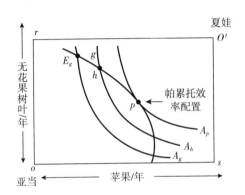

图 7-3 在夏娃的境况不变坏的情况下使亚当的境况变好

在不损害夏娃的福利的情况下，亚当的福利还能进一步提高吗？只要能使亚当的无差异曲线进一步向右上方位移而夏娃仍停留在 E_g 上，这就是可能的。这个过程可一直持续到亚当的无差异曲线与 E_g 相切为止，该切点是图 7-3 中的 p 点。如果要使亚当位于比 A_p 更高的无差异曲线上，唯一的办法就是使夏娃处在较低的无差异曲线上。像 p 点所代表的这种配置就是帕累托效率，因为在该点上，要使一个人的境况变好，唯一的办法就是使另一个人的境况变坏。帕累托效率常被用作评价资源配置合意性的标准。如果资源配置没有达到帕累托效率，那么在不伤害任何其他人的情况下可能使某人的境况变好，从这个意义上说，这是一种“浪费的”资源配置。每当经济学家使用“效率”一词时，通常是暗指帕累托效率。在图 7-3 中，从 g 点移动到 h 点、从 h 点移动到 p 点，都属于帕累托改进。

p 点并不是代表从 g 点开始帕累托效率配置的唯一的点。在图 7-4 中，考察的是能否使夏娃的境况变好而不降低亚当的效用。与图 7-3 的逻辑一样，在使亚当的资源配置保持在 A_g 上的同时，使夏娃的无差异曲线进一步向左下方位移。这样出现了类似 p_1 的点。在 p_1 点，若要提高夏娃的福利，则唯一的办法是降低亚当的无差异曲线。于是，根据定义，p_1 点是帕累托效率配置。

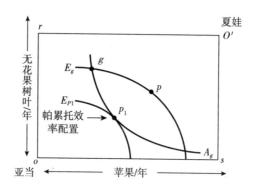

图 7-4　在亚当的境况不变坏的情况下使夏娃的境况变好

　　至此，我们分析的是使一个人的境况变好而使其他人的效用水平保持不变的无差异曲线移动。在图 7-5 中，考察从 g 点开始，使亚当和夏娃的境况都变好的重新配置情况。例如，在 p_2 点，亚当的境况比在 g 点更好（比 A_g 更靠近右上方），夏娃也是如此（比 E_g 更靠近左下方）。P_2 点就代表帕累托效率，因为在该点上，已经不可能使任何一个人的境况变好而不使另一个人的境况变坏，现在我们都应当很清楚，从 g 点开始，可以找到一组帕累托效率点，这些点反映的是各方从资源重新配置中获得的利益不同。

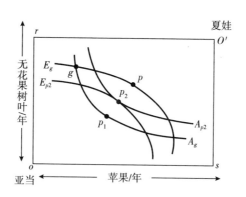

图 7-5　使亚当和夏娃的境况同时变好

　　上述的起始点 g 是任意选定的。还可以从任何点开始，重复这个程序来寻找帕累托效率配置。假定图 7-6 中的 k 点是初始配置点，可以找到帕累托效率配置点 p_3 和 p_4。以此类推，就可以在埃奇沃斯框图中找到所有帕累托效率点。所有帕累托效率点的轨迹称为契约曲线（Contract Curve），如图 7-6 中的 mm 线所示。请注意，如果某一配置点是帕累托效率点（在 mm 线上），它必然是亚当和夏娃的无差异曲线刚好相接触的点。用数学语言来说，这两条无差异曲线相切——无差异曲线的斜率相等。

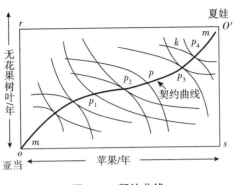

图 7-6　契约曲线

二、福利经济学基本定理

能达到帕累托最优结果的经济被普遍认为是有效率的。福利经济学的两条基本定理向我们揭示了实现帕累托最优的方法，且这一方法可能是最好的方法。

福利经济学第一定理认为只要是完全竞争达到的均衡状态，就是帕累托最优状态。也就是说，在某些前提条件下（我们将在后面讨论这些条件），除竞争市场外的其他任何方法都会使某人境况变好的同时使其他人的境况变坏。原因很简单，一个竞争的市场机制确保了所有互利交易的发生，因此任何一个额外的交易要想使一个人受益就只能以另一个人的损失为代价。

值得注意的是，虽然帕累托最优是一种资源配置的最优条件，但并不是社会福利最大化的充分条件。例如，一个国家的中心城市和偏远山区享受着各自的电信服务，并在不损害对方福利的条件下达到各自的福利最大化，这是帕累托最优，但是不是社会福利最大化呢？不一定。如果认为这种地区间的服务质量差距多大都很正常，那么可以说同时达到了社会福利最大化，反之则不是。换言之，帕累托最优考虑的只是效率问题，不涉及对公平与否的价值判断，而社会福利是公平与效率的函数。为说明这一点，回到纯交换经济这个简单模型上。如图 7-7 所示，比较 P_3（在埃奇沃斯框图的右上角）和 q（靠近埃奇沃斯框图的中心）这两个配置点。因为 p_3 在契约曲线上，所以根据定义，它是帕累托效率点，相反，q 不是帕累托效率点。那么 p_3 点的配置就比较好吗？这取决于"比较好"的含义是什么。如果社会偏好相对平等的实际收入分配，那么 q 可能优于 p_3，哪怕 q 并不是帕累托效率点；相反，若社会根本不关心收入分配，又或许社会对亚当的关心甚于夏娃，那么在这种情况下，p_3 可能优于 q。

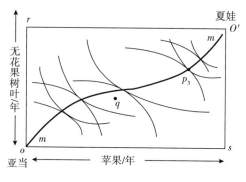

图 7-7　效率与公平

福利经济学第二定理认为，从任何社会公认的公平的资源初始分配状态出发，要达到帕累托最优状态，都必须借助竞争性市场机制实现。也就是说，如果满足某些前提条件，政府通过对购买力进行再分配并让其在竞争市场中交易，就能够将经济从一种帕累托最优结果转向另一种。

简言之，福利经济学第一定理表明竞争市场可以使经济产生效率结果；福利经济学第二定理表明在一个竞争经济中，实现效率和实现公平是不存在矛盾的。

三、前提条件的失真

福利经济学基本定理需要满足很严格的前提条件，如果这些条件有一个或一个以上没有办法满足，那么都将导致定理不成立。这些条件主要是：①每个人的福利只由他所消费的商品决定，每个厂商的利润只由对其所拥有的生产要素的利用决定，与其他人和其他厂商无关。②每种商品都建立了产权并得以实施。③规模报酬不变或递减。在该条件下，企业无法从扩大规模中得到好处，这样企业就不会扩大规模，吞并其他小企业，最后走向垄断。④市场是完全竞争的，即市场上厂商的数量是很多的，以至于任何一个厂商都只能被动地接受市场价格，按市场价格决策，而无法以任何手段来操纵市场价格。⑤交易成本可以忽略不计。只要有共同的偏好区，就可以进行交易，进而改善彼此的福利。⑥经济信息是完全充分和对称的。所有的市场参与者都对交易的内容、商品的质量和衡量标准有一个完全充分的了解和相同的认识，谁都不能凭信息优势欺骗对方获利。

以上六个条件都非常严格，许多条件在现实中是很难成立的，更毋论同时成立。这些前提条件一方面是严谨论证市场经济有效性的基础，从另一方面讲，也指出了现实市场中可能存在的种种缺陷。对于福利经济学基本定理的前提条件失真所导致的福利经济学基本定理失效的情形，也就是说，如果上述条件中的一个或多个条件不成立，市场机制就不会产生有效率的结果，经济学家称之为"市场失灵"（Market Failure）。市场机制的价值在于它通常能够在个人追求自我利益的同时最终实现社会利益，而市场失灵的存在使这种机制并不能总是正常运行。

四、网络经济中的市场失灵问题

从前面各章节的讨论中可知，网络经济有别于传统经济的一些特殊性，如果我们将其放入福利经济学的框架下，那么可以发现：第一，网络经济下市场上的产品普遍具有网络外部性。当一种网络产品对用户的价值随着采用相同产品或可兼容产品的用户增加而增大，某个用户的福利就不仅取决于其自身的消费，而且取决于其他用户的消费，显然网络外部性违背了前提条件一。第二，网络经济中显然是不存在竞争性均衡的，垄断是其突出的问题，这使条件四失真。第三，在网络经济下，我们分析的产品拥有特殊的成本结构，这种高研发成本，低复制成本的特性使边际成本这个概念的重要性被削弱，当数字产品生产出来以后，由于复制容易，增加一份复制的边际成本几乎为零，因此导致了消费上的非竞争性，数字产品具有公共产品特征违背了条件一和条件二。第四，数字产品是经验产品，它们的质量只有在使用后才能被了解，这将导致条件六失真。

虽然网络经济的这些特殊性显然使福利经济学基本定理的前提条件失真，但是否可以就此判定网络经济一定会导致无效率结果的产生是一个值得深入研究和探讨的问题。因此，在接下来的四节内容中，我们将对网络经济中的市场势力、公共性以及信息不对称进行详细的分析，而网络外部性问题已经在第二章中有详细的论述，本节不再赘述。

◎思考题：

1. 请运用埃奇沃斯框图，以只有两个人的纯交换经济为例，说明什么是帕累托效率和帕累托改进。

2. 什么是福利经济学第一定理？什么是福利经济学第二定理？

3. 福利经济学基本定理需要满足什么前提条件？

4. 什么是市场失灵？

5. 网络经济下是否会发生市场失灵？为什么？

第二节 网络经济中的信息不对称

学习要求

1. 掌握完全信息、不完全信息与不对称信息概念及其联系。
2. 了解网络经济中信息不对称问题产生的原因。
3. 了解网络经济中信息不对称问题的新特点。

一、完全信息、不完全信息与不对称信息

完全信息假设是新古典经济学的一个重要假设，是对现实的一种高度抽象，它意味着市场的每位参与者对商品的所有信息都了如指掌，即信息是完全的，在此假设之下，新古典价格理论认为，当强大的市场力量通过供求法则实现市场均衡时，追逐私利的个人作用是微不足道的，个人只不过是价格的被动接受者而已。在这一分析框架中，信息不会给市场机制带来麻烦，因为信息是完全的，可以无成本地获得，并且信息都集中反映在价格上。类似于个人偏好或者生产技术这样的信息都不需要了解，因为价格在反映资源稀缺性问题上已经起到了传递全部信息的作用。举例而言，餐馆老板不需要知道顾客是爱吃偏辣的还是偏甜的，他只要知道一盘鱼香肉丝能卖几个钱就可以了，同样，他也无须知道当地生猪存栏数目是否充足或猪饲料是否涨价，他只要知道猪肉卖多少钱一斤即可。于是最终产品的价格就反映了买方的偏好，而中间产品的价格则反映了资源的稀缺程度，资源被配置给对其评价最高的人，效率就实现了。总结成一句话就是，当信息完全时，"物以稀为贵"，此时消费者花大价钱买的也就一定是好东西。

但是，在现实世界中，个人搜索、获得以及处理信息都需要花费成本，在信息传递过程中也会出现噪声，信息有可能失真。例如，现实中有时仅凭借价格无法让买者确切地了解相关商品的真实信息，此时就不可能实现所有潜在的交易。再如，人们常常说"只有买错的没有卖错的"，"买的没有卖的精"，实际上都是在说消费者永远不如卖东西的人了解商品的真实信息。因此，经济学需要改变完全信息这一严格假设，不同市场不同程度地存在着不完全信息。不完全信息的存在使各经济行为人在认识市场环境状态上存在差距，并导致每个经济行为人所进行的市场活动及其结果无法及时通过价格体系得到有效传递，反映市场一切信息的价格机制出现失灵，市场中"看不见的手"因此失去作用，出现失灵现象。网络经济下的不完全信息问题更是普遍。例如，软件提供者在向用户提供软件时无

法确定用户是否会守信誉，是否会在将软件安装到自己的硬盘之后，再编造各种理由将原商品退回。可以说像数字产品消费的非物质性及间接性使网络经济下不完全信息的存在更加突出。

很多时候人们将不对称信息（Asymmetric Information）和不完全信息（Incomplete Information）两个概念混用，但是这两个概念并非等价。不对称信息是不完全信息的一种特殊情形，1970年乔治·阿克尔洛夫（George A. Akerlof）开创性的论文《"柠檬"市场：质量、不确定性与市场机制》中首次分析了交易双方的不对称信息可能导致市场失灵。如果市场的一方比另一方掌握更多的信息，不完全信息问题就变得更加明显。不对称信息的要害在于某参与人拥有有用的私人信息（Private Information），即一种不同于且不劣于其他任何参与人的信息分割。不对称信息的存在使市场中必然会存在信息优势方和信息劣势方。不对称信息按事件发生时间可以分为事前不对称和事后不对称。研究事前不对称的模型称为逆向选择模型，研究事后不对称的模型称为道德风险模型。

二、网络经济信息不对称问题的产生：信息约束

一切有助于决策者做出正确决策的信息都是有用的，然而这种完全信息的获取常常受到各种限制。具体而言，信息约束主要有成本约束、时滞约束、经验约束和有限理性。在网络经济下，这些信息约束的表现与传统经济下有所不同。

首先，网络经济下，信息搜寻的成本大幅度降低，信息获取的成本约束因而大大减小。这一变化只是使决策者的信息趋向完美，而非趋向完全。然而，当决策者选择某一具体决策对象时，网上浩如烟海的信息相对这一决策行动来说并无价值。快捷方便的信息传递技术也许会给决策者获取决策对象的信息带来方便，但卖方相对于买方的信息优势不会得到根本改观，买方仍然只能拥有不完全信息。

其次，网络经济下，信息获取的时滞约束将几乎完全消失。信息的快速传递技术和即时复制能力使信息获取的时滞趋于零，这对决策者获取所需信息是极为有利的。然而，在信息约束的四个因素中，时滞约束并非一个基本的因素。

再次，网络经济对经验约束的影响不仅没有减弱反而有加重的趋势，而经验约束是信息约束的一个基本因素。数字产品是经验产品，它们的质量只有在使用后才能被了解，而且数字产品所携带的内容本质是信息。从消费者的角度来说，这些思想和信息的作用因人而异，网络上传播的一部电影，对一个人来说可能是精品，对另一个人来说可能就毫无价值。对数字产品质量评价的主观性加深了数字产品质量的不确定性，因为他人的信息参考价值变低了，换句话说，这种带有极强的主观判断色彩的数字产品的"经验产品"性质加强了。这一特点使数字产

品的提供者如果没有一个好的信息传递方式来使消费者相信其产品的质量，消费者就不会购买。很多软件的开发商、供应商采用在市场上提供免费的测试软件或试用版本的方式来解决这一问题。

最后，信息处理技术的改进大大提高了人们的信息处理能力，但是永远没有办法达到"完全理性"。由于网络基础设备的限制，并不是所有的消费者都能获得所有信息，加之接收信息的消费者之间存在着知识结构、信息整理、分析能力上的差异，因此并不是所有接收信息的消费者都能够利用信息。

三、网络经济中信息不完全问题的新特点

通过以上分析，我们清楚地看到虽然网络可以加快信息流通的速度，增加信息采集的渠道，但是网络本身并不能解决信息的不完全性以及由此引起的交易双方的信息非对称问题。同时，网络经济下的不完全信息问题还具有一些新的特点：

第一，信息安全问题。这主要是指互联网安全风险的普遍性和严重性以及由此导致的破坏。混乱和不确定性对公司业务活动造成了严重的威胁，最显著的手段就是在数据传输过程中对关键的业务数据的截取，这将造成新的不完全信息问题，使公司在商业竞争中处于不利地位。

第二，信息隐藏问题。考虑到逆向选择的存在，网络中卖方占有的信息在数量上和质量上都比买方更为优越，往往卖方会隐藏关于商品的部分信息。国际营销监督网络（IMSN）对全球 700 多个网站做的一项调查表明，多数网站未给消费者提供足够的信息，有 62% 的网站没有退换货或退款的说明，有 75% 的网站未建立隐私保护对策（邢冠云，2011）；美国在线公司（AOL）因涉嫌阻止用户使用其他的 ISP 而被指控，eBay 因为妨碍消费者自由使用价格比较查询软件而被调查，等等。

第三，不完全信息造成的道德风险问题在网络经济下将会有新的表现形式。例如，公司雇员错用和滥用互联网导致越来越多的事故。一个最常见的例子就是在工作时间使用互联网从事非商业目的的活动。几乎每个与互联网相连的公司都意识到了雇员利用工作时间上网，下载游戏、图像及与工作无关的软件，参加与业务无关的聊天小组。

◎**思考题：**

1. 试阐释不完全信息和不对称信息两个概念并进行比较。
2. 在网络经济下是否仍然存在信息不对称问题？为什么？
3. 网络经济下的信息不对称有什么新特点？试举例说明。

第三节 网络经济中的技术创新

学习要求

1. 掌握创造性毁灭的含义。

2. 能够对网络经济下垄断的动态效率进行分析。

3. 能够通过建立简单的博弈模型说明网络经济下垄断厂商创新行为的新特性。

4. 理解网络经济下动态无效率发生的可能性。

一、垄断市场结构与技术创新

芝加哥学派关于网络经济的分析并不是完整的，他们并没有将技术创新包括进来，换句话说，他们更多地考虑了静态效率而忽略了对经济增长和社会福利起到更重要作用的动态效率。在网络经济环境下，"消费者收益的关键推动力是技术进步"，这一事实表明动态效率在网络经济特征显著的网络产业特别重要，同时也表明网络经济下垄断与创新的关系是我们必须关注的。约瑟夫·阿洛伊斯·熊彼特（Joseph Alois Schumpeter）在《经济发展理论》与《资本主义、社会主义与民主》中对垄断和创新之间的关系进行了独创性的分析，使人们第一次从动态的角度来看待市场结构问题（以下是在经济学文献中被引用最频繁的一段文字）：

经济学家现在终于从只见到价格竞争的阶段摆脱出来。一旦容许质量竞争和销售努力进入神圣的理论殿堂，价格变量就被逐出原先它所占据的支配地位。然而，在不变的条件、不变的生产方法特别是产业组织形式的僵硬模式中的竞争，实际上仍然是人们唯一关注的中心。但在迥然不同于教科书中所描绘的资本主义现实中，有价值的不是那种类型的竞争，而是新商品、新技术、新供给来源、新组织类型的竞争……这种竞争是拥有决定性的成本或质量优势的竞争，它打击的不是现有企业的利润和产量边际，而是它们的基础和它们的生命。

熊彼特在书中还曾这样写道："完全竞争不但不可能而且效果不佳，它没有资格被树立为理想效率的模范。"他认为，最优的市场结构并不是完全竞争而是涉及一定垄断力量的动态竞争形式，也就是有一定程度竞争的垄断形式。垄断有助于技术创新的实现，理由是垄断厂商不但具备技术创新的实力（如资金实力、抗风险能力等），而且具有技术创新的动力，这种动力的源泉，熊彼特认为

181

是对创新成功后垄断利润的预期。熊彼特的理论已经问世将近一个世纪，但是他的想法以及他是如何想到这些的，仍然是一个令人感兴趣的话题，此后经济学家们围绕市场结构和技术创新的关系进行了大量的理论和实证研究，大致形成两派基本对立的观点：一派是熊彼特理论的支持者，他们追随、发展和进一步验证了熊彼特的理论。例如，1956年，阿尔马林·菲利普斯（Almarin Phillips）发现在1899~1939年美国28个产业中高度集中的市场有更快的技术进步，得出某种程度的垄断对于技术进步不可或缺的结论；1957年，查尔斯·卡特（Charles F. Carter）和威廉姆斯（B. R. Williams）通过对1907~1948年英国12个产业的调查证实了阿尔马林的结论。另一派是对熊彼特理论提出质疑或者反对的学者，他们不认为垄断市场在促进技术创新方面要优于竞争市场。例如，1962年，肯尼斯·阿罗（Kenneth J. Arrow）对完全竞争厂商、垄断厂商和社会计划者的创新激励进行了比较研究，得出竞争厂商创新的价值超过垄断厂商创新的价值，但两者都低于社会计划者创新的价值的结论。

网络经济下短期垄断有利于激励创新，有利于技术进步和长期的经济增长，这和熊彼特的结论是一致的。新古典经济学对垄断的分析及其结论往往是建立在静态分析的基础上，而忽略了对经济增长和人类进步更为重要的内容——创新和技术进步，因此，建立在这种静态的社会福利分析基础上的结论显然是不完整的。与新古典经济学分析模式不同，熊彼特将竞争视为非均衡的过程，从技术创新的角度为垄断力量存在的合理性进行了"辩护"。他认为，不同时期的市场被不同企业垄断，垄断企业可以进行垄断定价以获得垄断利润，垄断利润吸引新竞争者进入市场。当某新企业生产出更为优异的产品时，就会取代原来的垄断企业，成为新的垄断者。这种以技术创新为动力的市场垄断企业的代代替换就是熊彼特所言的"创造性毁灭"的过程。熊彼特认为，企业家基于创新而获得的垄断地位，是创新行为成功所必不可少的，为创新者争取到了发展所需的时间和市场空间。创新者所获得的超额利润，实际上是资本主义颁发给创新者的奖金。他进一步肯定地说，如果没有各种垄断行为给大企业带来垄断利润，那么创新行为将不会出现，大规模的生产也无法形成。也就是说，垄断利润不是以往人们所说的那种剩余性质的报酬，而是一种激励创新的功能型报酬。

二、垄断厂商创新行为的简单博弈分析

在垄断性竞争结构下，垄断者和潜在进入者之间的信息是不对称的。假定在一定时刻垄断者并不清楚潜在的竞争对手是否会采取创新行为，这一假设并非不切实际。事实上，一方面，垄断者往往难以确认其竞争对手，而且对方的意图也不很明确；另一方面，潜在进入者也不是很清楚垄断者的确切意图，潜在进入者

也难以确认垄断者在面对自己的行为时会如何应对。因此，就创新这一行为来说，垄断者和潜在进入者之间存在着博弈。由于分析的是网络经济，因此我们假设创新是激进式创新（即创新产品将使现有产品立即退出市场），一旦潜在进入企业创新成功并进入市场而垄断企业未进行创新，垄断者的利润将变为零，而潜在进入企业将获得垄断利润，成为新的垄断者。最后一个方面，假定不存在创新时序，即如果垄断者和潜在进入者都创新成功，那么两者将同时拥有并均等占有市场份额从而形成寡头垄断。令 RM 代表垄断企业创新前的垄断利润，RD 代表潜在进入者进入市场后两家企业的平均利润（此时市场结构呈现双寡头垄断），创新和不创新是垄断厂商和潜在进入厂商面临的策略选择。表 7-1 给出了垄断厂商和潜在进入厂商采取不同策略时的得益矩阵。

表 7-1　垄断厂商创新行为的简单博弈

		潜在进入者	
		创新	不创新
垄断者	创新	（RD, RD）	（RM, 0）
	不创新	（0, RM）	（RM, 0）

　　由于两者都是理性的，垄断者必须做出使自己利益最大化的选择，因此不管竞争对手选择哪种策略，垄断者选择创新是最优的，即创新是垄断者的占优策略。同理，创新也是潜在进入者的占优策略。因此，该静态博弈存在唯一纳什均衡创新。经过分析可以发现，在网络经济条件下，在垄断性竞争的市场结构中，垄断者和潜在进入者将会展开激烈的创新竞赛。创新竞争会替代传统的价格竞争成为厂商间竞争的主题。

　　这个简单的博弈模型可以很好地帮助我们理解以下几点：首先，网络经济下的垄断是在竞争中形成的且处于持久竞争的环境之下，网络经济的主导生产要素是知识、技术等无形要素，垄断本身就是建立在知识技术垄断的基础上的，是技术竞争和技术进步的结果。技术进步的加快和技术竞争的激烈使"垄断形成—被打破—新垄断形成"的频率加快，技术垄断的暂时性和市场竞争的持久性使垄断企业必须不断进行技术创新以实现技术的自我更替，以新技术的垄断代替旧技术的垄断，否则就可能被持有新技术、新产品的竞争对手替代。从某种程度上说，垄断厂商的竞争对手是自己，它必须不断更新和升级老技术、老产品，才能居于稳定的市场垄断地位。其次，对于潜在进入者来说，若要跨过在位垄断厂商用户基础这道市场进入障碍，就得拿出比在位垄断厂商更具优势的产品，且这种优势要足够大，使消费者从中获得的效用高于放弃在位厂商所损失的网络效用，而生产更具优势的产品或技术的唯一方式是以更快的速度创造出更优于在位厂商的创新成果。最后，网络经济条件下，垄断的易变性和不稳定性使垄断企业并不能像工业经济中的垄断企业那样轻易地获得高额而稳定的垄断收益，网络经济中降低生产成本的主要手段由规模经济让位于技术创新，技术创新能力已经成为企业的核心竞争力，垄断厂商必须依靠不断创新，不断推出新产品、新技术才能获取垄断利润。如同美国著名经济学家保罗·克鲁格曼（Paul R. Krugman）所说："高科技的竞争本来是，也必然是一场接一场'胜者通吃'的游戏。'通吃'只是暂时的垄断，一旦别的好东西降临，它就会消失。"因此，这种网络经济中竞争结果的两极分化导致"赢者近乎通吃"的垄断前景和利润预期激励企业致力于技术创新。网络经济时代是高新技术层出不穷的时代，技术创新是企业生存和发展的主旋律，垄断地位的确立植根于技术创新，垄断地位的维持仰仗于技术创新，垄断地位的打破依赖于技术创新。在位垄断厂商必须时刻保持创新意识，储备技术创新的能力，否则可能很快被市场淘汰。

三、网络经济下动态无效率的可能性

网络外部性的存在带来了重新审视垄断的动态效率的必要性。到此为止，我们的分析都是建立在熊彼特的创造性毁灭学说的基础上，在网络经济环境下，客观条件的变化以及熊彼特那个时代所没有看到的一些新问题、新现象决定了熊彼特的创新理论需要进行一定的修正。

熊彼特一方面承认个别企业会在短期内取得垄断地位（这种短期的垄断地位，在他看来，不仅不是社会的祸害，相反，是创新活动和经济增长的必不可少的前提条件）；另一方面否认个别企业可以不依靠政府力量而长期保持垄断地位以致影响社会的总产量，他坚信，当某个新企业生产出更为优异的产品时，就会取代原来的垄断企业，成为新的垄断者。这种创造性毁灭过程必将持续不断使任何厂商都无法保持垄断地位，除非借助政府的帮助。这在网络经济下是否也同样成立呢？如果深究熊彼特的创新理论，我们可以发现，熊彼特的创新与生产联系是极其密切的，但是与消费的结合很淡薄。换句话说，熊彼特假定经济发展是通过新的生产方法创造生产资料，并用新的供应方法供应生产资料这种途径而取得成功的，消费者只是被动地接受经济发展的影响，而不可能成为其要因。正是因为熊彼特将创造性毁灭过程建立在生产环节上，才能得出"在企业家的带领下，新产品巨大的成本和质量优势迫使旧的垄断者退出，迎接新的垄断者进入，进而成为一个周而复始的创造性毁灭过程"的结论。我们通过前面一些章节的分析可

以看到，消费者在网络经济中的作用是至关重要的，甚至比生产研发环节更为关键。网络经济对于消费者的倚重使我们不得不重新审视熊彼特的结论。

在网络经济环境下，对于消费者而言，随着网络的扩大，相关产品或服务价值也在增加，因此制约了用户转向其他替代品。如果使用目前销量最大的文字处理软件的某用户放弃使用该软件，而选择另一个软件，而且两个软件之间的兼容问题没有得到解决，那么就有可能造成和其他人文书往来的不便，因此即使目前使用的软件价格较高，或者功能不如替代品，该用户也可能不会选择替代品。也就是说，如果产品或服务由于先入优势或者其他原因占有了最大的市场，即使后来出现的产品比它更为先进、功能更加完善，也会因为网络外部性和用户锁定而很难与之竞争。因此，在传统行业里司空见惯的优胜劣汰规律在新经济行业里有时不会发生作用。技术更加先进的后出现的产品往往因为市场在位者（既存产品）的网络外部性和用户锁定无法取而代之，而被逼出市场。在网络经济环境下，网络外部性的存在和作用使企业不仅可以依靠创新获得短期的垄断地位，还可以依靠自己的市场份额和先发优势获得长期的垄断地位（这种垄断地位是属于某个企业的，而不是某种产品或产品的某个版本），从而打败技术更为先进的竞争者。

虽然熊彼特的理论强调了技术发展的作用，具有一定的启发性，但缺乏普遍性的实证支持，显然，他眼里的垄断企业似乎并不强大，很容易被取代。然而，除技术竞争外，的确有其他竞争和反竞争手段存在，这些也应做出分析。在网络经济环境下，企业依靠网络外部性强化的市场力量对其他企业、技术的排斥显然就是反竞争的，是不利于动态效率和技术创新的。如果把企业争取市场份额的各种竞争策略（渗透定价、夸大网络规模等）及可能存在的先发优势或者公共政策倾斜等因素考虑进去，那么次优技术完全可能通过网络效应引发的正反馈作用而占领市场，致使更好的技术被淘汰。因此，简单的优胜劣汰规律在网络经济下是不能成立的，获胜的可能是次优者，即使更好的产品出现了，也未必能够克服网络效应构造起来的重重壁垒而占领市场。垄断不仅可能造成静态经济效率的损失，还可能造成动态的无效率，让次优技术占领市场。正因为良性的熊彼特竞争未必能够持续下去，才有了公共政策关注垄断、关注市场动态效率、保障创新持续的必要。

◎ 思考题：

1. 请简要阐述什么是熊彼特的"创造性毁灭"。
2. 试分析网络经济下垄断和创新的关系。
3. 试通过建立简单的博弈模型说明网络经济下垄断厂商创新行为的新特性。
4. 试阐明网络经济下动态无效率发生的可能性。

第四节　网络经济市场绩效

1. 掌握资源配置效率的概念。

2. 理解技术进步促进经济增长的理论基础和实践措施。

3. 能够对影响技术进步的因素进行分析从而提高生产技术。

　　网络经济下的市场结构变化突出表现在两个方面：一是在"水泥＋鼠标"之后，网络通过对交易成本的影响而改变传统经济原有的产业结构，从而使传统的市场结构发生变化，即网络对传统市场结构产生影响。二是作为网络经济下迅速发展的 IT 产业，由于其产品本身的技术特征而带来了一种新型的竞争与垄断双双被强化的市场结构——竞争性垄断市场结构。

　　市场绩效是指在一定的市场结构下，企业通过各种价格和非价格竞争行为形成的资源配置和利益分配状态，它是反映市场运行效率的综合性概念，研究市场绩效就是通过对市场格局的分析来评判市场结构和市场行为的合理性和有效性程度。网络经济由于其自身的特殊性，带来的市场绩效也与传统经济不同，但评价市场绩效的体系和指标几乎没有改变，依然是资源配置效率、技术进步和经济收益。

一、网络经济下的资源配置效率

　　资源配置效率是用于评价市场绩效的最重要指标。微观经济学认为，完全竞争的市场机制能够保证资源的最优配置。通过前面的学习我们已经看到，在网络经济条件下，市场结构表现出新的特点，即竞争和垄断同时被强化的"竞争性垄断市场结构"，也就是说，网络经济下的市场机制仍然是不完全竞争的。那么，在网络经济带来的"竞争性垄断"这样一个市场结构下，资源配置效率如何呢？对于这一点，下面主要从宏观与微观两个层次进行分析。

　　（一）从宏观经济层面看网络经济下的资源配置效率

　　1. 网络经济使资源在全球范围内得到最优配置。

　　网络经济的产生和发展使资源在全世界范围内进行最优配置成为可能。当今世界发展的趋势可以概括为三个：市场化、国际化和知识化。自 20 世纪 80 年代以来，世界各国就在酝酿着各种各样的经济和贸易联盟，并先后出现了欧洲共同体、北美自由贸易区、东南亚国家联盟、亚太经济合作组织、RCEP 等跨国经济和贸易集团。各国商业和经济发展也越来越依赖国际贸易业务。于是，跨国、跨地区的商贸文件、资金流动、物资流动就变得频繁起来。因此，谁先获得信息，谁就会获得竞争优势，并在竞争中取胜。另外，制造业技术的发展，使产品的零部件和生产过程越来越具有可分性，同一种产品（如汽车和大型的电信设备）的不同部分可以同时分布在几十个国家生产，使每个国家都能发挥其比较优势，使最终产品成为国际性的产品，这样一来，跨国公司把生产过程分布到全球各地的重要条件就是提高通信和运输效率，并降低成本。而互联网必将极大地提高市场的运作效率，使资源在世界范围内进行最优配置成为可能。

2. 网络经济带动新的市场均衡。

资源配置效率是经济学的一大主题。有的学者甚至认为经济学就是研究稀缺资源最优利用的科学，从而把资源合理配置问题归结为经济学研究的全部内容。由此可见，强调网络经济下的资源配置效率问题并把其作为中心问题来研究，既有理论意义又有实际意义。从理论研究来看，研究网络经济下的资源配置效率问题会使网络经济学有助于政府、企业和民众等各行为主体进行科学决策；从实践来看，研究网络经济下的资源配置效率问题有利于加速我国网络经济的发展。研究网络经济下的资源配置效率问题，首先要明确网络经济所使用的主要资源是信息，而且信息资源有其特殊性。美国新经济为什么表现得十分出色？这完全是由信息资源的特殊性决定的，如果离开信息资源的特殊性，网络经济和传统经济没有什么实质性区别。显然，我们对信息的奥秘知道得还不太多，不能从信息的特点来解释网络经济的特点及其发展变化，这是一种遗憾，要知道，从实物经济到网络经济的发展，标志着人类社会经济形态质的飞跃（从物质经济到信息经济），以及由此引发的人类价值观念的进步及其未来可能发生的、我们现在还无法预料的社会变迁。

在现实经济生活中，一国的经济（特别是网络经济发达的国家）通常是由传统经济和新经济两部分整合而成。在总供给和总需求理论模型中（见图7-8），在传统经济市场板块上又增加了一个网络经济市场板块，从而增大了市场容量，推动 AS_0 曲线和 AD_0 曲线向右移动到 AS_1 和 AD_1，使国民产出增加，这一传统经济和网络经济的整合理论可以有效地解释美国经济在 20 世纪 90 年代以来的持续增长。应当说，在网络经济带动下形成的新的市场均衡中，网络经济代表了一个新的市场份额和经济增量。

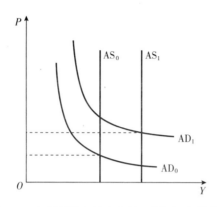

图 7-8　包括网络经济在内的一国国民经济模型

从图 7-8 可以看出，包括网络经济在内的一国国民经济的总产出会有一个增量，这是由网络经济中信息资源的特殊性决定的。在传统经济中，决定供给变化的主要是成本因素，当然网络经济也不例外，在信息网络时代，市场主体之所以愿意在网上从事经济活动，最根本的原因在于交易费用的差异和网络经济效应的存在，按照科斯（Coase）的分析，交易费用是获得准确的市场信息所需要付出的费用以及谈判和经常性契约的费用，交易费用在市场经济中是不可避免的，这是由信息不对称和信息不充分所决定的。正像企业的存在是为了节约市场交易费用，即用费用较低的企业内交易替代费用较高的市场交易一样，网络经济之所以产生并快速发展，也是因为它可以节约交易费用，即用费用较低的网络交易替代费用较高的市场交易。市场主体进入信息网络不但可以极大地降低为获取准确的市场信息所要付出的费用，而且能够在极短的时间内迅速完成对信息的收集、处理、加工和分析工作，使信息资源同物质资源与能量资源有机结合，创造出"互补效应"。另外，信息网络化可以使市场主体及时掌握现时信息，从而改变过去依靠经验和"预测"进行事前决策的行为方式，转向依靠学习和适应的"即时决策"的行为方式，从而产生巨大的学习效应。这样，网络经济下交易成本的降低以及决策方式的变化使供给曲线向右上方移动。

对于网络经济下需求曲线的变化，在网络外部性方面也有体现，网络外部性表明，一个具有网络外部性的商品价值随其销售量的增加而增长，它强调预期的作用，反映了预期数量对价格的作用，也就是说，需求曲线随着预期销售数量的增加而上升。

由此可见，网络经济下的资源配置效率比传统经济下资源配置效率要高，其表现在产出的增长。

3. 网络经济下消费者剩余的变化。

传统经济理论中，表示资源配置效率高低的一个重要概念就是消费者剩余。一般来说，如果消费者剩余减少，则这种减少就是社会福利的损失；反之亦然。所谓消费者剩余是指消费者愿意对某物品支付的价格与实际支付价格的差额。消费者按他对物品效用的评价来决定他愿意支付的价格，但是，市场上的实际价格并不一定等于他愿意支付的价格。我们用表 7-2 来说明，对某消费者来说，他愿意付出的价格取决于他对该物品效用的评价，边际效用递减规律决定了他愿意付出的价格是随对该物品购买数量的增加而递减的。在表 7-2 中，随着某物品数量从 1 增加到 5，消费者愿意付出的价格从 5 元下降为 1 元，但是，市场价格是由整个市场的供求关系所决定的，不以某一消费者的愿望为转移。某一消费者对该物品的购买仅占市场上一个微不足道的份额，也无法影响价格，因此，市场价格是固定的。在表 7-2 中，由市场供求关系决定的价格为 1 元。当该消费者买一个单位某物品时，他愿意付出的价格为 5 元，但实际付出的市场价格仅为 1 元，这样，消费者剩余就是 4 元。随着该消费者购买数量的增加，他愿意付出的价格在下降，而市场价格始终不变。因此，随着某消费者购买数量的增加，他从每单位物品购买中所获得的消费者剩余在减少。

表 7-2　消费者剩余变化情况

消费者愿意付的价格（元）	某物品的数量	市场价格（元）	消费者剩余（元）
5	1	1	4
4	2	1	3
3	3	1	2
2	4	1	1
1	5	1	0

资料来源：笔者整理。

上面的分析是以完全竞争市场为例进行的。但是，网络经济条件下的市场结构已经发生了新变化，是竞争性垄断的市场结构，既有竞争又有垄断，竞争与垄断被同时强化。因此，在网络经济下，产品价格决定方式与完全竞争下市场的产品价格决定方式不同。传统经济学理论采用 MR＝MC＝P 的边际成本定价方式，而网络经济时代，由于数字产品的大量出现，传统 MC＝P 的定价方式面临巨大的挑战，数字产品的成本结构具有高固定成本和低变动成本的显著特点，而这种成本结构使数字产品平均成本和边际成本的特性也发生了变化，即生产规模越大，产量越多，产品的平均成本就越低。对于边际成本而言，数字产品的可复制性，决定了一旦第一份数字产品被生产出来，多生产一张复制的边际成本不但不会增加，而且几乎为零。平均成本和边际成本的这种特性给我们提出了新问题：当生产的边际成本接近于零时，如何进行产品定价？是否以接近零的边际成本来定价？这显然是不合理的，因为以接近零的边际成本定价，价格过低，无法弥补生产初期投入的大量固定成本。同时，竞争性垄断市场结构的出现，也给厂商实现利润最大化创造了条件。由此可见，网络经济下应该采用多重价格模式，这是一种价格歧视，即对同一数字产品或者相似数字产品制定不同的价格。由这种价格歧视所形成的多重价格体系能够提高消费者福利、产品的社会总产量，减少社会效率的损失，可见，多重价格体系不仅满足了更多的消费者，包括有较低支付意愿的消费者需求，还充分调动了数字产品生产商的主动性和积极性。更为重要的是，多重价格体系的形成使现有价格体系能够建立在更尊重效率的基础之上。

由此可见，网络经济下的不完全竞争与传统经济下的完全竞争相比，社会福利发生了变化，究竟是增加了，还是减少了，我们不能一概而论，要具体分析。但是从社会资源配置效率的角度来看，社会福利肯定是增加了，因为竞争更加激烈；从消费者得到的消费者剩余来看，与传统经济相比，总体上肯定也是增加了。但是，与网络经济的发展本身应该给予消费者的消费者剩余相比，肯定没有达到消费者效用的最大化，因为垄断程度也在加强，按照经济学原理，垄断程度越高，经济效率损失越大。

（二）从微观层面看网络经济下的资源配置效率

1.传统企业在网络经济下如何提高效率。

首先，网络经济下企业内部组织形式发生变化。市场条件的不完全性，迫使企业用建立组织的办法解决生产经营中碰到的问题。美国经营战略学者迈克尔·波特（Michael E. Porter）提出著名的"价值链理论"，波特认为，如果把企业经营和生产的各种活动做仔细的分解，可以看到一系列互不相同但又相互关联的"增值活动"，这些具体的增值活动成为"价值流"，价值流的总和构成了价值链，每一项生产经营活动都是这一价值链上的一个环节。

一个企业的独特价值链，决定它能否最大限度地合理利用资源，并形成自己的组织结构。也就是说，企业的组织结构建立在价值链的基础上，目的是使自己的价值链顺畅地运行并与供应商和销售渠道的价值链相互协调。如果一个企业把会计人员和出纳人员编入两个互不相干的部门，作为企业经营活动重要方面的财务工作显然也不能以最有效的方式运作。一个生产企业，如果把自己的生产车间放在工厂的显赫位置，把销售部门放在一个偏僻的、别人难以找到的地方，这显然没有处理好与销售渠道价值链的协调问题。

早期的企业组织是一种机械式结构，内部等级分明、要求严格。这种机械式结构以职能型组织和分布型组织为代表。职能型组织的优点是职能部门专业化程度高，能具体深入指导相关业务，缺点是没有一个直接对项目负责的强有力的权力中心或个人，不同部门的人员之间相互隔离、交流较少，而由于各自的利益不同，可能导致职能部门之间的冲突。分布型组织结构以事业部型为代表，最早起源于美国通用汽车公司的事业部制组织结构，它是对职能型组织结构的改进。它的优点是权力下放，有利于高层管理人员从日常的琐事中脱身，集中思考重大战略，并且各个事业部有很大自主权，有助于增强其责任感，提高企业经营适应能力。缺点是容易造成机构职能重叠，管理人员膨胀；各事业部独立性强，考虑问题时容易忽视企业整体利益。这些机械式组织结构发展到后期局限性显现，虽然分工能提高工作效率，但从长期来看，具体分工后分配给每个人员的工作内容过于单一，不利于调动工作积极性和主动性；在市场快速变化的今天，需处理重大事务时，各个事业部对公司总部下达的命令执行速度较慢，不能对市场变化做出及时的反应。最重要的是，企业的价值链会随着经济发展的变化而变化，标准化、规范化和一成不变的工作流程已不再能适应企业价值链的演变，在信息化高度发展的今天，企业若想获得持续健康的发展，就必须拥有灵活且快速反应的能力和更能发挥员工创造性和主动性的组织。

新的组织被称为"有机式组织"，目前广泛采用的有机式组织结构是"矩阵型组织"。矩阵型组织是一种混合体，是职能型组织结构和分布型组织结构的混合。它既有分布型组织结构注重项目和客户（业主）的特点，也保留了职能型组织结构的职能特点。它的优点是企业有了直接对项目负责的人和客户问题处理中心，能够以项目为导向，协调工作由项目管理队伍承担，资源来自各职能部门且这些资源可在不同项目中共享，专业人员在技术上可相互支持，各专业员工在组织上仍归属其职能部门等。因此，项目结束后，员工"有家可归"，项目组织与职能部门同时存在，既发挥职能部门纵向优势，又发挥项目组织横向优势。专业职能部门是永久性的，项目组织是临时性的。职能部门负责人对参与项目的人员有调配和业务指导的责任，项目经理将参与项目的职能人员在横向上有效地组织在一起。项目经理对项目的结果负责，而职能经理则负责为项目的成功提供所需资源。但是，矩阵式组织也有缺点，组织中信息和权力等资源一旦不能共享，项目经理与职能经理之间势必会为争取有限的资源或权力不平衡而发生矛盾，这反而会产生适得其反的后果，协调处理这些矛盾必然要牵扯管理者更多的精力，并付出更多组织成本。另外，一些项目成员接受双重领导，他们要具备较好的人际沟通能力和平衡协调矛盾的技能；成员之间还可能会存在任务分配不明确、权责不统一的问题，这同样会影响组织效率的发挥。

在考量一个企业在市场中的相对优势时，不难发现，没有一个企业可以在所有方面取得绝对优势，即没有一个企业在所有方面比其他企业更有效率。但是每个企业都有自己擅长的领域，那么企业在生产过程中，若是能将生产经营所必需但非擅长的部分外包出去，专注于自身核心优势，那么竞争效率就会大大提高。因此，单纯从发挥企业的核心优势方面来看，理想的企业组织是"网络式组织"，采用这种组织结构的企业，以自己的核心业务为主，并以合同的形式选择最好的外包企业，将自己并不擅长却必不可少的关键任务外包给更加擅长此业务的企业，形成一个生产经营的网络，更加合理地利用企业资源。

其次，组织形式的变化引起效率的提高。电子信息网络的出现从根本上改变了企业的生存环境，企业原有的价值链发生变化，新的市场机会不知在什么地方忽然涌现，交易的成本和企业内部化的成本有时迅速飙升，有时陡然下降。从金字塔式的职能型组织到平行的分布式组织，再到棋盘式矩阵组织，都以清楚的任务和等级为思考原则将公司组织整合起来。这种有着辉煌历史的经营观念目前却阻碍了许多公司进步。为了培养新竞争力，许多企业正在把自己的组织变成一张网，形成最机动、最灵活、最少等级的"网络组织"。

传统的企业组织，如职能型组织、分布型组织，甚至矩阵式组织等都花很多精力处理企业内部部门间的关系，所花精力超出一定限度以后就是在浪费企业资源，若是企业把多出来的精力花在重新设计组织结构上，这样有利于更流畅地创造价值。价值流小组的不同是它具备执行整个价值流的条件和权利，拥有很大的自主权，不用经领导决定就可直接操作。价值流小组以完成任务为中心，运用最有力的技术和最简单的方式完成工作，没有交接和部门间的缝隙，不受非必要关系的约束。美国固特异轮胎橡胶公司（以下简称"固特异公司"）是世界著名的轮胎生产厂家，它原来设立独立的采购部门，负责从第三世界采购材料，在原材料被送至工厂后进行质量检验，结果通常发现原材料的质量高低不一，有些根本不能用，有些只能勉强用于低级产品的生产，固特异公司认识到这不是一个好的价值创造方式，决定利用电子信息网络，使采购和生产统一起来，把价值流拉直，在采购地点直接进行原材料质量检验，并把检验结果传给自己的各个生产厂家，这就杜绝了不合格物品的运输费用，并使工厂可以根据还在运输途中的原材料情况，及时进行生产计划的制订，大大节约了成本，提高了资源的利用效率。

2. 网络企业效率指标。

在传统经济条件下，经济活动的主体是一个个的实体，而在网络经济条件下，经济实体的形态发生了许多变化，出现了网络企业、网络银行、网络政府、网络学校等。这些虚拟经济实体主要通过网络从事经济活动，其规模不断扩大。但是，虚拟经济不能离开实体经济而存在，他们相互依存，共同发展。网络经济资源配置的特征主要表现在：一是人人平等、共享信息，人人都可以接收信息和反馈信息。二是使人们能够实现预期。市场主体可以在信息网络上及时了解市场情况，并能迅速做出决策，调整自己的经营决策、产品数量和规格，最大限度地达到全社会资源的最优配置，这种资源配置方式低能耗、低成本、高效率。我们可以通过对一些指标的分析来看网络市场的竞争力水平，这些指标包括价格水平、价格弹性、菜单成本和价格离散度。

（1）价格水平。在网络市场中，其效率水平应高于传统市场效率水平，这是因为低的信息搜索成本降低了生产者和消费者之间的信息不对称。由于传统市场上较高的信息搜索成本的存在，使生产商的边际成本一般低于均衡点的价格水平，这样也就没有实现"帕累托最优"。网络市场与传统市场不同，互联网高度发展，出现了许多搜索引擎（如百度等），缩短了地理距离、时间距离、贸易距离，从而降低了影响信息传递的搜索成本，可以以较低成本找到想购买商品的信息，包括价格、品质、物流、售后等，从而也就降低了零售商和消费者之间的信息不对称。因此，网络市场与传统市场相比，无论是同类商品还是不同类商品，前者价格水平应低于后者价格水平。

从理论上分析，生产商不同的成本结构也是网络市场上的商品具有较低价格水平的一个原因。首先，低的市场进入成本降低了原本在传统市场的价格，由于传统市场上存在垄断，使大多数生产商游离于市场之外。因成本的降低使网络市场加入了更多的零售商，竞争更为激烈，而价格水平的下降是竞争产生的直接结果之一。其次，具有较低的成本结构的生产商也将通过低溢价部分而降低整个市场长期均衡点的价格水平。

（2）价格弹性。价格弹性是衡量市场效率水平高低的重要指标，当市场效率很高且替代品数量多时，消费者对价格变化非常敏感。由于网络市场具有较低的信息搜索成本和很低的零售商转换成本（这是网络市场"无边界"的特点造成的），因此，消费者对于商品价格的微小变化都很敏感，与传统市场相比，网络市场上销售的商品应有更高的价格弹性。

有两个方面的原因可以解释为什么网络市场上商品的价格弹性会高于传统市场中商品的价格弹性。首先，低的信息搜索成本使消费者可以很快地找到适合他们的商品的所有相关信息，包括价格、质量、产品特征、售后服务等。其次，对网上商品进行估价时，存在"信息不对称"成本，使消费者更加依赖与品牌有关的信号。上述任何一个方面都会弱化价格竞争程度，从而使网络商品的价格弹性更高。

（3）菜单成本。菜单成本是指零售商对价格进行调整时所产生的成本负担，传统市场的菜单成本主要是价格调整的物质损耗，如撤销原有价格标签的成本、打印新价格标签的成本等。而在网络市场中，其菜单成本很低，更改价格无须打印标签，在浏览器后台修改价格即可。一般而言，零售商只有在价格调整的收益高于其价格调整的成本时，才调整价格。如果价格调整的成本，即菜单成本高于调整价格带来的收益，那么零售商就不会改变价格，这样对商品供求关系也没什么影响。因此，菜单成本也可以作为效率分析的重要部分。

（4）价格离散度。价格离散度是指市场上同类商品价格相对于某一中心价格分布的偏离程度。价格离散度同样也是衡量市场效率水平的一项重要指标。在一个高效率市场中，消费者和零售商之间的信息不对称大幅降低，市场上某种商品的均衡点的价格水平一般也应低于与零售商边际成本（P＝MC）相等的价格水平，此时为实现资源要素配置"帕累托最优"的价格水平，同类商品价格分布的离散程度也就较小。

从理论上而言，一个市场中若存在较高的信息搜索成本，或者消费者没有获得足够的产品信息，价格离散度就会出现。由于网络市场中的信息搜索成本低于传统市场中的信息搜索成本，网络市场产品价格的离散度应低于传统市场的价格离散度，但由于现存市场的不成熟以及部分零售商实施价格分割战略和价格歧视战略，使网络市场的价格离散度并不一定比传统市场的低。

二、网络经济下的产业技术进步

在任何经济条件下，技术进步都是经济向前发展的直接动力，不同规模的企业在技术进步过程中的作用又是不同的。无论是研究开发导致新产品出现（产品创新），或者以更有效率的方式生产现有产品（工艺创新），都会给社会带来收益，新产品和新的生产技术本质上都是技术进步，都是令人满意的市场绩效的因素。

（一）网络经济下的"新产品"

互联网的冲击已经开始实质性地波及社会各个层面，网络正在以革命性的力量改变着人们购物理财、获取信息等事务的处理方式。网络经济对传统产业的冲击是多方面的，如商业、金融业、媒体业等。网络先锋们正以征服者的姿态步入一个又一个充满诱人前景的崭新领域。网络经济下，传统产业内部越来越多新产业涌现出来。

1. 家用计算机业。

互联网加速了计算机行业进入家电产品市场。过去计算机的主要销售对象是企业用户，家电的主要销售对象是家庭，两者并不冲突。随着互联网深入家庭，帮助计算机行业打开了家庭市场的大门，各种家电型计算机纷纷出炉，还把传真、电话音响、光盘和电视功能加入进去，快速挤入家电市场。以美国为首的信息产业，对以日本为首的家电业发起全面的"进攻"。同时，信息产业在全球范围内也在增长。

2. 商业。

与其他产业相似，商业发展至今也经历了一长串的演变历程，从物物交换的地摊市集，到商肆和杂货铺，再到一段时间内一统天下的百货商店，然后进入繁荣时期，大型商场、专卖店、大卖场此起彼伏。就在这滚滚商潮之中，网络商务悄然诞生，并迅速成为当今最具有发展前景的商业形态。

3. 银行业。

在网络对传统行业的摧毁式改造过程中，金融业可能是感受最早、感受最深的了，随着网络交易活动的增加，一种适应网络交易需要，区别于传统货币和银行信用卡的交换媒介——电子货币正在悄然兴起。电子货币为网络经济发展开拓了广阔的空间。此外，一系列现代化的电子工具，如电子资料交换、电子资金转账、数字现金、电子密码、电子签名等在商务活动中日益普及，为利用网络进行银行业务创造了可能。网上银行系统的功能非常广泛，包括发布公共信息和提供金融服务。

现在的网络银行服务不再是重复传统银行的服务，它在传统服务的基础上进行了互联网延伸。当网络银行服务在与传统银行服务的渠道竞争中取得优势时，这一市场将进一步增长。电子支付能为客户节省时间，这将促使更多的客户使用网络银行服务。随着越来越多的消费者认识到网络银行的优越性，这一业务的增长就会更快。

4. 媒体业。

互联网的出现使传统媒体面临前所未有的挑战，它被称为"第四媒体"。互联网使信息的载体不再是笔墨和纸张，而是数字信号。数字产品具有低成本、易复制和方便快捷的特点，这使新闻成为各网站提高知名度、吸引网民的一张"王牌"。对于媒体而言，真正带来收益的是广告。随着互联网的飞速发展，我国的信息产业界和广告界早在多年前就开始注意到网络广告的广阔前景，借助网上广告，企业不仅可以提高自身的知名度，更重要的是它还可以维持和扩大产品服务的市场份额，增加销售收入，从而使企业获得更多的利益回报。

（二）网络经济下新的生活方式

网络经济为人们提供了可以跨越时间以及距离障碍的虚拟生活模式。网络经济对社会生活的提升作用，将有赖于人们掌握知识（信息）的能力。

1. 网上购物——网络经济社会新的消费方式。

1997 年，"电子圣诞节"的出现掀起了全球电子商务的热潮，也使向往数字化生活的人们开始憧憬购物活动的"数字化"。

网络市场中，信息化、电子化的不断加持，为消费者提供了一个虚拟购物环境，建成了一个电子商场，由于网络市场"无疆界"的特点，企业可提供的商品种类更丰富，消费者的购买力更加集中，消费者在电子商场内，利用搜索工具方便地查找所需要的商品，具有更广泛的选择权，而不能快速响应消费者需求的产品及其生产企业将被迅速淘汰。网上商场为消费者提供论坛等交流工具，集聚同类型的消费者，使生产企业平等享有商品信息。"无市场边界"的环境使消费者形成规模优势，电子商场内的市场主体能够动用金融、运输等其他环节的力量，及时设计有利的交易方式，如支付宝、财付通。

网上电子商场运营商的业务重点放在聚集商品、聚集消费者这两个方面，主要是在交易的广度上取得优势，通过降低商品售价、扩大市场容量来获得盈利，降低交易费用的基础是充分利用电子化的手段。

2. 网上社区——网络经济社会新的交流方式。

在网络经济社会，以计算机互联网为基础通信设施的世界为人们提供了跨越现实时间和空间的生活模式。技术的发展改变了人们的生活方式和生活空间，互联网为人们提供了一个冲破传统地理限制的信息通道，使人们可以在网络空间中交流。

网上社区以网络沟通为纽带，由达到一定数量规模的网络人群构成，网上社区内的人群相互联系，共同参与网络社会相关事务。该网络人群依赖从事沟通和共同活动的域名系统，这一系统是网络用户之间经过整合而成的交流空间。网上社区还具备相对完整的、可以满足网络人群某种特定需要的信息服务系统，统一主题的网上社区具备共同的文化和制度，且集中了具有共同兴趣的访问者，同一网络社区的人们有地缘上的归属感和心理上的认同感，成员们把他们在现实生活中遇到的人和事发表在网上供大家讨论，这样就很可能引起"共鸣"和"共振"，其中包括共同的话题、适合社区生活的网络伦理、约束网络行为的法规制度等。网上社区可以被认为是一个相对独立的社会共同体，人们在网络社区中具备自己独立的空间（如微博等）、需要娱乐和交流的场所（如游戏等）、需要各种服务（如商城、咨询等），这也是人们生活中除家庭和工作单位以外的"第三个住处"，成为人们现实生活的延伸。其成员将网络作为进行心理交流和行为交往的社会场所，同时这个场所超越了传统社区的地域疆界和社会行政区划中的地区控制，成为独有的界域形式。网络社区里的活动大多是思想的交流和人际互动。

3. 网上炒股——网络经济社会新的投资方式。

当今社会，随着市场经济的发展，人们的投资观念也在发生着变化，越来越意识到投资理财的重要性。一方面，投资股票的人越来越多，但证券交易所的发展速度却赶不上股民增加的速度。另一方面，不少个人投资者由于出差在外，难以及时获得行情信息，更无法及时买进和卖出，由此而受到的经济损失的确令人懊恼。现在，随着互联网与网络经济的进一步发展，股民们通过互联网证券交易商，可以突破时空限制关注自己的投资。这种互联网证券交易形式因投资快捷、便利、自由、个性化而深受广大投资者的欢迎。互联网证券交易商通常在其网站上适时发布证券交易行情，同时为其客户提供通过互联网直接在其网站上填写证券买卖单证的服务，证券交易商则把这些买卖单证适时传给证券交易所。

4. 网上保险——网络经济社会新的投保方式。

网上投保具有很大优势，保险公司据此可以拓宽宣传渠道以提高企业知名度，从而提升企业竞争力，大部分保险公司已经通过设立主页、宣传保险知识、提供咨询服务、推销保险商品来扩大市场份额。它还可以简化交易手续，提高工作效率；在互联网上开展业务缩短了销售渠道，大大降低服务费用，从而能获得更高的利润。

网上保险公司需为投保人或被保险人保密，保险公司对在办理保险业务过程中知道的投保人或被保险人的业务、财产、家庭、身体健康等状况，负有保密义务，不得向任何组织或者个人泄露；不得向第三方出售、租借、交换、泄露客户的有关情况。保险公司如不履行约定的责任和义务，则需承担必要的法律后果，网上投保的具体流程有五个步骤：一是注册会员；二是选择产品；三是保费测算；四是填写投保信息；五是支付并获得保单。

在世界网络保险业务蓬勃发展的同时，我国的网络保险也正在兴起，1997年，我国第一家保险专业网站——中国保险信息网（现为中国保险网）诞生，中国保险信息网由中国保险学会和北京维信投资顾问有限责任公司共同设立。我国网络保险呈蓬勃发展态势，2020年，共 146 家保险公司经办了互联网保险业务，其中财产险公司 74 家，人身险公司 72 家。网络保险规模逐年增长，截至 2020年，中国互联网保险保费规模超过 2900 亿元[①]。近年来，虽然我国电子科技和通信网络快速发展，但与世界领先水平还存在一定差距。当前，保险与科技深度融合成为新趋势，要缩小差距，保险行业加快保险科技应用，逐步实现数字化转型，我国保险监管部门也要制定相关的法规以确保保险行业平稳健康地发展。

5. 网上教育——网络经济社会新的求学方式。

信息技术的迅猛发展，使各行各业看到机会或是受到冲击，教育行业正是其中之一。中国的在线教育在 20 世纪末开始起步，从最初的网校到"互联网 +"的教育阶段，再到直播式的移动互联网教育阶段，随着互联网技术的发展，教育

---

① 仇兆燕.王磊：2020年全年实现互联网保险保费2980亿元［EB/OL].中国银行保险报网,［2021-05-23].
http://xw.cbimc.cn/2021-05/23/content_395001.htm.

行业与互联网的联系更加密切，提升了用户体验，推动了线上教育行业迅速发展。针对不同人群的需求，在线教育出现了多种模式，如早教、K12教育、素质教育、语言培训等。

在线教育已经成了学习的刚需，其优点体现在以下几个方面：一是资源利用。教育资源跨越了空间距离的限制，各类优势教育资源可以通过网络传播到四面八方。二是学习行为。任何人都可以在任何时间、任何地点学习，不受限于学习章节和课程，充分满足现代教育和终身教育的要求。三是学习形式。教师与学生、学生与学生之间通过网络进行全方位的交流，拉近了教师与学生的心理距离，增加了教师与学生的交流机会和范围。其缺点表现在以下几个方面：一是发展不均衡。受基础设施建设的影响，我国东部地区在线教育总体发展水平高于西部地区水平。二是人才紧缺。以网络为载体的教育行业中，既懂得网络技术、教育素质又过硬的人较少。三是教学交互性差。通过网络实现的教育教学过程，不要求教师和学生在时间和空间上严格同步，客观上造成教学交互性差。

当前，我国在线教育已处在成熟阶段，在线教育行业已形成多样的细分领域，行业呈现精细化发展趋势。中国互联网络信息中心（CNNIC）发布的第46次《中国互联网络发展状况统计报告》显示，截至2020年12月，我国在线教育用户规模达3.42亿人，占总体网民的34.6%；手机在线教育用户规模达3.41亿人，占手机网民的34.6%。在线教育向上发展是必然的，随着我国科技水平与人民生活水平的日益提高，家庭的教育意识将会发生改变，家长们将会对在线教育的领域开始投入一定的关注。同时，人均可支配收入的提高也让家长在孩子的教育投资上加大力度，而科技的提高、技术的变革必然会催化在线教育的继续发展。

三、网络经济下生产技术的提高

（一）影响技术进步的因素

不同规模的企业在技术进步过程中的作用和地位不同，影响技术进步的因素包括金融支持条件、研发费用的分布、人才激励机制、构建研究开发联合体以及竞争的压力和开拓需求的机会。

1. 金融支持条件。

资本的驱动是影响技术进步的关键因素，实现技术的突破与创新离不开大量研究开发费用的投入，这些投资能否获得回报是影响技术创新的重要因素。从国际经验来看，大力发展风险投资事业，塑造极力追逐技术进步和高额回报的风险投资主体是开展技术进步的有效融资机制。

2. 研发费用的分布。

研究表明研究开发费用分布的特点是：大企业占有大多数研究开发费用，其金额随企业销售规模的扩大而增加。在不同产业中，研究费用和销售规模的关系有所差别，其中革新产业中，随着销售规模增大，研发费用上升速度很快；而在成熟产业和衰退产业，随销售规模增加，研发费用上升速度下降，最后停止增加，研究开发密度与产业集中度的对应关系不很明显，而与因技术因素造成的产品差别化和产业所处阶段有较密切的关系。

3. 人才激励机制。

实现技术进步的核心是将精英人才凝聚到科技开发、科技创业活动之中。面向市场、面向社会，真正开展对企业、对社会有使用价值的项目的研究、开发与推广。如果缺少一套能够激励科技人员顺应市场开发新工艺、新产品，鼓励知识型人才科技创业的制度，就会导致科技事业对年青一代缺乏吸引力，致使有价值的科研成果不能转化为生产力。为此，必须营造优良的创业环境，使敢于承担创业风险的科技与经营人才能够在市场竞争中获取高频回报，为高新技术产业化储备大量的人才。

4. 构建研究开发联合体。

随着科技创新节奏的加快和重大领域突破所需的协同效应，企业与企业之间、企业与科研机构之间需要联手开展关键技术的研究与开发，共同承担研究开发的费用与风险，共享技术创新带来的收益，把产品的通用性技术平台搭建得更高，研发团队之间可以通过构建创新联合体进一步提高科研实力，创新联合体能够为企业进行跨界合作、创新生产模式、提供新知识，有利于提升企业的技术创新能力。实践表明，关键核心技术都是复杂的综合性技术，其研发突破非单一创新主体能够承担与完成。因此，创新联合体是提升企业技术创新能力、实现关键核心技术突破的有效组织形式。

5. 竞争的压力和开拓需求的机会。

如果说研究开发投入是技术进步的物质基础的话，那么市场竞争则是推动企业技术创新的外在强制机制，而把握和开拓市场则是促成技术成果产业化的条件，当今中小企业面临的市场竞争压力较大，表现为中小企业从事的行业多容易进入，在扩大其产业市场时，竞争对手不断增多，而中小企业自身弱小，很难经得起时常波动的冲击。出于这种原因，中小企业的经营者为了生存，必须寻找出路，在质量、性能、设计上搞差别化，不断创新以提高自身核心竞争力，同时积极瞄准市场，把握现有市场的同时不断开拓新的市场。

（二）网络经济的作用

1. 网络经济中技术进步促进经济增长的理论基础。

数字化、网络化、宽频带、智能化和多媒体化是现代信息技术的主要特点。网络经济生产函数遵从边际效用递增的规律。信息是网络经济中的主要要素，信息资源是可再生资源，可以重复使用，且具有无竞争性和非排他性的特点。随着使用量的增长，其成本并不会成比例地增加，达到一定规模后，其边际成本逐渐降低，甚至趋近于零。高速度、高需求往往是由供给创造的，产品受网络市场容量饱和的影响较小。因此，网络市场的边际效用并非递减，而是递增，并随网络效应的作用而强化。

在网络经济中，知识溢出效应得到充分的体现，劳动工具网络化、智能化，以及隐含在其中的信息和知识的比重急剧增加，使信息网络本身也成为公用的或专用的劳动工具。劳动对象得到更好的利用，劳动对象涵盖的范围扩大，数据、信息、知识等都成了新的劳动对象。科学技术是第一生产力，信息技术有力地促进了现代生产力的突破性进展和经济发展，信息技术成为高科技的重要代表，对社会与经济的渗透作用和推动作用不断增强。

网络经济是创新型经济，技术进步是网络经济发展的根本原因，创新是网络经济的原动力。创新包括技术创新、制度创新、组织创新、管理创新、观念创新等。创新对于一个国家和民族而言，有着重要的影响，它是国家发展和民族振兴的前提保证，当前的社会发展需要创新型的人才。创新是网络经济发展的中坚力量，因为只有创新，才可以打破传统的思维模式；只有创新，才可以不断取得进步；只有创新，才可以随时都走在世界前列。它揭示了网络经济高速增长、日新月异的源泉和动力。

2.网络经济中技术进步促进经济增长的实践措施。

（1）新的人才激励机制。在新技术日新月异发展的今天，虽然通过资源合理配置和运作，可以创造一时的最大化收益，但是从企业长远稳定发展的角度来看，一个成熟的员工团队才是企业生存的保障。在知识经济时代，人力资源是促进生产力发展的重要因素，而所谓的人才激励机制是把企业员工作为企业全部财富的一个重要组成部分来进行分析和规划，使其潜能得到发挥的全部管理活动。

在传统的流水线上，工人只需专注一道细微的工序，此时工人对整个产品的生产和流水线乃至工厂的管理任务毫不了解。管理信息的分割一方面因为其产生的枯燥无聊的工作，不利于调动工人的生产积极性，另一方面又会使管理人员因独享信息而造成武断。这是人类在一定的经济发展阶段为换取效率而不得不支付的一种成本，现代信息技术正在消除这笔成本。企业激励机制包括物质激励、精神激励和奖惩激励。企业采用激励机制，能够营造良好的企业环境，提高员工的工作质量，为创造企业和谐生产环境提供强大的推动力。同时，良好的人才激励机制使员工能够在团队建设的过程中，更加主动地学习各项业务，激发员工的工作创新精神，提高团队建设的发展水平和企业的工作收益。

（2）充分利用"智能资本"。智能资本一向是企业的重要资产，但从来没有像现在这样重要过。智能资本包括专利、工艺流程、管理技术、关于客户和供应商的信息和经验。这种知识集合并不容易被收集和认清，要迅速有效地加以利用就更困难，而如今一家公司的成败越来越取决于它的研究和开发能力。美国宝丽来公司生产的被称为"太阳神"的医学成像设备，从研究设计到投放市场仅用了三年时间，其速度比最乐观的预计要快 1 倍。

要从智力资产中获得更多收益，第一步是要及时和准确地发现这些资产。AMP 公司的一个分公司能够在超薄的塑料和金属上钻极小的孔以制造光纤电缆的接收器。该公司的钻工是世界上最优秀的，他们的工作精度极高，能够使AMP 公司以竞争对手生产成本的一半来赢得市场。然而，该公司直到进行了技术知识管理，通过计划他们的技术资产，即找出这些公司资产的价值所在，明确它们的范围，并绘制出将它们输送到各分公司和其他部门的线路，才发现这些技术也能够移用在铜质电线系统的接收器制造方面，这无疑会成倍地带来收益。

（3）新型竞争关系——商业网络。网络经济的特点是，不断增加的产品和服务是以系统产品的形式出现的。也就是说，用户评价产品价值时，不是评价产品的单独部分，而是评价整个产品（或者说是系统产品）。单个的子系统之间是互补的关系，由于网络经济中系统产品的增加，竞争的战略观点也被拓宽，重点放在生产互补的系统产品与服务上。系统供应商了解网络效果，积极的反馈使自己具有决定性的竞争优势。在这种环境中，公司需要选择或者自己生产完整的系统，或者只生产系统的一部分。由于劳动分工能产生更高的效率，很多情况下最好的办法是由许多公司共同完成系统产品的生产，商业网络中成批参与相同价值链的公司相互独立存在，但具有互补的关系。这些公司共享市场的成功，因为用户只接受价值网络整体创造的系统产品的整体效果，连接特定商业网络系统结构的要素在大多数情况下是建立在特定技术基础之上的，同样也包括用户。第一类要素是指技术网络，第二类要素是指用户网络。

在更新迭代较快的行业中，形成商业网络不但是一个有吸引力的战略选择，而且是一个要取得竞争实力的必然选择，因为只有通过集中核心竞争力，公司才能加强自己的专业性。商业网络中核心竞争力的结合从长远来说，就是提高系统产品的质量。商业网络通过共担风险，可以大大降低公司在这种复杂、高度动态的市场中的不确定性。商业网络还可以通过共同承担附加值活动来发挥网络效果，从而达到高度的灵活性。此外，系统产品的模块化为革新提供了巨大的潜力，并能快速渗透市场。商业网络伙伴的结合提供了具有更广泛资源的系统产品。商业网络具有进行富有成果的竞争和合作的相互作用的空间。

四、网络产业中的经济收益

一般认为，经济收益是指劳动占有和劳动耗费与所得的有用成果的对比关系，也就是指投入与产出的对比关系。网络经济收益主要有两方面的内容，一方面是指网络企业在生产或销售网络产品和信息活动中的投入与产出的比较，如亚马逊网上书店为网上购书者提供图书信息和售书业务的投入产出比；另一方面是指网络用户在使用和消费网络产品和信息过程中的投入与产出之比，如网上购书者使用亚马逊网上书店的图书时的投入与获得的收益等。

（一）网络经济下的广度经济收益

随着信息网络技术的发展与传播，社会分工、市场需求和企业组织已经走上了一个新的历史阶段，一个很明显的特性是产品生命周期越来越短。过去的产品生命周期长达几年甚至更长时间，大部分企业要想获得稳定发展，凭借其产品的大量生产所形成的规模经济即可，但随着科技的不断进步，产品生命周期逐渐缩短，高科技产品更新迭代的速度不断加快，甚至没有形成规模经济的时间。"灵活性"取代"稳定性"、以"快"制"大"是现代企业发展的一个显著特征。企业速度已经成为制约企业发展与提高企业竞争力的至关重要的因素，谁拥有了速度优势，谁就容易抢占市场先机。

1. 规模经济收益。

当今科学技术的发展日新月异，科技越发达，社会分工越细，生产社会化程度也越高。与此同时，新兴产业部门不断出现，它们利用科技进步的后发优势，抢占市场竞争的最有利位置，通过"强强联合"集中全社会乃至全球范围内的生产要素，谋求规模经营，以获取最大可能的利润，同时也推动了全社会存量资产和闲置资产的有序合理流动。

规模经济是指在增加投入要素数量的过程中，产出增加的比例超过投入增加的比例，其平均成本随着产量的增加而下降的现象。在固定成本不变的情况下，随着投入的增加，产量也不断增加，当产量达到某一临界值 Q_1 时，单位产量的平均固定成本开始下降，进而导致平均成本降低，此时出现规模经济效应。随着投入的增加，产出增加的比例会继续大于投入增加的比例，当产量增加到下一个临界值 Q_2 时，产出增加的比例不再大于投入增加的比例，规模经济效应停止，也就是说，当产量处于 Q_1 与 Q_2 之间的区间时，产生了规模经济收益，可见，规模经济是一个过程，而不是一个状态。

在一定的限度内，经济规模的增加使经济收益提高，这就是规模经济。例如，机械化、自动化程度的提高，大规模的生产可以更有效地利用专用资本设备以及运用自动化生产、计算机设计与操作更快地完成简单和重复性的劳动。不仅如此，当固定成本占总成本的比例很大并起主导作用时，在一定限度内，扩大生产规模可以使固定资产得到充分利用，从而使分摊到单位产品的固定成本下降，随着产品数量的增加使产品成本不断下降而带来经济性。在传统经济中，大多数产业的规模都有一个最高容纳的限度，生产效率并不会随着规模的扩大而无限提高，生产一旦超过固定资产所能容纳的极限，生产效率就会下降，即使追加固定资本也不能立即提高生产效率，从而使边际收益递减。网络经济和传统经济不同，因为信息是网络经济中的主要产品，而信息又具有接近于零的再生产成本，因此，以信息产品为主的网络企业的规模经济性是无限的，即可以随着生产规模的不断扩大，其生产效率不断提高。

2. 集团竞争。

大企业之间为了增强市场竞争力，获得更大经济收益而实行合并，简称"强强联合"，组建企业集团是壮大企业规模的有效途径，而实行"强强联合"就是由同一个行业中或生产相关产品的两个或两个以上实力较强、收益较好的大企业形成紧密联合体，作为集团的核心。企业间"强强联合"可以实现优势互补，优化资源配置，降低生产成本，提高劳动生产率，促进研究和开发，达到扩大市场占有额、获取更大经济收益的目的。同时，还能提高企业的国际竞争力，促进企业的发展。

另外，"强强联合"并不是一心只想扩大企业的规模，而是以提高收益为原则和目标，要在实现各种生产要素优化配置的同时，按照"产权清晰、权责明确、政企分开、管理科学"的要求建立全新的运营机制，在技术、管理、产品质量上下功夫。

集团竞争就是若干具有市场、技术、资金内在联系的企业、科研设计单位，按照专业化、协作化、集中化的原则，以获得生产要素的优化组合和规模经济为目的而组成企业集团的一种竞争形式。集团竞争的组织形式包括单点辐射型、项目承包型、连锁经营型、纵向一体化型、横向多样化型和契约合作型。

单点辐射型是指以大型骨干企业的系列产品为龙头向外辐射，逐步扩散产品零部件的加工业务，形成多层次配套的网络集团，这是最常见的一类企业集团，形成这类企业集团的条件是骨干企业系列产品批量大、销售稳定，产品与行业生命周期长。

项目承包型是指以几个大型骨干企业及相关设计单位为主体，从设备设计制造、供应、安装、调试到人员培训、维修、服务等以项目承包方式组成的企业集团。

连锁经营型是指以连锁经营的形式组建企业集团，主要出现在商业及服务领域。所谓连锁经营即以母店为样板，在其他各处开设经营方式和经营理念与母店统一的分店。实施统一进货、统一宣传、统一价格、统一服务规范、统一促销和统一企业形象设计。通过连锁经营，可以在进货时获得较低的价格，并分摊促销费用，达到管理经验共享。

纵向一体化型是指若干个加工企业和原材料生产企业通过合同或投资紧密地或松散地联合起来，形成从原料、半成品到产品的大跨度的企业集团。这种企业集团通过组织"一条龙"开发系统，以提高经济收益。

横向多样化型即购买竞争对手企业，增加新的产品和劳务，从而扩大实力，提高竞争力，只有极具实力的大型企业，才可采用这种方式，形成企业集团。在西方经济发达国家中，这是一种常见的形成集团的方式。由于我国的产权市场并不完善，购买竞争对手企业较为困难，所以这种形成企业集团的方式较为少见。

契约合作型是指通过同行业的数个契约，企业自发地联合起来，以合同明确各自的责权与利益关系，集中各自技术优势、资金优势、销售优势，组织技术攻关或开发市场的企业集团。

3. 范围经济收益。

范围经济是指由厂商的范围而非规模带来的经济，即当同时生产两种产品的费用低于分别生产每种产品所需成本的总和时，所存在的状况就被称为范围经济。范围经济的特点是小批量、多品种，通过联合生产，增加产品种类而实现单位成本的下降，体现了生产的灵活性，因此"灵活制造"也成为企业增加收益的方法。

美国、日本等国家10年来一直对灵活制造进行投资。1986~1991年，日本对国内工厂和设备的投资为3万亿美元。近几年虽然由于经济放慢了速度，日本的投资停止了增长，但是私营工业于1991年在日本购买了人均价值5320美元的新的工厂和设备（唐红涛等，2022）。科尔尼管理咨询公司东京办事处的一项分析表明，在一般情况下，每4个制造商中大约有3个用于信息方面的支出是注入敏捷制造系统。

灵活制造的投资并不便宜，但是时间长了就能节约资金。虽然以较高的成本生产小批量的产品，但由于小批量的产品之间有着更多的差别，因此能得到更高的价格。灵活制造在现在的汽车工业中最为典型。

传统的社会经济背景下，单一的市场主体往往是靠自身的力量拓展产品的经营范围、实现多角化经营、实现"范围经济型"，但是由多数市场主体通过信息网络的联结所产生的复合效应要比"范围经济性"更为可观。

（二）新形势下的广度经济收益

企业为了追求规模收益必须扩大自身的生产和经营规模，但为了满足消费者的不同需求，提高占有率，企业还必须重视范围经济收益，实行"灵活制造"。在经济快速发展，信息传播迅速的网络经济条件下，各企业必须把两者结合起来，追求广度的经济收益。目前，中小企业的集群现象就是追求广度经济的典范。

在经济全球化日渐成熟的今天，世界范围内的中小企业出现明显的集群趋势，这种集群趋势主要不是外生性的，而是内生性的。即集群的形成主要不是靠外力的强制，而是靠市场自身发展的内在逻辑自然形成的。如美国的硅谷和128号公路就代表了高科技产业集群。

企业集群是中小企业克服规模与范围经济劣势以及大企业克服低效的有效方式，规模不经济限制了企业边界的无限膨胀。受边际效用递减规律的制约，企业的规模是有限的，且企业的规模并不是越大越好，企业最合理的规模是能够实现生产要素最佳使用法则的企业规模。

企业的最佳边界就在企业内部交易成本与纯粹市场交易成本相等的地方，当企业规模扩张越过最佳边界时，企业就很有可能患上"大企业病"，特点是组织层级过多、信息传递缓慢、决策过程烦琐、管理成本过高与市场反应迟钝等。如果企业不幸患上了"大企业病"，首先要做的就是压缩企业规模。可以通过两条途径：一是分拆企业，压缩企业规模，提高企业竞争力，形成中小企业集群。二是出售部分非核心业务。企业可以将部分或者全部非核心业务发外承包，企业自己只需控制与管理企业的核心业务，从而在企业周围可以形成一些专业性很强的中小企业集群。

企业集群是克服中小企业规模经济与范围经济劣势的有效途径。原因如下：

（1）中小企业可以充分运用企业集群中的信息集聚效应，降低企业的搜寻成本，如收集市场信息、资金信息、政策信息、人才信息等的成本。

（2）集群内企业之间相对稳定与熟悉的关系所形成的隐形契约关系，使企业的每个订单都能很方便地在企业集群内找到合适的委托生产者，从而大大地降低了企业之间的契约成本与监督成本等；同时也会大大提高了集群内上下游企业之间的资金周转率。

（3）分工所带来的经济收益的提升将大大弥补中小企业的规模经济与范围经济的劣势。集群内的企业存在着精细的专业化分工，这大大地提高了企业生产收益，降低了生产成本，并有效地提高了企业的竞争力。

（4）企业集群内的共享将使其享受集群外的企业享受不到的范围经济优势。例如，集群内企业共享品牌、管理知识与技术技能等。

随着计算机网络的深入发展，企业逐渐转型为跨网络式企业，这改变了产品的生产方式、企业的经营方式，是一个前所未有的促进社会发展、提高生活质量的新系统，为社会带来显著的广度经济收益。运用大众信息平台的跨网络式企业，以中心厂商为核心，将下游经销商、最终消费者、上游零部件供应商以及有关金融单位结合为一个整体，下游经销商和消费者将市场需求趋势及销售状况及时通过网络传输给制造商，也通过网络完成订货、预付款等交易活动。制造商综合下游经销商和消费者提供的各地市场需求和销售状况来调整生产计划，并将生产计划、零部件设计制造图及订货单等通过网络传送给上游供应商，上中下游企业和消费者在网络上共享生产计划、产品设计及技术手册等信息，形成整体配合，减少库存，及时反映客户的需求。

◎思考题：

1. 简要分析竞争性垄断市场结构的形成机制。

2. 如何看待网络经济下"新产品"的出现？

3. 如何利用破坏性创新实现进步？

4. 简要分析不完全竞争市场结构的特征。

5. 当前形势下，企业如何实现经济收益最大化？

第五节　数字鸿沟

学习要求

1. 掌握数字鸿沟的概念。

2. 理解并掌握数字鸿沟的各种测算方法及其比较。

3. 了解中国的城乡数字鸿沟和地区数字鸿沟现状。

一、数字鸿沟的概念

1990 年，美国著名未来学家阿尔文·托夫勒（Alvin Toffler）出版的《权力的转移》一书中，提出了信息富人、信息穷人、信息沟壑和数字鸿沟等概念，认为数字鸿沟是信息和电子技术方面的鸿沟，信息和电子技术造成了发达国家与欠发达国家之间的分化。数字鸿沟（Digital Divide）这一术语最早是由美国 Markle 基金会总裁利奥伊德·莫里塞特（Lloyd Morrisett）在 20 世纪 90 年代中期提出的，用来表达人们在信息通信技术享用机会上的差别。早在此术语问世之前，就有很多类似的概念用来表示这种现象，诸如信息的有无（Information Haves and Have-nots）、信息的富有与贫乏（Info-rich and Info-poor）、信息分化（Information

Differentiation）以及信息鸿沟（Information Gap）等。1995 年 7 月至 2000 年 10 月，国际上最早研究数字鸿沟问题的机构之一——美国国家远程通信和信息管理局（NTIA）先后四次发布了关于美国数字鸿沟问题的系列报告《在网络中落伍》，被公认为是研究数字鸿沟问题的开山之作。在这些经典系列报告中，"数字鸿沟"被列为美国首要的经济问题和人权问题。数字鸿沟体现了当代信息技术领域中存在的差距现象。这种差距，既存在于信息技术的开发领域，也存在于信息技术的应用领域，特别是由网络技术产生的差距。数字鸿沟现象存在于国与国、地区与地区、产业与产业、社会阶层与社会阶层之间，已经渗透到人们的经济、政治和社会生活当中，成为在信息时代凸显出来的社会问题（石磊，2009）。随后，数字鸿沟最早正式出现在美国的官方文件里面，即 1999 年美国官方发布的名为《填平数字鸿沟》的报告。2000 年，世界经济论坛组织（WEF）向 8 国集团首脑会议提交专题报告《从全球数字鸿沟到全球数字机遇》。当年召开的亚太经合组织会议上，数字鸿沟成为世界瞩目的焦点问题。"美国全国城市联盟"的技术计划指导 Keith Fulton 认为，必须落实培训和教育方面的投资，数字鸿沟并不仅指是否拥有计算机。历史上发生过"工业革命"，但许多国家在工业革命中各行其道，许多国家落在后面。中国对数字鸿沟的研究是从 2000 年开始的，虽然比其他国家晚，但一经引入，与此有关的新闻报道、学术论文以及专家论坛一时层出不穷，时至今日依然是社会各界广泛关注的热点。具有讽刺意味的是，虽然"数字鸿沟"这一名词频频出现在各种场合，包括各种学术性文章中，但它的含义和所指一直是混乱而随意的，人们仿佛只是使用这一概念，而不去理会这一概念的具体含义，似乎其含义是众所周知的。不同领域的学者对于数字鸿沟的概念有着不同的理解和认知，各有侧重，应该说至今没有一个公认的定义。其中，具有代表性的定义如下：

1999 年，NTIA 在名为《在网络中落伍：定义数字鸿沟》的报告中定义：数字鸿沟指的是一个在那些拥有信息时代的工具的人以及那些未曾拥有者之间存在的鸿沟。在其系列研究报告中从技术应用角度将数字鸿沟简单地解释为信息富有者与信息贫困者之间的两极化趋势，即信息分配与有效使用的资源在不同人群中存在的"实质性不对称"，以及有效获取知识与信息方面存在的技术上的差距。

美国商务部的"数字鸿沟网"把数字鸿沟定义为："在所有的国家，总有一些人拥有社会提供的最好的信息技术。他们有最强大的计算机、最好的电话服务、最快的网络服务，也受到了这方面的最好教育。另外有一部分人，他们出于各种原因不能接入最新的或最好的计算机、最可靠的电话服务或最快最方便的网络服务。这两部分人之间的差别，就是所谓的'数字鸿沟'。处于这一鸿沟的不幸一边，就意味着很少有机会参与到我们以信息为基础的新经济当中，也很少有机会参与到在线教育、培训、购物、娱乐和交往当中。"

经济合作与发展组织（OECD）一直非常关注数字鸿沟问题，在2001年发布的《理解数字鸿沟》报告中，将数字鸿沟定义为处于不同社会经济水平的个人、家庭、企业和地区在接入通信与信息技术的机会以及利用互联网进行各种活动上的差距，即不再将数字鸿沟界定为技术产品接入上的差距，而是强调了使用能力上的差异。《OECD等国际组织的研究对策及其局限性》是对OECD在数字鸿沟方面工作的一个补充报告。事实上，数字鸿沟经常被用来描述人们在能否接入互联网方面的差距，从这方面来讲，存在着宽带鸿沟、城乡鸿沟和国际性数字鸿沟。有些人将数字鸿沟延伸为"数字延迟"（Digital Delay），认为在数字时代，需要"等上几年"才能使用到技术是一种非常大的劣势。

通过对多种有关数字鸿沟研究的整合，Van Dijk（2005）提出了一个衡量数字鸿沟的四维度框架定义，对数字鸿沟进行了多维度的界定，在他的框架下，所谓的数字鸿沟实际上包括四个层次：就互联网技术而言，第一层次是动机接入（Motivation Access），是指在实际接入到互联网之前想要拥有计算机并接入到互联网上的动机；第二层次是物质接入（Material Access），是指拥有全套设备和连接可以接入到互联网上；第三层次是技能接入（Skill Access），它分为三个方面的内容，即操作技能、知识技能和战略技能（是指人们在社会中为某特定目标利用计算机和互联网技术的能力）；第四层次是应用接入（Usage Access），这是整个技术接入过程的最后一环，也是接入的目的所在，关注的是人们对互联网的实际使用情况。

中国科学院清华大学国情研究院院长胡鞍钢（2006）认为，数字鸿沟的本质是以互联网为代表的新兴信息通信技术在普及和应用方面的不平衡现象，这种不平衡既体现在不同地理区域之间和不同人类发展水平、不同经济发展水平的国家之间，也体现在一个国家内部的不同地区、不同人群之间。

总体而言，学术界和机构对数字鸿沟的理解各有不同，也从不同的角度对其进行了定义和理解，这些定义和理解的核心内涵是一致的，即在不同国家和地区，由于现代通信技术和互联网发展不均衡，经济状况相去甚远，人群之间受教育程度、知识水平参差不齐，导致信息拥有极不平衡，有些个体是信息富人，而有些个体则是信息穷人，这些差距即是数字鸿沟。

二、数字鸿沟的现状表现

美国经济学家托马斯·弗里德曼（Thomas Friedman）认为，21世纪科技和通信领域的不断创新，使这个"世界正在被抹平"。但现实世界并没有这么理想化，由于信息化发展水平的不同，互联网的发展并没有抹平这个世界，反而使这个世界变得更加沟壑纵横，从发展阶段来看，分为纵向和横向：

从纵向的发展阶段来看，数字鸿沟具体表现为"接入鸿沟""使用鸿沟""能力鸿沟"。

"接入鸿沟"指因为一部分人可以接入数字技术，另一部分人无法接入数字技术所导致的在信息可及性层面的差异。这一鸿沟更多地体现为宽带建设、网络终端设备等硬件条件的差异。

"使用鸿沟"指随着信息通信成本的下降、互联网的普及，"接入鸿沟"不再难以逾越，但与此同时，因为数字技术使用的差异而导致的"使用鸿沟"开始凸显，具体表现为是否掌握使用数字技术的知识、数字技术的使用广度、数字技术的使用深度等。"使用鸿沟"与公民受教育水平、数字技术培训服务等软件条件密切相关。

"能力鸿沟"指近年来随着生产生活的数字化水平不断提升，数字技术逐渐成为一种通用技术，数字化生存（Being Digital）成为现实。这一阶段的数字鸿沟，不再局限于数字技术的发展和使用层面，而是体现为不同群体在获取数字资源、处理数字资源、创造数字资源等方面的差异。

从横向的发展阶段来看，数字鸿沟的具体表现形态是多样的，既有微观主体视角下个人、企业层面的数字鸿沟，也有宏观地理范围视角下地区、国家层面的数字鸿沟。

从个体层面观察，数字化浪潮中，年轻人快速学习和使用移动支付、预约出行、网络订餐等数字技术应用，成为数字时代的弄潮儿，而很多老年人则受传统观念影响、学习能力偏弱等原因，成为数字弱势群体。个体层面的数字鸿沟还表现在性别差异上，国际电信联盟公布的数据显示，全球只有8%的国家女性上网比例高于男性，只有约1/4的国家在互联网服务方面基本实现性别平等。总体而言，发达国家在互联网使用方面的性别差距较小，发展中国家则较大，最不发达国家的差距最大，且由于近年来发展中国家男性网民人数激增，使这一差距呈现进一步扩大之势。

从企业层面观察，一方面，不同行业的企业之间存在数字鸿沟。国际数据公司（IDC）发布的《2018中国企业数字化发展报告》显示，我国零售、文娱、金融等接近消费端的企业，很多已经接近或完成了数字化转型，而制造业、资源性行业的数字化程度则相对较低。另一方面，即使是在同一个行业内部，企业数字化的程度也有巨大的差异。IDC的报告显示，虽然制造业中有不少数字化转型成功的领军型企业，但依然还有超过50%的企业数字化尚处于单点试验和局部推广阶段。

从地区层面观察，我国地区之间的数字鸿沟突出地表现在城市和乡村之间，以及东、中、西部地区之间。第 45 次《中国互联网络发展状况统计报告》显示，我国 9.04 亿网民中，城镇网民占比高达 71.80%，而农村网民则仅占 28.20%。从东、中、西部地区来看，《中国宽带速率状况报告》（第 25 期）显示，2019 年东部地区 4G 移动宽带用户的平均下载速率最高达到 24.60Mbit/s，而中部地区和西部地区则分别较东部低 0.93Mbit/s 和 1.58Mbit/s，表现出了比较明显的差距即鸿沟。

从国家层面观察，数字鸿沟表现为国家与国家之间数字技术应用水平的差异。其中，最突出的是发达国家与发展中国家之间的数字鸿沟，这是南北问题在数字经济时代的体现。国际电信联盟发布的《2024 年事实与数据》报告显示，2024 年底，全球互联网用户数量达到 55 亿。这一数字占全球人口的 68%，这意味着由于数字鸿沟仍然存在，全球 1/3 的人口仍处于"离线状态"。相较之下，2023 年有 28 亿人无法上网，相当于总人口的 35% 左右；高收入国家 84% 的人口被 5G 覆盖，而低收入国家只有 4% 的人口可以使用 5G。

三、数字鸿沟的测算方法

贫富分化一直是人类社会发展面临的重要课题。随着全球信息化与经济全球化相互交织、加速发展，人类开始进入信息时代。作为经济与社会发展水平及其差距在信息时代的客观反映，数字鸿沟日益引起全球关注则顺理成章。从数字鸿沟问题浮出水面的那一刻起，对于如何测算数字鸿沟就成了人们关注的热点、争论的焦点。由于各组织及学者基于不同的侧重点，从而采用不同的测度方法。不同的测度方法势必得出不尽相似的测度结果，目前被各方学者广泛采用的主流测度方法主要包括绝对差距法、相对差距法、时间差距法、基尼系数法和综合指数法。

（一）绝对差距法与相对差距法

绝对差距法与相对差距法是一种静态的测度方法，最先由美国国家远程通信与信息管理局（NTIA）提出。绝对差距法主要衡量单个指标或者指数在数值的绝对差值，是数字鸿沟研究中应用频率较高的研究方法。相对差距法采用比值的方式考察对象的指标数值与参照对象指标数值差距，若两者比值大于 1，则考察对象的指标表现优于参照对象。这两种方法通常用于比较不同对象在同一时间或者同一对象在不同时间的指标表现。如果对两种方法所测度的数字鸿沟进行比较，有时会出现绝对数字鸿沟增大而相对数字鸿沟缩小的情况，即绝对差距法与相对差距法的测算结果在比较数字鸿沟发展趋势上有矛盾的地方。

（二）时间差距法

2002 年，斯洛文尼亚卢布尔雅那大学经济学教授，社会经济指标研究中心创始人帕沃·西切尔（Pavle Sicherl）提出了一个新的统计方法——时间差距法，用于分析欧美之间互联网普及率的差距。绝对差距法下的数字鸿沟往往只能体现指标当前的情况，对于其增长变化并不敏感。与前两种方法不同的是，时间差距法侧重于两个对象的动态比较分析。在时间差距法中，将变量所达到的层级作为基准，更为关注达到相同层级所需的时间的比较。时间差距法还可结合静态差距进行二维比较，能够同时反映时间差距和静态差距随时间的变动情况，概念上也便于理解，为数字鸿沟的测度提供了一种新的分析模式。

（三）基尼系数法

2002 年，在伦敦召开的一次会议上，意大利国家统计学会高级研究员法比奥拉·里卡帝尼（Fabiola Ricardini）和通信部统计办公室主任莫罗·法里奥（Mauro Fário）联合提交了一份题为《数字鸿沟测算》的报告（这份报告是经济合作与发展组织工作组一个相关研究项目的部分初步成果。该项目的目标就是建立一套通用的跨国数字鸿沟比较指标体系）。报告中提出了一个能够用于测算国家间及一国内部数字鸿沟程度的指数——相对集中度指数（基尼系数）。报告称这一指数既可以用于静态分析，也可用于动态分析，并对经合组织 29 个国家间的数字鸿沟及意大利一国内部家庭和企业间不同方面的数字鸿沟进行了测算。

其数字鸿沟指数 R 的设定如下：

$$R = 1 - \sum_{i=0}^{k-1}(P_{i+1} - P_i)(Q_{i+1} + Q_i) \tag{7-1}$$

式中，R 为相对集中度指数（即数字鸿沟指数）；k 为分组数；P_i 为第 i 组某一变量值占总量比重；Q_i 为第 i 组人口占总人口比重。

为方便比较分析，对测算值分别乘以 100，这样 R 值就介于 0~100。R 值越大，说明水平差距越大；R 值越小，说明水平越接近。相对集中度指数法提供了一个利用基尼系数反映数字鸿沟的方法。利用这一方法，可以分别测算不同分组间在各个新技术应用方面存在的发展不均衡情况。该方法既可以测算不同国家间的数字鸿沟，也可以测算一国内部的数字鸿沟。同时，该方法既可以进行静态分析，也可以通过年度数据测算结果及其变化进行动态分析。

基尼系数给出了数字鸿沟测度的数学理论支撑，其本身是统计学中表示集中度的重要方法，常被用于经济领域反映不同人群收入分配不均的程度。当其用于数字鸿沟测度时，可以体现不同群体在各个指标发展上存在的不均衡状态，既可以用于动态分析也可以用于静态分析。一般而言，某个指标的基尼系数降低，说明该指标上群体集中度减小，即数字鸿沟缩小。

（四）综合指数法

恩皮里卡（Empirica）是德国波恩一家从事国际行为研究和咨询的私营企业，

主要研究领域是信息技术概念、应用及信息社会，2002 年该公司两位研究人员托比阿斯·休星（Tobias Hasing）和汉尼斯·塞尔霍夫（Hannes Selhofer）向欧洲会议提交了一份名为《DDIX——一种测量 ICT 应用不公平状况的方法》的报告，提出了一个测量数字鸿沟的综合指数，即 DDIX（Digital Divide Index），这可能是国际上进行数字鸿沟综合测度的首份报告。2004 年这两位研究人员又联名发布了延续性报告《DDIX：一种测量信息扩散不平等状况的数字鸿沟指数》，在进一步完善测算方法的基础上对 2000~2002 年欧盟及 15 个成员国的数字鸿沟进行了测算。

DDIX 用弱势人群占平均水平比重来代表数字鸿沟指数。从性别、年龄、受教育程度和收入差别四个方面分别考察，且每个方面在最终计算结果中的权重都是 1/4。弱势群体的区分如下：①性别弱势群体，女性（2000 年占欧盟总人口的 52%）；②年龄弱势群体，50 岁及以上人口（占总人口的 13.40%）；③教育弱势群体，受正规学校教育年限在 15 年及以下人口（占总人口的 30%）；④收入弱势群体，低收入人口组（占总人口的 25%）。

主要考察指标集中在计算机和互联网应用方面的差距，各占 50% 的权重（其中互联网应用又分成总体和在家上网两类，权重分别为 30% 和 20%）。

具体计算公式如下：

$$DDIX = \frac{\sum D_i}{N} \tag{7-2}$$

式中，$i = 1, \cdots, 4$；$N = 4$；DDIX 为数字鸿沟总指数；D_i 为分类数字鸿沟指数，如性别差距、年龄差距、收入差距、教育差距等方面的指数。

D_i 计算公式如下：

$$D_i = 100 \times \frac{\sum W_j \times P_{ij}}{P_j} \tag{7-3}$$

式中，$j = 1, 2, 3$；W_j 为第 j 类变量（如计算机普及率、互联网普及率等）的权重；P_{ij} 为第 i 类弱势群体在第 j 类变量的指标值；P_j 为总人口的指标值（如整体互联网普及率）。

从理论上看，DDIX 值应在 0~100，DDIX 值越大，表明弱势群体信息技术应用水平越接近总体平均水平，也就是说数字鸿沟越小。DDIX 法是率先提出了可以反映一国（或经济联合体）数字鸿沟整体状况的综合指数法。通过这个指数就可以进行整体测量，减少了歧义性。DDIX 法具有较好的普遍适用性，既可以进行横向比较，又可以进行纵向比较。采用弱势群体与平均水平对比测算，较好地解决了多组比较时的统一标准选择难题。综合指数法属于多指标测度数字鸿沟的方法，即对指标体系各级指标进行赋权之后，通过加权计算各指标下考察对象与参照对象的差距，得出一个可以反映多组对象之间数字鸿沟的总指数。计算过程中所涉及的指标差距既可以为绝对差距也可以为相对差距。

DDIX 法的优点：①率先提出了可以反映一国（或经济联合体）数字鸿沟整体状况的综合指数法。通过一个指数就可以进行整体测量，减少了歧义性。②具有较好的普遍适用性，既可以进行横向比较，也可以进行纵向比较。③采用弱势群体与平均水平对比测算，较好地解决了多组比较时的统一标准选择难题。

DDIX 法的缺点有：① DDIX 取值于弱势群体占平均水平的比重，其本身不是一个直接反映差距大小的概念，因此直观性较差。既然是数字鸿沟指数，理应是数值越大数字鸿沟就越大，而 DDIX 的真实含义却相反。②使用弱势群体与平均水平比较计算，得出的结果并不能完全反映弱势群体与强势群体间的真实差距。如果说在处理多组比较时还算可取，那么在对两组比较（如城乡差距、性别差距）时显然低估了实际差距。③ DDIX 法适用于多对象间的比较分析，但不适宜进行两个国家间的数字鸿沟比较。比如，即使知道了 A、B 两国各自的互联网普及率，但由于人口基数不一样，也很难得到两国间互联网普及率的平均水平。从理论上讲，如果知道了两国的人口数，那么可以进行推算，但过于间接，显然不合理。如果再考虑到电话、计算机等多种因素，难度就更大。同时，当选择考察指标时，仅关注计算机、互联网使用情况，忽略了固定电话、移动电话等现代通信技术应用，显得有些单一。此外，在确定弱势群体的范围及指标权重赋值时存在一定的主观性。

（五）相对差距综合指数法

从 2005 年起，中国国家信息中心信息化研究部每年发布《中国数字鸿沟报告》。在 2007 年的年度报告中，第一次使用了一种新的测算数字鸿沟综合指数的方法，即相对差距综合指数法。这一方法符合以下基本要求：一是理论通用，可进行国际、国内、静态、动态的比较分析；二是内涵直观，计算结果含义清晰，便于直观理解；三是数据完整，全部采用有公信力的统计数据，避免使用主观判断数据带来的不确定性。报告利用这种方法对中国当前数字鸿沟总水平、结构特征及演变趋势变化进行测算及评估，并以中国与芬兰为例对中外数字鸿沟现状及趋势进行了测算分析。

相对差距综合指数法是用来衡量一个国家或地区数字鸿沟大小的一种测算方法，其核心指标是数字鸿沟指数（DDI）。其计算方法和含义如下：

1. 数字鸿沟指数计算公式。

$$DDI = \sum_{i=1}^{m} A_i P_i \qquad\qquad (7-4)$$

DDI 代表一国或地区数字鸿沟总指数。DDI 内涵直观，计算结果含义清晰，便于直观理解，全部采用有公信力的统计数据，避免使用主观判断数据，以防带来不确定性。DDI 介于 0~1，若 DDI 越大，则说明数字鸿沟越大；若 DDI 越小，则说明数字鸿沟越小。一般来讲，DDI 小于 0.3，表示数字鸿沟不明显；DDI 介于 0.3~0.5，表示存在明显的数字鸿沟；DDI 介于 0.5~0.7，表示存在显著的数字鸿沟；DDI 在 0.7 以上，表示存在巨大的数字鸿沟。

式（7-4）中，A_i 为权重。一般来讲权重的设定应以其重要性来确定。考虑到难以判断到底哪一类因素更为重要，为了不影响历史分析，在实际测算中赋予各类数字鸿沟相同的权重。由于反映的是相对差距及其变化，只要对历年计算采用相同的标准就不会影响结果分析。

P_i 为要重点考察的数字鸿沟种类及其指数，如城乡数字鸿沟指数、性别数字鸿沟指数等。P_i 值介于 0~1。P_i 越大，说明数字鸿沟越大；P_i 越小，说明数字鸿沟越小；$P_i = 0$，表明在某一方面发展水平完全平均，不存在数字鸿沟。

2. 分类数字鸿沟的测算。

$$P_i = \sum_{j=1}^{n} B_j Q_j \qquad (7-5)$$

式中，B_j 为权重。如在《中国数字鸿沟报告》中互联网、计算机普及率各占 1/3 权重，固定电话、移动电话普及率各占 1/6 权重。

P_i 为要重点考察的数字鸿沟种类及其指数，如城乡数字鸿沟指数、性别数字鸿沟指数等。P_i 值介于 0~1。P_i 越大，说明数字鸿沟越大；P_i 越小，说明数字鸿沟越小；$P_i = 0$，表明在某一方面发展水平完全平均，不存在数字鸿沟。

Q_j 为主要考察指标的种类及其相对差距指数。如在《中国数字鸿沟报告》中重点以互联网普及率、计算机家庭普及率、移动电话普及率和固定电话普及率作为重点考察指标并分别计算其相对差距；Q_j 值介于 0~1。Q_j 值越大，说明相对差距越大；Q_j 值越小，说明相对差距越小；$Q_j = 0$，表明观察对象与比较对象间在某一方面不存在差别；$Q_j = 1$，说明观察对象在某一方面没有取得任何成就。

3. 最终指标相对差距的计算。

$$Q_j = 1 - \frac{X_j}{Y_j} \qquad (7-6)$$

式中，X_j 为观察对象的某考察指标在特定时期的实际数值。在一般情况下，为使相对差距指数值介于 0~1，观察对象一般设为弱势群体一方，如城乡比较时的乡村一方、性别比较时的女性一方等。在进行国际数字鸿沟比较时，由于设定中国为观察对象，最终指标相对差距指数及数字鸿沟指数可能为负值（表明中国在某些方面超过比较对象）。Y_j 为参照对象的某考察指标特定时期的实际数值。Q_j 为主要考察指标的种类及其相对差距指数。Q_j 值介于 0~1。Q_j 值越大，说明相对差距越大；Q_j 值越小，说明相对差距越小；$Q_j = 0$，表明观察对象与比较对象间在某一方面不存在差别；$Q_j = 1$，说明观察对象在某一方面没有取得任何成就。

四、中国的数字鸿沟

在《习近平谈治国理政》第二卷中，习近平总书记指出，经济全球化的大方向是正确的。当然，发展失衡、治理困境、数字鸿沟、公平赤字等问题也客观存在。这些是前进中的问题，我们要正视并设法解决，但不能因噎废食。数字鸿沟问题之所以引起国际社会，特别是我国政府的广泛关注，主要在于数字鸿沟的存在和持续扩大，会使基于数字经济的利益分配趋向不均等化，进而产生"强者越强、弱者越弱"的马太效应。从社会资本的角度来看，使用数字技术的各类主体，能够快速数字化其原有的关系网络和拓展新的关系网络，并将这些数字化的社会资本转化为新的经济社会资源。而无法使用数字技术的群体，则会因为只能依赖原有的社会资本而被远远甩在后面。

数字鸿沟不仅存在于国家与国家之间，还存在于一个国家内部的不同地区之间，例如中国的城乡数字鸿沟。

城乡数字鸿沟是指城市居民与农村居民在拥有和使用信息技术方面的差距。城乡数字鸿沟总指数是反映城乡数字鸿沟水平的主要指标，代表城乡数字鸿沟的大小。

1. 互联网普及率。

互联网普及率的城乡差距是体现接入沟最为清晰的指标。从互联网普及率来看，根据第 55 次《中国互联网络发展状况统计报告》，截止到 2024 年 12 月，我国网民规模达 11.08 亿人，较 2023 年 12 月增长 1608 万人，互联网普及率达 78.6%，较 2023 年 12 月提升 1.1 个百分点。其中，城镇网民规模达 7.95 亿人，占网民整体的 71.8%；农村网民规模达 3.13 亿人，占网民整体的 28.2%；城镇地区互联网普及率为 85.3%，较 2023 年 12 月提升 1.9 个百分点；农村地区互联网普及率为 65.6%。随着农村地区网络推广政策受到重视，城乡网络普及率大体表现出逐年上升趋势，城乡落差日渐缩小，但总体上仍存在一定差距，城镇超过农村约 20 个百分点。

城乡间互联网普及率差距源于两方面：一方面是城市化进程在相当程度上影响了农村网络普及工作。在城市化的演进中，迁往城镇生活工作的农村居民与日俱增，且因迁居城镇的农村居民多为青年人和受教育程度较高的群体，因此迁居村民大多为网民群体，间接降低了乡村网络普及率。另一方面则是由城乡经济水平不均衡造成。城镇的数字技术环境，无论是以计算机、通信基础设施为核心的硬环境，还是以信息思维和倾向为核心的软环境，都优于农村地区。因此，城市的网民转化较农村要更为快速，这也是城乡互联网普及率仍有一定差距的关键，消除城乡数字接入沟仍任重道远。

2. 宽带接入率。

如图 7-9 所示，根据《中国统计年鉴》，2017~2022 年，我国城乡宽带接入用户人数差距不断扩大。2022 年，城市居民宽带接入用户人数为 41332 万户，农村宽带接入用户人数为 17632 万户，城市是农村的 2.34 倍。而我国农村人口高于城市人口，说明城乡在宽带接入用户上存在显著差异。此外，从图 7-10 中各省情况的对比来看，中国各地区的城乡宽带接入用户数也存在显著差异，农村地区游离在信息化发展之外，数字技术的进步成果难以惠及农村。

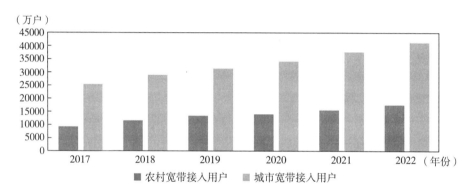

图 7-9　2017~2022 年全国城乡宽带接入用户数

资料来源：《中国统计年鉴》。

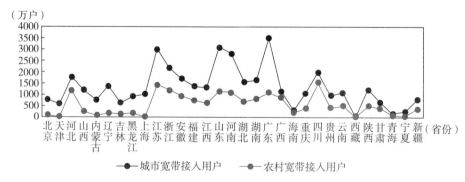

图 7-10　2022 年全国各省份城乡宽带接入用户数

资料来源：《中国统计年鉴》。

3. 网民规模。

我国城乡网民规模存在差距。根据《中国互联网络发展状况统计报告》，到2021年12月，我国农村网民规模2.8亿，占网民总体的28%，较2020年12月减少0.25亿，降幅为3.7%。而城镇网民规模7.5亿，占网民总体的72%，同比增加0.68亿，增幅为3.7%。而在全国所有网民中，仅有不到1/3的网民来自农村地区，低于农村人口占总人口的比重36.1%。可见我国农村地区不但在网民规模上远低于城市地区，而且农村网民规模的增长幅度也远低于城市。反映出在接入状况较差的农村地区的互联网发展环境不容乐观，远未到达饱和的地步。在总体网民规模增长幅度连年降低、城市化率稳健上升的背景下，农村非网民群体进一步转化的难度也随之加剧。政府亟须实施针对性的政策调整，并展开多方面的鼓励措施，助推农村网民规模实现攀升。

4. 非网民规模。

在聚焦网民规模增长的同时，也不可偏废非网民群体。截至2021年12月，我国非网民规模为3.8亿，同比减少0.34亿。从地区来看，我国非网民群体以农村居民为主，农村非网民占比为54.9%，高于全国农村人口比例近20%，城乡差距依然显著①。但相较同比时期农村地区非网民占比的62.7%，进步显著，非网民群体城乡差距的弥合要继续加大工作推进力度。非网民群体隔绝于网络之外，在食、穿、住、行、教育医疗等社会活动的不断智能化发展下步履维艰，无法参与分享智能化服务发展的蛋糕，因而是当前政府需要重点关注的议题。

5. 接入设备。

随着数字技术的更新迭代，连接网络的ICT设备已从起初的计算机更新换代至当下的手机、平板、笔记本、网络电视等丰富形式。中国宽带发展联盟于2019年公布的《中国宽带速率状况报告》（第25期）显示，平均每百户农村居民占有27.5台电脑，城镇居民为72.2台电脑，差距悬殊。此外，根据《中国农村互联网发展调查报告》，农村用户的各类信息接入设备占比均低于城镇用户。农村地区使用笔记本联网人群占25.6%，相比城市地区低18.3%；使用平板电脑联网人群占19.9%，相比城市地区低16.2%；使用台式电脑联网人群占63.4%，相比城市地区低5.9%；使用手机联网人群比例最高，占87.1%，相比城市地区低4.1%；使用电视联网的占15%，相比城市地区低4%。可以发现，易携带且具备通信服务的手机是城乡居民访问网络的最主要设备，城乡差异不显著。台式电脑作为原始沟通互联网的载体，革新时间较长，普及率较高，城乡偏差也较小。而笔记本和平板电脑是近年来出现的新一代接入装备，且价格较高，城乡之间的

---

① 2021年中国网民规模、非网民规模及网民结构分析［EB/OL］.网易，［2022-05-16］.https://www.163.com/dy/article/H7G9KDTN055360T7.html#:~:text.

差距最大，农村网民未将其作为主要的联网途径。

6. 数字素养。

2020年11月，《中国数字乡村发展报告（2020年）》发布，随着数字乡村战略布局深化，各地数字乡村建设节节开花。乡村信息基础设施建设发展迅速、不断完善，5G、物联网等新兴信息技术创新升级，农村地区的信息基建状况、互联网访问环境与城镇的落差趋于减小，基本实现城乡同网同速。虽然城乡居民间接入鸿沟在逐步收窄，但在数字素养维度有着较大差别，形成更难消除的"数字素养沟"。

数字素养沟体现在当城乡人群都具备访问与应用数字技术的条件下，是否能合理利用数字技术与所获取的信息及呈现选择、整合、评判、创建和生产能力的差距。这一数字意识上的隐性差距使之较接入沟与使用沟更难跨越。2018年，联合国教科文组织发表《全球数字素养框架》报告，旨在引导各国启动数字素养的评审实践。框架包含信息安全、问题处置、职业能力、硬软件技能、媒介素养、交流与合作、创新再生产七大素养域。2021年，中国社会科学院信息化研究中心参照该框架，结合我国实际情况和调查、评估的可行性，开发了适用我国的数字素养问卷及评分系统，对我国居民数字素养水平展开评估。

根据问卷结果，《乡村振兴战略背景下中国乡村数字素养调查分析报告》发表。该报告显示，我国公民数字素养人均44分，在及格线以下，反映人们整体数字素养偏低，良莠不齐，并且在专业技能、内容创造、数字协作、计算机运用方面得分较低，是当前我国公民亟须补齐的数字素养短板。城乡对比分析，农村居民数字素养人均为35.1分，城市居民为56.3分（见图7-11），差距较大，可见城乡数字素养鸿沟的消弭已是当务之急。此外，由图7-12划分的职业进行分析，农民得分最低，仅18.6分，远远落后于其他职业群体，比全体公民的平均值低57%。

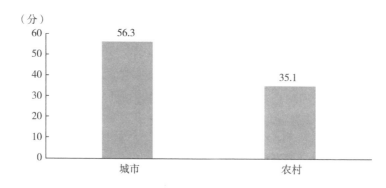

图7-11 城乡居民数字素养平均得分

资料来源：《乡村振兴战略背景下中国乡村数字素养调查分析报告》。

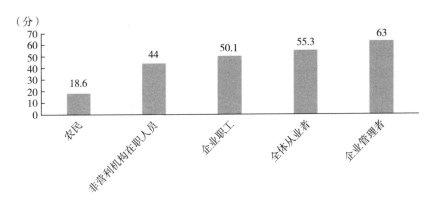

图 7-12 不同职业数字素养平均得分

资料来源：《乡村振兴战略背景下中国乡村数字素养调查分析报告》。

从这份报告中我们还可以看出，城市居民在全部调查中的得分均高于农村居民，差异最大的三项为安全意识、计算机应用、增收能力，差值分别为 43、32、28。手机因可担负性和便捷性等优点，在乡村推行甚广，仅 1% 的乡村居民"完全不懂手机"，乡村居民操作手机的能力几乎与城市居民不相上下，但操作电脑的能力大相径庭。此外，35.8% 的乡村居民使用信息设备的动机为休闲娱乐，32.9% 的乡村居民选择了信息设备对自身发展"无有效帮助"。这反映出，即便信息设备的城乡接入沟几乎填平，但其内部蕴含的数字思维、素养价值还有待释放。

◎思考题：

1. 试列举三个对数字鸿沟的不同定义并进行比较。
2. 试比较数字鸿沟的各种测算方法的优点和不足。
3. 试运用数据分析中国的城乡数字鸿沟和地区数字鸿沟现状。

【案例延伸阅读】

数字丝路：弥合数字鸿沟，共享数字红利

党的二十届三中全会是在以中国式现代化全面推进强国建设、民族复兴伟业的关键时期召开的一次十分重要的会议，对中国和世界都具有深远意义。全会审议通过的《中共中央关于进一步全面深化改革、推进中国式现代化的决定》（以下简称《决定》），强调"必须坚持对外开放基本国策，坚持以开放促改革，依托我国超大规模市场优势，在扩大国际合作中提升开放能力"。《决定》明确提

出，要"完善推进高质量共建'一带一路'机制。继续实施'一带一路'科技创新行动计划，加强绿色发展、数字经济、人工智能……等领域的多边合作平台建设……构建'一带一路'立体互联互通网络"。

"数字丝路"是共建"一带一路"的重要组成部分，对于构建全球数字化未来具有重要意义。然而，当今世界，围绕新一代数字技术及数字治理的大国博弈日益升级，全球数字资源竞争呈现垄断化、霸权化趋势。在此背景下，《决定》针对共建"一带一路"国家数字经济合作提出具体举措，说明我国对当前全球数字空间的竞争态势有敏锐感知，并已做好具有前瞻性的战略准备。这些举措将为"全球南方"国家突破西方"数字霸权"、共享数字发展红利提供有效路径与坚实支撑，激励各国用好用足"数字丝路"带来的战略合作机遇，积极发展数字经济、加强数字治理，在全球治理变革中将主动权与话语权牢牢掌握在自己手中。

当前，百年未有之大变局加速演进，世界进入新的动荡变革期，诸多不确定性因素正在深刻影响全球治理格局，尤其对全球数字治理提出了极大挑战。在数字技术引领新业态发展的同时，日益扩大的数字鸿沟正成为新的历史条件下全球性不平等的关键来源及重要表现形式。根据国际电信联盟的统计，当前，在最不发达国家中，互联网普及率仅为19%，而在发达国家，这一比重达到87%。此外，在是否能够充分利用数字资源的能力方面，不同地区、不同国家的趋异性更为显著。国际学界普遍意识到，数字鸿沟不仅是一种技术可获性层面的落差，更牵涉数字化使用能力、利用效率以及最终收获效果等多重层面的机会不均等问题。

纵观人类社会发展历程可以发现，长期以来，国际社会的"游戏规则"大多由发达国家设计，而发展中国家对这一进程的感知往往是被动、滞后的。当贸易、投资、知识产权等全球主要规制均向西方国家高度倾斜时，被排除在利益分配体系之外的国家才意识到全球治理主导权的重要性及必要性。在不均衡的国际秩序中，丧失先机的发展中国家与发达国家之间的鸿沟进一步加剧。这种失衡不仅发生在传统业态的转型变迁中，同样还体现在近年来数字全球化进程中。

随着数字化浪潮以前所未有的深度与广度渗透到经济社会活动的各环节、各领域、各层面，西方国家利用技术优势及对其有利的国际数字规则，对发展中国家进行"数据榨取""数字圈地"，以加速自身资本的积累和扩张，形成了影响深远的数字霸权。大多数发展中国家未能像发达国家一样适时抓住先机推进自身数智化转型，也未在西方数字资本全球性扩张时，为夯实本国平台监管责任、保障本国网络安全提供必要的政策支持。第四次工业革命浪潮正在以超乎想象的速度重塑全球社会形态与经济结构，而相关算法的滥用也带来了难以估量的安全隐患，导致发展中国家在设备、技术、标准等方面对发达国家的"数字依赖"不断加剧，发展中国家在全球数字秩序中的地位更为边缘。

作为高质量共建"一带一路"的重要内容，"数字丝路"充分激发全球及区域性公共产品的发展导向，挖掘南南合作利益协调的趋同性，旨在推动共建国家数字化转型，普惠共享数字化发展成果，携手构建网络空间命运共同体，在数字全球化中重拾发展主动权。在"数字丝路"语境下，中国始终立足共建国家的发展实际和诉求表达，力促技术、设施、市场领域广泛合作，推动理念、机制、平台、标准深度转型，携手各国共筑网络空间命运共同体。在此过程中，中国重视构建数据共享与保护机制，以确保数据跨境流动的安全与合规，同时推动数字经济与实体经济深度融合。中国积极凝聚"全球南方"共识，努力为新兴经济体和发展中国家提供新的平台及渠道，使其更好地了解和应用数字技术，加速科技创新成果向现实生产力转化，融入全球创新网络和科技发展环境，提升社会数字素养，实现从缩小"数字鸿沟"到共享"数字红利"质的飞跃。

（案例来源：芦思姮.数字丝路：弥合数字鸿沟，共享数字红利［EB/OL］.中国社会科学院网，［2024-08-23］.http://www.cass.cn/xueshuchengguo/guojiyanjiuxuebu/202408/t20240823_5773501.shtml.有改动。）

第八章　网络经济下的政府规制

互联网平台自治和政府规制

作为新质生产力的重要组织者和海量关键生产要素数据的掌控者，互联网平台（以下简称"平台"）以算法作为技术支撑，显著降低了交易成本，推动了数字经济高质量发展。平台虽由私人设立并运营，却日渐成为大众参与公共活动的重要场所，与公共利益密切相关。平台通过行使自治权，塑造了有组织的"私人治理秩序"，但平台存在滥用自治权的风险，应受到必要的政府规制。

平台自治具有重要价值。首先，平台自治是减少用户行为负外部性的需要。平台内经营者可能通过"刷单炒信"、发布虚假商品信息、制作网络虚假广告、恶意损害竞争对手等行为，追求自身利润最大化，从而导致自身受益但平台声誉受损、竞争力下降，最终会损害所有平台用户利益。平台自治是保障平台自身良性健康发展的要求，最终有利于促进整个平台经济规范健康发展。其次，平台自治是弥补数字时代政府规制不足的需要。对于传统的线下实体经济，政府可以通过现场执法检查、产品抽检等方式，对实体店铺进行直接规制。然而，对于平台经济来说，一个大型平台往往就有成千上万甚至上亿的平台内经营者，由政府对这些平台内经营者进行直接规制变得几乎不可能。

平台在事实上承担着维护数字市场秩序、保障用户权益等公共职能。平台通过制定大量平台规则，维护平台内市场秩序。平台内经营者用户和消费者用户违反平台规则就会受到相应的平台制裁。一个大型平台往往制定数百部甚至上千部平台规则，其规模十分庞大。如果用户违反了平台规则，平台可依规采取措施。例如，电商平台可以采取警告、单个或全店商品搜索降权、单个商品搜索屏蔽、商品发布资质管控、商品下架、店铺屏蔽、不累计或删除销量、关闭店铺、查封账户等多种措施。目前，几乎所有平台都建立了在线纠纷解决机制。尽管我国已经在北京、杭州、广州三地设立了互联网法院，但大量的平台内经营者与消费者、平台内经营者与平台之间的纠纷实际上并没有进入法院，而是由平台通过自治机制解决。

尽管平台自治具有重要的现实意义，但也要防止平台滥用自治权。平台自治权异化的现实风险，存在于制定规则、审核卖家资质、设定搜索排序、评价信用、保护知识产权、实施惩戒措施等诸多环节。平台可能利用其优势地位，无正当理由强制"二选一"，通过增加各项交易费用，提高供应商成本，导致消费者权益受损。平台可能垄断数据实施杠杆行为，将现有市场支配地位传递到新的相关市场，以获取垄断利润。平台滥用自治权将导致平台的公共性无法实现，必须通过必要的政府规制予以有效解决。

平台并非普通的市场主体，平台治理并非普通的市场行为，传统私法对平台的规范存在局限。为了更好地实现平台的公共性，在适用契约自由与意思自治的私法理念、原则、规则时，还应适当借鉴公法原理，对平台自治权进行必要的政府规制。

一是正当程序规制。无论是制定规则还是实施具体管控措施，抑或解决纠纷，平台都应遵守正当程序原则。对用户作出重大不利决定前，平台应当明确告知用户，必要时还应充分说明理由，听取用户的陈述、申辩。平台透明度不仅是保障用户参与权、社会公众知情权的先决条件，还是平台获取公众信任的重要途径。

二是比例原则规制。比例原则也可有限适用于平台，平台相对于用户而言具有支配性的优势地位，其在行使自治权时，不能明显违反比例原则。平台规则的内容应符合比例原则，设定的具体措施应当具有必要性，且对用户造成的损害应控制在最小限度。例如，平台发现用户违法违规，应当根据具体情况先行采取警告、责令整改、限期改正等较轻微的惩罚措施，如果不能达到理想效果，才应考虑进一步采取更为严厉的措施。

三是平等原则规制。平台上存在多种多样的歧视行为，如平台根据用户的收入水平、性别和地理位置等信息进行"用户画像"，运用算法向不同的消费者收取不同的价格。适度的差异化定价是合理的，但平台应公平定价，消除算法歧视，不得利用大数据进行"杀熟"。无论是大型还是中小型平台内经营者用户，无论是大城市还是偏远乡村消费者用户，平台都应一视同仁。

四是对平台自治进行必要的司法审查。对于平台违反基本程序正义和实体正义的行为，用户应有权诉诸法院并获得司法救济。法院可参照运用相关公法原理和公法价值，对平台行使自治权的行为进行适度的司法审查。

（案例来源：刘权.互联网平台自治和政府规制［N］.法治日报，2024-08-23（5）.）

第一节　网络经济与政府管理

随着网络经济的出现，现实经济的运行方式以及运行的内在机制都发生了变化。因此，在这种情况下，政府职能也应该相应地做出改变，由原来的以管理为主转变为以服务为主，重点由原来的现实经济转变为虚拟经济。同时，政府部门必须积极开展电子政务，尽快实现信息化和网络化来适应这种转变。

一、网络经济政府新定位

（一）政府职能的演变

政府职能是指在一定时期内，政府根据国家和社会发展的需要而承担的职责与功能。它反映了政府活动的基本方向、根本任务和主要作用。英国古典自由主义思想家约翰·穆勒（John Stuart Mill）在其《政治经济学原理：及其在社会哲学上的若干应用》一书中，将政府职能划分为必要的政府职能与可选择的政府职能两大类，其中，必要的政府职能包括保护人身与财产的安全、防止和制止暴力与欺诈以及增加社会福利；可选择的政府职能主要是指命令式干预或非命令式干预。任何一个政府都能够同时执行上述职能，但在不同时期政府职能的侧重点是不同的。

从纵向的历史角度来看，在资本主义几百年的经济思想史中，关于政府经济职能的理论学说，西方学者历来主要存在两种主张，即自由放任主义和国家干预主义。这两大经济思潮的兴衰更替始终占据着主要的位置。其中依次更替了 18 世纪的重商主义、18 世纪中叶出现的斯密的古典自由主义、20 世纪 30 年代出现的凯恩斯的政府干预主义、20 世纪 70 年代出现的以弗里德曼等为代表的新自由主义以及之后出现的以斯蒂格利茨为代表的新政府干预主义。资本主义国家政府经济职能的演变主要经历了以下四个阶段。

1. 资本主义萌芽时期——政府采取重商主义经济政策。

在市场经济体制形成的初期，重商主义是当时政府干预经济的重要思想理论。它反映了商业资本和新兴资产阶级对原始积累的要求。鉴于当时封建制度的障碍和狭窄的市场，重商主义提出了政府积极干预经济的政策主张。

重商主义思想主要包括以下三个基本内容：一是重商主义者认为，货币、金银等贵金属是社会财富的主要形式，财富就是货币，货币就是财富，且以货币数量的多少作为衡量国家或社会财富的标准；二是财富的来源，除了金银开采之外就是外贸。只有遵循多卖少买、多赚少花的原则，积极发展外贸流通，增加财富，国家才能富强；三是重商主义者极力主张政府对国家经济，尤其是对外贸领域实行干预，制定保护工商业的政策，确保整个国民经济活动满足扩大出口和货币进口的要求。在这方面，美国政治家亚历山大·汉密尔顿（Alexander Hamilton）是一个杰出的代表，他在 1791 年《关于制造业的报告》中详细阐述了重商主义的一系列政策主张。汉密尔顿认为，在对外经济竞争中，政府不仅要"以公款弥补个人财力不足"，在对外经济竞争中实施保护性关税、财政补贴等措施，还必须利用政府奖金和技术监督等手段，促进国内产业的发展。很显然，重商主义者的思想已经初步涉及政府职能的内容，认为政府应该对社会经济活动施加必要的影响，来提高国民财富。

重商主义包含了早期的国家干预主义政府职能理论，尽管没有系统地形成，但也在一定程度上反映了资产阶级试图通过政治力量促进自然经济解体和资本原始积累的愿望。重商主义者将货币视为财富的唯一形式，将商品流通视为财富的源泉，将对外贸易视为增加一国财富的根本途径。为此，强烈主张政府采取多种措施干预经济，保护商业利益，发展商品生产，扩大产品出口和货币进口，限制或禁止商品进口和货币出口，运用国家权力（武装力量）对内扫除封建割据，限制商业资本充分发展，从而形成统一的国内市场，对外实行殖民扩张，扩大商业销售市场，扩大商业资本的生存空间，获得更多的财富（黄金和白银）。因此，在经济理论史上，重商主义第一次确立了强大的政权是一个国家致富的重要保证，政府的积极干预是增加国民财富的重要途径的思想。

2. 自由资本主义时期——政府采取古典自由主义经济政策。

18 世纪中叶，资本主义经济日趋成熟，市场机制也趋于完善。古典自由主义学派的社会背景主要表现为：资本主义已经过了原始积累阶段，资本短缺现象基本消除；建立了牢固的私有产权制度并受到法律保护；市场竞争规则健全，整个社会经济活动高度商业化；市场的自我调节力量基本形成，价格机制和竞争机制在实际经济生活中发挥了重要作用。

以亚当·斯密（Adam Smith）为代表的古典自由主义学派关于政府职能的观点主要体现在他们所坚持的"有限政府"理论中。他们认为，国家是人类在从自然状态向政治社会转变的过程中，通过人民内部的契约活动而产生的社会共同体。政府的权力由人民自愿让于政府，以确保他们和他人的权利不受非法损害。

政府的权力是由人民赋予的，因此它的实施是有限的而非无限的。古典自由主义思想家主张政府实行不干预政策，给予个人和企业最大程度的自由放任，并认为"只有管得最少的政府才是最好的政府"，国家政府的主要责任应该集中在确保最大程度的个人自由及其私有财产权等方面。

斯密在其 1776 年出版的《国富论》中，按照经济利益的要求，构建了在理性经济人"看不见的手"（即市场）的引导下自然运行的社会经济秩序。斯密认为人是理性的，在经济活动中总是为自己谋划，追求个人经济利益的最大化；而自由竞争的市场正是符合人类自利本性的自然秩序。在自由市场竞争条件下，个人的经济行为可以自动实现社会利益，"看不见的手"在利益协调过程中发挥着重要作用。斯密认为市场是有效的并且能够自我调节，政府不应该以自身的干预活动而扰乱自由市场机制的运行。据此，斯密提出政府的职能主要包括以下四个方面：

（1）保护国家安全不受外来侵略。

（2）保护社会个人安全不受他人侵犯和压迫。

（3）建设和维护私人不能或不愿从事的某些公共设施和公用事业。

（4）政府的收入不应该给人民带来负担，政府应该是一个节俭的政府。

简单来说，政府在社会中只扮演"守夜人"和"警察"的角色。

斯密创立的古典经济自由主义经过后世经济学家的不断发展，逐渐演变为新古典经济自由主义。但从政府职能理论来看，他们都强调自由放任制度，反对政府过度干预经济。

3. 垄断资本主义时期——政府采取国家全面干预经济政策。

1929~1933 年，资本主义世界经历了历史上最深刻、最持久、最广泛的经济危机，减产和失业达到前所未有的水平。据记载，1932 年西方世界的工业生产比 1929 年下降了约 37%，国际贸易下降了 60% 以上。到 1933 年，西方世界失业总人数已超过 3000 万[①]。这场经济危机的持续时间及其深度大大超出了人们的预期。按照传统经济理论，无论经济是繁荣还是衰退，政府都不应该积极干预经济活动，因为"看不见的手"会自动引导经济走向稳定状态。然而，这只"看不见的手"在经济大危机中似乎收效甚微。自由主义经济理论的缺陷也在这次经济危机中充分暴露出来。

20 世纪 30 年代震惊世界的经济危机和 19 世纪后期垄断资本主义的发展，构成了凯恩斯主义的现实背景。英国经济学家约翰·梅纳德·凯恩斯（John Maynard Keynes）在其 1936 年出版的《就业、利息和货币通论》一书中，在批判

---

① 人类历史上发生在 1929 年—1933 年的经济危机一的反思与分析［EB/OL］. 百度，［2024-08-22］. https://baijiahao.baidu.com/s?id=1808073040610605922.

自由主义的基础上，提出了现代国家干预主义的政府职能理论。凯恩斯在宏观经济理论方面的突破引发了西方思想的一场革命，现代国家干预主义一举占据了西方理论界的主导地位。与资本主义萌芽期的重商主义相比，凯恩斯提出的国家干预主义在理论体系和政策要求上有着很大的不同。

凯恩斯指出，古典自由经济理论背后有一个重要假设——市场机制是完备的，即市场机制必须满足以下六个条件：

（1）各方都有完整的经济信息，每个生产者或消费者都可以充分了解市场的价格变化，经济信息在经济各方之间是对称的。

（2）有充分竞争的市场，没有单一的生产者可以控制或影响价格，没有企业或集团垄断生产和销售，也没有几个大型企业集团之间的垄断竞争。

（3）规模报酬不变或递减，由于其他条件的约束，边际产品随着投入的增加而减少，增加产量并不会降低单位产品的生产成本。

（4）企业和个人的经济活动不会产生外部影响，不会对他人的福祉产生正面或负面的影响。

（5）交易成本小，可以忽略不计。

（6）经济各方是完全理性的，即每个生产者都可以合理地追求利润最大化，消费者追求利润最大化。

完善的市场机制是"看不见的手"充分发挥作用的基础。凯恩斯通过分析得出结论，由于现实生活中不存在完全竞争的市场，导致了"市场失灵"。

凯恩斯指出，由于人们的经济行为总是受到三个基本心理因素（即心理边际消费倾向、心理流动偏好和资本边际效率）的影响，因此，单纯依靠市场调节资本并不能保证社会供需平衡，反而会导致社会有效需求不足，进而引发经济危机。根据凯恩斯提出的"有效需求原理"，在低于充分就业的情况下，只要有一定的总需求量，社会就会产生相应的供给量。由于"看不见的手"无法充分有效地调节市场，政府应该承担调节供需的责任。

凯恩斯认为，应该摒弃古典自由主义的政策主张，政府应该在市场失灵的情况下积极干预经济，主要包括：

（1）扩大政府经济职能，通过提高资本边际效率或降低利率来增加投资意愿。

（2）直接增加政府投资，弥补私人消费和投资的不足。

（3）摒弃传统的节约观念，鼓励消费，扩大社会需求。

（4）扩大商品出口和资本输出。

（5）通过宏观货币政策、财政政策等手段对国民收入进行再分配，克服市场缺陷带来的各种经济困难。

（6）在增加有效需求和实现充分就业的过程中，政府甚至可以实行"债务支出"赤字政策。

4. 20 世纪 70 年代以来——政府采取"混合经济"政策。

20 世纪五六十年代，政府全面干预市场经济使西方国家经历了前所未有的繁荣时期，物价稳定、失业率降低、经济快速增长。人们普遍认为，强有力的政府经济职能是挽救"市场失灵"的有效手段。凯恩斯主义达到了顶峰，在学术界、政界和商界都占据了主导地位。当时的美国总统理查德·米尔豪斯·尼克松（Richard Milhous Nixon）也曾说过："我们现在都是凯恩斯主义者。"

然而，20 世纪 70 年代，西方国家的经济危机却接踵而至。最先是通货膨胀加剧，出现了失业率大幅上升、物价总体水平大幅上涨的"滞胀"现象。这些问题的出现使人们对政府干预和监管的有效性失去了信心，尤其是后来出现的两次石油危机，严重打击了西方国家的经济，动摇了凯恩斯主义的根基。于是"政府失灵"的概念开始出现。

针对"政府失灵"，新自由主义者积极倡导自由企业制度，强调市场机制应该再次成为经济运行的基本调节机制，强化市场的作用。例如，货币主义的代表、美国经济学家米尔顿·弗里德曼（Milton Friedman），被认为是西方最保守的经济学家之一，他在几本书中都表达了他对国家干预主义和福利国家的看法。弗里德曼指出，西方国家的干预并不成功，实际效果与预期效果存在相当大的差距。正是国家的干预活动阻碍了市场的健康发展，才导致了西方经济"滞胀"现象的出现；各种福利措施造成极大浪费，降低人们的工作积极性；更重要的是，国家干预的过程还包括对公民个人自由的限制。因此，政府干预必须减少而不是增加。再比如，以詹姆斯·布坎南（James M. Buchanan）为代表的公共选择学派提出了"政府失灵"的概念，并以此作为分析国家干预的依据。他们指出，由于人们在政治活动中也追求自身利益的最大化，再加上政党政治的竞争特性，政府和政治本身也存在各种缺陷和不足。因此，政府对社会经济领域的干预不一定能弥补市场的失灵。相反，美国经济中高赤字、高通胀和高失业率并存，很大程度上是由于凯恩斯主义的国家干预主义。因此，"市场的不完善并不是将问题交给政府的充分理由"，应该尽量减少政府干预的范围。

20 世纪 80 年代，经济学教授约瑟夫·斯蒂格利茨（Joseph Eugene Stiglitz）结合当代市场经济中政府干预的实践，在总结了福利经济学中的"市场失灵"理论和公共选择学派的"政府失灵"理论的基础上，提出了较为温和的国家干预理论。在斯蒂格利茨看来，市场和政府都不是完美的，而是需要两者结合。一方面，公共产品、外部性、垄断等市场失灵的存在需要政府干预；另一方面，政府经济行为效率低下，需要采取措施加强竞争、削弱垄断、适度放权，加强政府干预的积极影响。

鉴于现代资本主义经济的特点，事实上，无论是新自由主义学派还是凯恩斯学派的经济学家都在不断地修正自己的观点，很少有经济学家提倡"纯粹的自由经济"或"纯粹的政府干预"。新自由主义者没有完全否定政府干预的作用，他们倡导的政府经济职能更加侧重于保护和改善市场的自由竞争，防止垄断的发生。在这样的思想指导下，西方社会已悄然完成了政府经济职能的调整，就是综合自由市场经济与政府干预的优点，走向政府与市场结合的"混合型"经济。

（二）网络经济的兴起对传统政府职能理论的挑战

网络经济是信息网络化时代产生的一种经济形态。在网络经济下，政府行使职能的主要手段是现代化经济手段和信息网络手段的综合运用。因此，在网络经济时代，政府职能作用的主体、对象、手段等方面都发生了新的变化，产生了新的政府职能调控格局。

1. 网络经济下政府宏观调控对象的转变。

传统经济是以实体经济为主，对实体经济的研究构成了传统经济学的基础框架。实体经济也是传统政府职能理论的基石，前述各种政府职能理论均是针对实体经济建立起来的。

在网络经济下，虚拟经济迅速发展，并将在整个国民经济中占主导地位，因此，政府宏观调控的对象将由工业时代的实体经济向虚拟经济转变。虚拟经济基于自身的信息优势及其在国民经济中所占的比重而成为网络经济时代政府宏观调控的重点，并依赖它与实体经济的密切关系和相互作用达到对整个国民经济进行宏观调控的目标。在虚拟经济中，电子商务、虚拟企业、虚拟银行等新型组织形式成为经济活动的主体，变成了政府宏观调控的直接对象。因此，网络经济下出现的新的经济形式——虚拟经济，使传统的政府职能理论面临着新的挑战，迫切要求政府职能理论的更新。

2. 网络经济条件下资源配置方式的转变。

网络经济是资源三重配置的经济，网络经济下资源配置方式出现了新的变化，它不仅包括传统的市场机制和政府计划，还包括新出现的信息网络。

（1）市场机制——"看不见的手"。通过市场配置资源，是市场经济实现资源优化配置的主要方式。它以货币为媒介、以价格为诱导，实现资源的合理流动。这种资源配置方式使生产力异常活跃，并有利于资源配置的合理化、最优化。但是，在某些领域，由于"市场失灵"的存在，不可避免地造成资源的浪费。可以说，市场配置资源是高效率的，也是高耗能的。

（2）政府计划——"看得见的手"。通过政府进行资源配置是针对"市场失灵"提出来的。由于"市场失灵"的存在，要求政府对经济生活进行干预，弥补市场缺陷。政府调节是根据自上而下的命令向下推动进行的，它虽然在一定程度上完成了调节经济、配置资源的职能，但是由于其自身的局限性导致了"政府失灵"的存在而使资源的优化配置无法实现。可以说，这种资源配置方式是高耗能、低效率的。

（3）信息网络——"第二只看不见的手"。信息网络作为一种经济调节手段是网络经济条件下所特有的。它是一种超越市场的、复数个决策机构通过信息网络进行的、相互协同式的调节。

通过信息网络配置资源主要有两个方面的特征：一是人人平等，共享信息，每个人都可以接收信息和对信息进行反馈；二是使人们能够实现预期，就是由原来市场上"看不见的手"转化为可能"看得见的手"。这样，市场主体可以在信息网络上及时了解市场供求状况，并通过专用的信息网络系统极为迅速地做出对应的决策，改变自己生产的数量和产品价格，在最大限度内达到市场出清和资源的优化配置。这种资源配置方式低耗能、低成本、高效率。

总之，网络经济条件下"第二只看不见的手"不仅在一定程度上弥补和纠正了"市场失灵"和"政府失灵"，并且作为一种崭新的调节力量为政府充分发挥职能作用提供了可能。

（三）网络经济下政府宏观调控手段实施的转变

国家计划与市场调控相结合、直接调控与间接调控相结合是传统宏观调控机制的主要特征。传统的宏观经济调控主要依靠经济和法律手段，即运用经济杠杆、经济政策、经济法规、计划引导和必要的行政管理来引导国民经济的健康发展。价格、税收、金融、信贷、利率、汇率等经济杠杆是宏观调控的主要经济手段。在网络经济下，经济手段的调控以参数调控为代表，如以税率、利率、汇率等作为经济参数，这些参数在信息网络中的变化指导着人们的经济行为。在运用各种经济手段进行宏观调控的过程中，信息网络发挥着重要的中介和调节作用，通过信息网络，各经济主体可以及时、准确地了解经济参数的变化，快速调整经济行为，从而使政府达到宏观调控的目标。网络经济的兴起，充分发挥了宏观经济监测预警系统的功能。通过对宏观经济监测预警系统提供的各项指标体系的分析，政府可以及时准确地掌握宏观经济运行状况，综合运用各种现代经济手段进行引导和调控，确保整个国民经济健康运行。

在网络经济下，由于政府职能主体和客体、手段和环境的不断变化，政府职能也将呈现不同制度、不同特点。行政改革给公民提出了一个棘手的问题——我们需要什么样的政府。显然，一个只充当"守夜人"的政府不能满足广大民众的需要，一个"全能政府"也将失去存在的基础。政府宏观调控职能的无限扩张，不会为公众解决更多的问题，只会产生越来越复杂的问题。政府宏观调控职能主要来自弥补市场缺陷的需要，来自社会和公众的需要，必须弥补市场的缺陷，才能维持社会的正常秩序。

在网络经济时代，信息资源的共享为政府宏观调控职能的输出创造了条件。政府可以将社会性、公益性、服务性的事务从政府的宏观调控职能中分离出来，交给中介组织和事业单位，将生产、分配、交换等经济职能归还给社会，政府则着力培育市场，实现公共权力的本质。网络化程度的提高，使公众有更多接近信息的机会和可能性。政府将成为信息的中转站，可以适时向社会公众发布各种政策信息，提供各种政策咨询服务等。便捷、低成本的网络传输，使公民和企业都能够及时了解政策法规，从而获得政府提供的更具体、更个性化的服务。因此，在网络经济下，政府的宏观调控功能将大大削弱，社会经济管理调控功能也将减弱，而服务功能将得到加强。

二、第三方政府与电子政务

（一）第三方政府的定义及模式

随着网络经济的不断发展，将进一步带来政府职能的转变，使之成为真正的第三方政府。"第三方政府"最早由美国约翰霍普金斯大学的莱斯特·萨拉蒙（Lester M. Salamon）提出，意思是政府的基本职能是引导经济发展，是一种只"掌舵"不"划桨"的政府。网络经济中的政府就是这样的第三方政府，不再直接参与经济活动，而是作为第三方为经济活动提供保障。政府的经济职能主要限于制定统一的游戏规则、规范经济主体的行为、充当经济活动的"裁判员"。同时，制定合理的经济发展战略，为微观经济活动提供战略指导。

在我国政府改革实践中，对参与政府绩效管理的"第三方"有着不同于西方的多种理解。例如，包国宪和周云飞（2013）将"第三方评价"的概念解释为：第一方评价是指政府部门的自我评价；第二方评价是指政府系统中上级对下级的评价，是内部评价；第三方评价是指由独立于政府及其部门的第三方机构进行的评估，也称为外部评估，通常包括独立第三方评估和委托第三方评估。另外，还有一些学者认为，第三方评估是不同于决策者和执行者进行的评估。第三方的主体可以是多种多样的，包括行政机关委托的研究机构、专业评价机构（包括大学和研究机构）、中介机构、舆论界、社会组织和公众等，特别是利益相关者的参与。在地方政府工作中，"第三方评估"主要是指公民对政府活动的评议。从"第三方"自身的组织构成来看，各地创新的"第三方评价"模式主要包括高校专家评估模式、专业公司评估模式、社会代表评估模式以及民众参与评估模式四种。

1. 高校专家评估模式。

这是由高校中的专家学者作为"第三方"接受地方政府委托对政府工作进行

评估的模式。例如，甘肃省政府委托兰州大学中国地方政府绩效评价中心进行的省内各级政府非公企业工作绩效评估；杭州市政府邀请浙江大学亚太休闲教育研究中心对首届世界休闲博览会的工作进行整体评估；还有华南理工大学公共管理学院课题组对广东省市、县两级政府进行的整体绩效评价等。

2. 专业公司评估模式。

这是由专业组织作为"第三方"参与政府绩效评估的模式。例如，厦门市思明区政府引入福州博智市场研究有限公司进行群众满意度评估；上海市闵行区邀请市质量协会用户评价中心对区政府各部门进行评估。还有2006年，武汉市政府邀请世界著名的管理咨询机构麦肯锡公司作为第三方对政府绩效进行评估。武汉市政府全面采用麦肯锡咨询公司的设计方案对政府工作进行绩效评估。这种由商业公司来制定政府目标考核办法的举措完全不同于党委、政府制定考核办法的模式。

3. 社会代表评估模式。

这是由各级政府"纠风办"组织的测评团或评议代表作为"第三方"进行评估的模式。这种模式主要是用于民主评议政风行风工作中的评估模式。该模式通过组建由多元主体构成的测评团或评议代表队伍，对政府部门和公共服务机构的政风行风建设进行独立、专业的监督评估，形成了具有中国特色的社会监督机制。

在具体实施中，第三方评估主要呈现三大特征：一是主体构成多元化，测评团成员通常包括人大代表、政协委员、媒体代表、专家学者、企业代表及普通群众，其中群众代表比例不低于30%，确保评估视角的全面性；二是流程设计科学化，建立"前期调研—明察暗访—集中评议—整改反馈"的闭环机制，采用问卷调查、服务对象回访、现场体验等12种评估方法；三是结果运用制度化，评估结果纳入政府绩效考核体系，权重占比达15%~20%，并建立"问题清单—责任清单—整改清单"的递进式问责机制。

4. 民众参与评估模式。

这是普通民众随机或自由参与评议政府工作的模式。依据民众参与途径的不同，在具体形式上还可以细分为三种形式：

（1）政府调查机构随机抽访市民作为"第三方"，如有的城市统计局城市社会经济调查总队到广场随机发放问卷（调查表），或者采用计算机辅助电话访问系统进行电话调查等。

（2）在政府机关工作地随机拦截办事市民作为"第三方"，这种方式也称为"窗口拦截"，被拦截市民主要是现场填写问卷或测评表，评议为他们办事的政府机构和人员的工作。这种评议方法被广泛应用于各地方政府。

（3）网上评议，指的是网民接受政府在网上发布的问卷调查，而不是网民的自由发帖评议。

（二）电子政务的基本内涵

20 世纪 90 年代，随着信息技术和互联网技术的飞速发展及其在全社会的广泛应用，特别是在电子商务兴起时，出现了电子政务。据联合国组织统计，在全球 190 多个会员国中，有 163 个政府正在推进电子政务建设。

关于电子政务，也有不同的名称和概念，也称为"网络政务""IT 政务"等。较为权威的概念主要是一些各国政府官员、专家学者在国际电子政务研讨会上达成的共识。例如，2001 年 8 月在美国硅谷组织的一次国际研讨会上，来自各国的专家提交了一份《发展中国家电子政务建设指南》，该报告指出，所谓电子政务，广义上是指利用信息通信技术来提高政府的效率和效能，使公众更容易获得政府服务，让更多的公众获得信息，促使政府对公众更负责任。再比如，联合国教科文组织高级顾问周宏仁（2010）指出，电子政务本质上是对工业时代现有政府形态的一种改造，即利用信息技术和其他相关技术，来构造更适合信息时代的政府架构和运行模式。

从实践的角度来看，美国是第一个实施电子政务的国家。1992 年，克林顿就任总统时，宣布他的政府将是一个电子政府。当时，他的目的是将美国联邦政府转变为"无纸化"政府，即利用信息技术提高政务效率和劳动生产率的政府，利用信息技术改造政府内部业务流程的"电子政府"。经过多年的努力，截至 1996 年 1 月，四年间美国联邦政府就裁减了 24 万人，关闭了 2000 多个办公室，取消了近 200 个联邦计划和执行机构，联邦开支减少了 1180 亿美元。在为居民和企业服务方面，联邦政府 200 个部局制定了 3000 多项新的服务标准，废止了 16000 多页过时的行政法规，简化了 31000 多页的各种法规。"电子政务"的发展取得了非常明显的成效（唐红涛等，2022）。

在我国，自 20 世纪 80 年代以来，各级政府部门开始应用信息技术，在办公自动化和政务管理信息系统方面做了大量工作。20 世纪 90 年代中期以来，以"金关""金税"等项目为代表的一批"金"字系列政府信息化应用工程重点项目相继启动，取得了显著成效。地方电子政务建设也从实际出发，积极探索，涌现出了一大批应用水平高、社会经济效果较好的模式，在城市管理和服务群众等方面积累了许多有益经验。实践证明，无论是在西方发达国家还是发展中国家，电子政务已成为现代政府治理不可或缺的工具，其作用和地位日益重要和明显。

从各国发展电子政务的进程来看，主要有两个驱动力：一是市场需求。因为政府是全社会最大的信息拥有者和信息处理者，也是信息技术的最大用户。推进电子政务建设，是加快社会信息化、拉动信息产业发展的重要切入点。二是政府改革的需求。有效利用信息技术，可以大大提高政府管理效能，促进政府职能转变和管理方式的改进，有利于建立行为规范、运作协调、公平透明的行政管理体制。

信息技术确实给各级政府提供了绝佳的改革机会。但是，信息技术的应用不等于政府改革，电子政务不能替代政府管理创新。电子政务不是简单的"电子＋政务"。电子政务的发展本质上是对传统政府管理体制和管理方式的挑战，是深化行政管理体制改革、实现政府管理创新的催化剂和助推器。电子政务推行的目的是变革政府，使其能够更加以服务公众为中心。在这个过程中，技术只是一种应用工具。电子政务要取得成功，必须转变政府的思想观念、组织架构、管理和服务方式，必须转变政府官员与公众的互动方式，全面提升公务员的管理素质和行政能力。通过发展电子政务促进政府改革和管理创新，是21世纪信息化和经济全球化时代世界各国提高政府管理和创新能力的首要任务。

（三）电子政务的基本内容与类型

电子政务的基本内容与类型有三种：

1. 以单向的信息发布为主。

信息发布是联系外界用户的一种有效手段，即政府网站的建设与管理，也是政府"上网工程"所定义的第一期目标。例如，政府职能宣传，包括公布政策导向、法律法规、政府职能、机构设置、办事程序、新闻发布等。政府公文系统包括公文制作及管理计算机化作业，并且通过网络进行公文交换，随时随地取得政府资料等。

2. 交互式的数据和信息交换。

这种类型主要包括政府各部门之间的事务协作，如建立政府整体性的电子系统，并提供电子目录服务，目的是提高政府部门之间及政府与社会各部门之间的沟通效率；网上信息查询，包括建立各种资料库，方便社会公众查阅；再就是使政府之间的应用连接起来，把政府的管理应用扩展到互联网上，使广大市民可以通过互联网了解政府的工作，并及时回应。这类应用有网上投诉、电子建议箱等。

3. 网上应用和业务流程的高度集成。

这种类型的应用将电子政务应用、业务流程和现有实际工作结合起来，实现政府管理和服务职能的网络化扩展。该类型的应用实际上是政府办公自动化系统在网络上的延伸，如工商、税务机关对授权用户提供相关信息的查询和申报处理。例如，网上报关，即企业直接在网上申报进出口货物，实现无纸化报关；网上采购及招标，即在电子商务的安全环境下，推动政府部门以电子方式与供应商在线进行采购、交易及支付处理作业等。

（四）电子政务的实现途径

电子政务是一个系统工程，首先应该符合以下三个基本条件：第一，电子政务是必须借助电子信息化硬件系统、数字网络技术和相关软件技术的综合服务系统。第二，电子政务是处理与政府有关的公开事务、内部事务的综合系统。除了政府机关内部的行政事务以外，还包括立法、司法部门以及其他一些公共组织的管理事务，如检务、审务、社区事务等。第三，电子政务是新型的、先进的、革命性的政务管理系统。电子政务并不是简单地将传统的政府管理事务原封不动地搬到互联网上，而是要对其进行组织结构的重组和业务流程的再造。因此，电子政府在管理方面与传统政府管理之间有显著的区别。

电子政务的建立和实现，并非是简单的引入和应用现代信息技术问题，而是建立在许多因素相互作用的基础之上的。具体来看，电子政务的实现还与下列因素相关：

1. 网络技术保证。

构成电子政务最底层的是政府的信息和通信的基础结构，也可以说是政府信息流通的导线，它包括电缆线、光纤以及其他传送信息的设施和工具。从国际经验来看，以下几个方面是重要因素：

（1）推动国家信息的基础结构的发展，将政府、企业、社会组织和公民紧密连接在一起，使整个社会彼此分享信息。

（2）以互联网络为基础，构建政府信息服务骨干网络（Government Servile Network，GSN），在骨干网络上提供电子窗口、电子目录、电子邮寄和电子民意箱等基础服务。

（3）发展和建设政府机关内部的局域网（Intranet）应用环境，为各级政府人员提供运用电子邮件、电子目录、电子新闻、电子信箱的良好环境。

（4）建设和发展网上政府的系统平台，取得政府信息化服务及信息设施，如电话、个人计算机及工作站、自动提款机、公用信息服务站（Kiosk）等广泛分布于家庭、公共场所、办公场所及各级政府机关的信息设施。

（5）发展单一窗口、一站到底（One-stop）政府信息服务。

2. 政务公开。

政务公开是指政府在互联网上拥有自己的网站或主页，为公众提供查询非保密政务信息的可能。互联网将为政府机构公开自身工作透明度提供便捷、有效、快捷的载体，促进公众广泛参与。公众参与决策主要表现为集体决策而不是个人决策，即决策过程中广泛吸收公众意见，吸引公众参与到决策的过程中。通过互联网，公众可以了解行政决策的过程，将决策目标和方案选择与个人利益进行比较，确定自己的立场，发表自己的意见，从而从根本上推动决策过程从孤立、封闭的暗箱操作转变为公众积极参与的公开、民主的过程。总之，网络缩短了时空距离，将集体决策的参与范围扩大到网络终端的全体公众，扩大了智慧的范围，使行政系统集体决策的特征更明显，这有助于政府摆脱决策"暗箱操作"的状态，充分发挥"外脑"优势，确保行政决策科学、合理。

3. 网络信息。

政府机构及其工作人员从网络上获取信息，包括机构内部的工作流信息和从机构外部获取的反馈信息。一方面，网络化加强了政府的信息置换功能，新型政府可以使用各种新技术手段实现信息化管理。政府将会有更便利的渠道在更广大的范围内收集社会各阶层的意见，获得信息反馈。而且这些信息能够以最直接的方式获得，避免了因为需要经过多层过滤而使信息失真的情况发生。网络的快速信息传递既使公众的信息反馈速度大大加快，也使政府对问题的回应速度大大加快，政府的整体行政办事效率将大幅度提升。另一方面，信息可以在组织内部为更多的人来分享，越来越多的问题在较低的层级就可以得到解决，以上传下达为主要工作内容的中层管理可以大大精简，因信息传递不及时和错误所造成的内部消耗可以大大减少，行政程序进一步简化，行政效率得到提高。

4. 政府采购电子化。

政府本身是一个很大的集团消费者，因为它既要为社会提供大量的公共产品，又要维持自身机构运作。许多国家都曾出台过各种新的政府采购制度，而政府采购电子化将使这些制度殊途同归。

（1）政府将采购需求在网上公布，发出要约，进行公开招标，这利于投标方（厂商）对政府所需产品和服务的快速承诺，而各种市场行情公开、透明，从而提高了购销过程的能见度，有利于"企业化政府"的改革。

（2）买卖双方可以及时、准确地收到支付和汇款的信息，能保证在电子交易下的购买和支付规则被一致地理解和执行。

（3）电子采购减少了采购报告等文案工作，降低了采购成本和缩短了采购时间，提高了工作效率。更重要的是，电子采购使采购过程合理化，采购由政府代表（人）—厂商代表（人）转化为政府代表（人）—互联网（机）—厂商代表（人）的互动过程，人人界面改为人机界面，所有过程都有电子记录在案。采购电子化是增强工作透明度、提高行政效率、杜绝相关领域腐败的强有力的办法。

5. 制定上网安全策略。

政府网络是一个庞大的网络，由于使用人员众多，技术水平和安全意识又千差万别，安全漏洞很多。另外，由于网络黑客的入侵、计算机病毒破坏等诸多原因，网络安全隐患将日益增多。由于电子政务只认数据不认人，如果安全得不到保障，网络黑客就可以通过修改程序和规则在网上窃取到政府的部分权力，还可以通过将敏感数据密码化的技术方法，进行政治和刑事犯罪活动，给国家带来毁灭性的灾难。因此，制定政府上网安全策略既是在网上维护国家主权的需要，也是维护国家政权性质、占领网上政治阵地的需要。

（1）要在保护国家机密的前提下，事先安排好应上网的内容及上网的途径和方法。

（2）要树立政府上网安全意识和危机意识，重视网上工作程序规范化和控制体系建设。

（3）把采用先进的安全技术与进行严格和科学的行政管理结合起来，对于一些事关国家机密的权限和数据，要辅以人工认证。

（4）尽快制定相关法律，对于技术无法解决的网络安全问题，要努力寻求在制度和法律上解决。

6. 加强公务员信息技术的教育和培训。

从一定意义上来说，政府上网对政府自身来讲是个挑战，这种挑战主要是对政府公务人员的素质提出了更高的要求。应当承认，从整体上讲，公务员是一个综合素质相对较高的群体。但也不可否认，随着社会发展和科学技术的进步，政府机关的一些工作人员甚至一些部门领导的原有知识已远远不能适应形势发展要求。尽管现在大多数政府机关都配备了不少高配置的计算机，但这些计算机基本上都在当作打字机用，计算机的诸多功能未得到应有的发挥，造成了资源浪费。很多职能部门的领导获取信息依然靠文件、报纸和电视，对从网络获取更广泛、更快捷的信息还缺乏应有的意识。因此，公务员需要不断更新知识，加强信息技术的学习，全面提高自身素质，充分发挥电子政务的作用。

◎思考题：

1. 请分析第三方政府与传统政府的异同。
2. 请分析网络经济带给政府的新职能。
3. 试列举一下身边的电子政务的相关案例。

第二节　网络化治理

学 习 要 求

1. 掌握网络化管理的含义。
2. 了解中国特色网络综合治理体系。

随着人类迈入互联网时代，网络治理日益成为国家治理体系的重要组成部分。党的十八大以来，党中央高度重视互联网的发展和治理，通过加强顶层设计和总体布局，统筹协调涉及政治、经济、文化、社会、军事等领域信息化和网络安全重大问题，做出了一系列重大决策和部署，有效推动我国网络和信息化事业取得了历史性成就，走出了一条具有中国特色的网络治理之路。

一、从网格化管理到网络化治理

中国特色社会主义进入新时代，社会主要矛盾发生深刻变化，社会治理在推进国家治理体系和治理能力现代化过程中的重要性不断凸显。党的十八大以来，"治理"成为党中央治国理政的崭新理念。党的十九大报告提出要"打造共建共治共享的社会治理格局"，激发全民参与社会治理的积极性和主动性，"推动社会治理重心向基层下移，发挥社会组织作用，实现政府治理和社会调节、居民自治良性互动"。因此，推动社区网格化管理向网络化治理的转型，实现社区治理现代化成为新时代的必需。

（一）功能与困惑参半的网格化管理

1. 网格化管理的定义及发展。

网格化管理，就是依托统一的数字化管理平台，按照一定的地理空间和人口分布，把全域行政管理区域划分成若干网格，将辖区内人、地、物、情、事、组织全部纳入网格进行管理，实行分片包干、责任到人、设岗定责，实现力量下沉、无缝对接、服务到户的一种社会治理新模式。其最大特点是将过去传统的、被动分散的管理转变成现代的、主动系统的管理，以实现基层社会服务与治理的精细化、集约化与高效化。

自 2004 年北京市东城区首次实施网格化管理以来，浙江省舟山市、上海市金山区和湖北省宜昌市等多个城市对这一基层管理模式进行了因地制宜的创新。2005 年 2 月，建设部将网格化管理模式正式列入国家"十五"科技攻关计划，同年 4 月城市网格化管理模式取得了科技成果鉴定证书。2005 年建设部（现为住房和城乡建设部）发布《关于公布数字化城市管理试点城市（城区）名单的通知》，首次确定在北京市朝阳区、上海市长宁区、南京市鼓楼区和武汉市等十个城市（城区）进行网格化管理试点；天津市河西区、重庆市高新区和万州区、合肥市等地先后在 2006 年、2007 年成为第二、三批试点城市。截至 2008 年，也就是试点工作的最后一年，建设部在全国 51 个城市（区）积极推行网格化管理模式，并取得了值得肯定的成效。《中共中央关于全面深化改革若干重大问题的决定》指出"创新社会治理……以网格化管理、社会化服务为方向，健全基层综合服务管理平台，及时反映和协调人民群众各方面各层次利益诉求"。在顶层设计的推动下，网格化管理在全国范围内铺开，俨然呈现"无网格，不治理"的发展趋势。

2. 网格化管理的优点及缺点。

虽然网格化管理作为一种创新性的基层社会治理模式被许多城市甚至乡村所接受，但其在实践中的功能与困惑参半。总体而言，在技术管控类事务中，网格化管理的效能非常可观；然而，在社会治理服务类事务中，网格化管理就凸显出一些弊端。

网格化管理一方面推动了政府内部资源的整合，大大提高了服务群众的质量；另一方面也出现了过度治理和治理真空同时并存的窘境以及"强化行政而弱化治理"的内在缺陷。

（1）纵向利用过度。网格化管理实际上存在着纵向利用过度的问题。网格化管理在本质上仍然是技术治理背景下行政科层化力量的进一步展开，是以增加城市基层管理层级的方式展开其工作的。网格并没有改变科层结构中的层级设置与权力向度，只是在"区县—街道—社区"的层级之下增加一个"格"的准行政层级，以便能够"一竿子插到底"，参与到群众的具体事务中，网格的权责利均来自上级授予，即使雇请再多的"格员"，也不过是科层体制向下延伸的"更多的脚和更细的网"。这种"一竿子插到底"的网格化管理对基层单位形成了一种新的压力机制，网格员的工作压力大大增强。网格化管理所涉及的事务随着职能部门的需求多样化而日趋繁杂化，最终导致网格内部的职能边界日渐模糊。

（2）横向协调不足，限制了社会活力。"一竿子插到底"是网格化模式的显著优势，实现了整个社会在纵向沟通上的"一纵到底"。但是，其在横向上的联系却是很少的。行政主导下的网格化管理体现的是自上而下的权力格局安排，将本应该成为完整生活共同体的社区割裂细化成了更小更密的网格，这虽然有利于政权力量实现与每位社区居民的直接联结，有利于迅速掌握基层的社情民意信息，确保了行政执行的力度，却未能改变社区成员作为被动管理对象的局面，必然会架空社区自治组织的作用，损害社区内部原本内生的社群联系，消解其社会资本和有机联结，最终阻碍社区内部自治力量的生成和社区居民自治能力的提升，致使"公众参与、社会协同"的目标也无法真正实现。

根据治理的资源依赖理论，在一个开放的社会中，不存在一个能够自给自足的主体，包括政府都是嵌入具体的环境当中通过获取环境中的资源来实现管理的。但网格化管理却往往忽视了社会系统的整体性、协调性特征，过度强调行政力量而没有去充分整合体制外的资源，网格职责过于简单，人为地割裂了社会系统内部各种联系，忽视了整体社会功能的协调、优化与有效发挥，对调动体制外的资源无心也无力。网格化管理在一定程度上模糊了多元治理主体之间本应有的界限，使政府承担了一些原本应该纳入市场和社会范畴之中的公共服务职能和社会治理职能，这显然不符合治理现代化的应然趋势。

（二）创新模式——网络化治理

1. 网络化治理的理论基础。

网络治理是治理理论的一种研究途径，即基于网络的视角来解释治理理论。网络既是治理理论的一种载体，也是治理理论运作的形式，因而网络治理有时也可以表述为治理网络，两者表达的意义相同。网络治理的形成主要得益于西方公共管理改革思潮的理论碰撞，20世纪90年代以来，网络方法逐渐流行，"治理理论学派"在管理理论丛林中崭露头角，政策过程中的个体行动和宏观组织间的关系研究形成了政策网络理论。组织学、管理学等学科的研究方法积累为网络治理的研究深度提供了更多可能。以上理论与方法作为网络治理形成的基础，帮助网络治理走上公共管理领域的舞台。

（1）网络模式。网络最早出现在政治科学、社会学和政策科学领域，后来转向政府实践运作的应用。例如，政府与私人承包商或者非营利组织签订合同，构建地方服务网络。在服务型功能外包给非政府部门后，政府内部部门只保留一些关键职能，因而可以更加高效高质地提供公共服务，这样的政府通常被政治家们称作"空心政府"。在公共管理领域，网络被视为一种隐喻或一个组织，指由相互依存的团体在共同目标的指引下聚在一起产生合作的关系。

网络模式是网络社会的产物，以灵活多变而且较小的成本投入日益受到欢迎。后工业时代信息技术的快速发展使曼纽尔·卡斯特（Manuel Castells）所描述的"网络社会"成为现代社会的常态。如同卡斯特所说，借助网络运作的社会结构具有更高的活力和更开放的系统，既能实现创新又不失去平衡。网络模式的流行受后工业时代政府和公民角色变化的影响。政府由过去公共服务和产品的单一生产者变为现在围绕公民需求而改善自身的服务者，而公民由过去的服从者转变为当前意识觉醒的参与者。数字时代的技术推动网络模式向网络治理进化，信息技术打破了多元行动者之间的边界壁垒，使跨部门对话和资源共享通过多媒体的帮助成为可能。

（2）治理理论。治理理论是20世纪90年代兴起的一种被广泛应用的理论。虽然治理（Governance）与统治（Government）的英文表达非常相似，但含义却截然相反。治理理论正逐渐超越传统机制和政治制度的边界，向水平化、协同化、网络化的混合模式发展，完成从统治向治理的转变。与传统的政府统治相比，治理的基础不再是独一无二的政府权威，而是结成合作联盟的多方参与者的互动与信任。对于治理理论的内涵，Lowndes等（2006）给出了五个主要结论：①治理来源于政府但不仅限于政府；②治理模糊了部门的界限和责任的边界；

③治理使参与者之间建立了依赖关系；④治理形成了自主的网络；⑤治理能力并不仅限于政府发号施令或运用权威。基于以上结论，多方参与、超越政府权威、互动协调以及自主性网络的特征成为治理理论的思想架构。Kettl（2017）对治理的定义是：政府与社会力量在合作中组成的网络状管理系统。因此，可以说，网络模式是治理理论的核心特征，这也可以解释网络治理运行模式为何深受治理理论影响。

（3）政策网络理论。政策网络的出现为网络模式与治理理论的结合提供了契机。政策网络理论的核心观念认为，政策是多方行动者合作互动的结果，这些行动者互相依赖以实现他们自身或整体的目的。他们基于共同利益和目标会持续维护彼此之间的合作关系，这种依赖关系的长久存在渐渐被成员们视为不成文的制度，进而衍生出对网络内成员、政策制定和政策执行起到规范作用的非正式规则。政策网络的结构包括共同价值、规范和规则。Crozier 和 Friedber（1980）认为，政策网络是行动者为了实现自身利益所组成的水平化制度架构，强调政策过程是一个动态化的复杂环境，在这种环境下，网络被视为一种制度结构，行动者通过遵循网络中的规则及共同合作协调实现最终目的。政策网络不仅是一种制定政策的工具，更是限定行动者们在网络中互动协调的规则和制度。

2. 网络化治理的发展前景。

从网格化管理到网络化治理的创新升级，即意味着"一元领导"到"多元共治"的转变。转变主要采取命令和动员的方式来达到目标的治理思维，将更多主体纳入社会治理体系，重新明晰党组织、政府、企业和民众等主体间权、责、利的边界。要强化党的全面领导能力、提升政府的现代治理能力，进一步释放市场力量以增加公共服务供给体系的活力，如政府购买公共服务；要为社会力量赋权增能，如完善社区协商治理；构建起"党委领导、政府负责、社会协同、公众参与、法治保障"的共同参与、各司其职、良性互动、相互赋权、彼此增能的共建共治共享格局，这是当前社会治理现代化转型与战略重构的基本趋向。

新时代网络化治理的基础是社会的自组织网络。面对外部环境和群众需求的双重不确定性和复杂性，治理的"行动化"和制度的"弹性化"是一种战略上的必由之路，因此，好的社会治理必须具有自组织属性和机制。网络化治理体现了一种自下而上的治理结构关系，包括汲取众人智慧，破解治理难题，鼓励每个人都成为更加有为负责的主体。网络化治理是以平等参与为宗旨，让所有利益、志趣相关者都参与进来的新型治理关系。只有让社区居民充分发挥自己的聪明才智，才能让基层社会充满活力，才能适应变化、动态成长，以分布式创新应对社会需求的多元格局，获得永续发展的内生动力。而且随着信任水平的不断提高，共同体中协同合作的可能性就越大。因此，网络化治理运行机制的核心，就是要通过培育社会资本，形成社会信任与合作关系，使这种合作关系不再依靠某种利益去维系，而是基于一种价值观念上的共识与相互认同。

新时代网络化治理的关键是平台型政府。网络化治理当然不是完全的自组织，它必须与政府的科层体制有机结合起来。政府应该努力发挥平台作用，促使科层体制对接"自主的社会领域"，支持新社区的自主性建设，充分向群众自治组织放权，积极培育、规范管理和加强引导社会组织，对能够促进基层社会发展与服务的社会组织给予必要的政策、资金支持，引导社会组织与基层群众在合理范围内积极有序地参与到社会服务与治理中来，在社会治理网络的协同、运行、维护、发展上承担更多的责任与义务，既要发挥自身的资源优势，弥补自组织治理的失灵，又不能直接介入自组织治理过程。

新时代社会的善治依赖党政群的合理分工，不但党政要分好工，而且要让群众自己起来，承担起自己的责任，推动基层社会形成一个有自治能力、能够互助合作、积极参与公共事务的共同体。有为的政府应该努力为社会治理主体赋权增能，积极领导组织人民自己当家作主，提高中国社会的自组织能力，构建政府与社会的互动合作网络，拓展社会治理主体参与协商共治的形式，完善社会治理主体参与民主协商的机制平台，如网络论坛、社区议事会，或者各种各样的社区兴趣组织和公益组织等，使所有多元主体都能够在社区公共场域中参与对话，共同商讨，通过相互让步和妥协最终达成共识，共同建设新社区，充分保障社会各方力量在参与过程中的利益、需求和意见表达权。

因此，我国的基层社会治理只有从网格化管理提升到多元参与协商共治的网络化治理，才能充分激活执政党与人民大众的血肉联系，鼓励公众成为更加有为、负责的主体，引导社会和国家之间形成良好的关系，实现社会治理的共建共治共享。

二、中国特色网络综合治理体系

（一）网络综合治理体系的内涵及特征

网络综合治理体系的内涵指的是其本质构成要素及各要素间的关系。网络综合治理是在各级党委领导下，由政府承担管理主导责任，各有关部门充分发挥职能作用，依靠企业履责、社会监督以及网民自律，做到协调一致、齐抓共管，综合运用经济、法律、技术等多种手段，打击和预防网络违法违规行为，完善网络社会管理，化解网络社会矛盾，以实现网络秩序规范、网页内容健康向上以及网络空间清朗清净，切实维护公民、企业和国家的合法权益。

习近平总书记在2018年全国网络安全和信息化工作会议上强调的"党委领导、政府管理、企业履责、社会监督、网民自律等多主体参与，经济、法律、技术等多种手段相结合"，就是对网络综合治理体系和治理格局最完整的论述。网络综合治理体系就是围绕治理主体、对象和行为而形成的一整套制度规范，而治理格局则是治理体系在结果层面的反映，治理体系则是治理格局的"骨骼"和"脉络"。网络综合治理体系和传统社会治理相比，既有不少共性，也具有许多新特征，总结可归纳为以下四个特点：

1. 网络综合治理的主体多元。

推进网络综合治理，离不开各方面力量的聚集，关键在于调动各方主体的积极性。网络综合治理体系有五大主体：各级党委、政府、企业、网络舆论以及网民。各级党委是体系中的核心要素，负责网络综合治理的顶层谋划和思想引领；政府是体系中的管理主体，通过管理方式创新，实现有效管理与服务；企业是网络空间重要的实践者，提升企业自身能力，促进政企之间良性互动，是实现综合治理的应有之义；网络舆论是重要社会力量，网络空间的广泛性、虚拟性决定了社会监督在该治理体系中的必要性和有效性；在网络空间中，网民是最直接的参与主体，提高网民的自控自律水平，能够有效降低网络治理难度。

2. 网络综合治理的权责明晰。

国家治理体系现代化离不开治理体系法治化，网络空间不是法外之地，网络综合治理体系也应遵循法治化的原则，应规范各主体的行为。我国不断出台和完善网络领域的法律法规，其目的就是要明晰相关治理主体、治理对象及其行为的运作边界，这样才能有效发挥综合治理的合力。

3. 网络综合治理的手段多样。

网络空间的广联性、治理主体的多元性以及治理对象的复杂性，决定了治理手段的多样性。在网络综合治理中，往往涉及道德伦理、法律法规、经济利益以及信息技术等诸多方面的内容，因此，需要综合运用政治、法律、行政、经济、文化和教育等多种手段。各类手段在具体运用中，既要保证针对性，也要注重灵活性，做到刚柔并济、张弛有度。

4. 网络综合治理的过程协同。

多元主体如果不能够在行动中保持密切协作，非但不能达成共治目标，还有可能形成摩擦和障碍。厘清职责是协同的基础，其目的在于取长补短、弥补漏洞，充分发挥治理手段和各方资源的作用，达到治理效能最大化。重视各部委间以及政企间的合作就是过程协同的体现，尤其是在历次专项整治中，基本上达到了治理的高效率、全覆盖。过程协同还是一种立体化治理生态形成的过程。网络社会是一个自我协同、不断演化的社会生态系统，在这个治理生态系统中，各主体通过不断地协同共治，促进彼此感知与认同，逐渐形成一种利益共生的关系，进而实现内生性的良好发展。

（二）构建中国特色网络治理体系的重要性

中国共产党和中国政府统筹国内和国际两个大局，站在中国特色社会主义进入新时代的历史起点上，充分利用互联网这一有效工具，推动构建行之有效的网络治理体系，进而推进国家治理体系和治理能力现代化，推出的"中国方案"为世界熟知。

1.有利于推进网络意识形态治理。

从 5G 技术开始商用到"物联网"规模发展，再到"区块链"活跃发展，政府机关和媒体都面临着内容重构以及受众连接问题。针对目前网络空间舆论混乱、内容参差不齐的现状，国家互联网信息办公室于 2019 年 12 月 15 日正式发布了《网络信息内容生态治理规定》，并于 2020 年 3 月 1 日起正式施行。《网络信息内容生态治理规定》集中体现了党和国家对网络信息内容这一网络意识形态重要组成部分的高度重视。互联网平台作为思想舆论和意识形态斗争新的主战场，单单依靠主流媒体是远远不够的，需动员社会各阶层力量参与进来。2018 年 4 月习近平总书记在全国网络安全和信息化工作会议上指出："要提高网络综合治理能力，形成党委领导、政府管理、企业履责、社会监督、网民自律等多主体参与，经济、法律、技术等多种手段相结合的综合治网格局。"这就要求一方面要积极发挥党委在治理网络意识形态工作中的核心地位；另一方面积极推进主流媒体突破自身边界和其他媒介进行融合式发展，建立以内容建设为根本、先进技术为支撑、创新管理为保障的全媒体传播体系，建立健全网络综合治理体系，加强和创新互联网内容建设，落实互联网企业信息管理主体责任，全面提高网络治理能力，营造清朗的网络空间。

2.有利于推进国家治理体系和治理能力现代化建设。

互联网诞生之日起就被贴上了"去中心化"的标签，当今历史条件下的"去中心化"逐渐转变为在互联网平台之上的政治、经济、文化、社会和生态文明聚集基础上的"再中心化"。想要夺取"互联网再中心化"时代高地，中国政府就必须构建有效的网络治理体系，掌握互联网核心科技，才能赢得掌控全局的先机。互联网、大数据和 AI 技术使我们能够更加直接、精准和有深度地了解人民群众所思所想所求，进一步推进国家治理体系和治理能力现代化。

自 1994 年接入国际互联网以来，中国共产党和中国政府始终重视互联网在各个领域的作用，坚持利用与治理双管齐下，以使用互联网中出现的各类问题为抓手倒逼改革，构建行之有效的网络治理体系，将互联网这一全新平台作为推进国家治理能力和治理体系现代化以及推进经济社会发展的有效工具。而且在中国特色社会主义制度下构建全面、安全、可靠的网络治理体系，对于推进国家治理能力和治理体系现代化来说，互联网技术既能拓展治理体系边界，又增加了国家治理的手段和方法。党的十八大以来，以习近平同志为核心的党中央高度重视网络对推进国家治理能力和治理体系现代化的重要作用。2014 年成立了以习近平总书记亲任组长的中央网络安全和信息化领导小组，充分体现了党和国家对网络安全和信息化领域的高度重视。

◎思考题：

1. 请解释什么是中国特色网络综合治理体系。
2. 探讨一下网络化管理的未来发展方向。

第三节　网络政府调控

学 习 要 求

1. 理解网络经济产业政策。
2. 理解网络安全的重要性。
3. 了解网络科技政策。

在现代社会中，政府对经济的宏观调控是通过各种经济政策实现的。制定经济政策是政府经济职能的体现，通过政策的引导和规制作用，来实现政府对经济运行和发展的调节和控制。如前所述，网络经济中政府的宏观调控仍然是必需的，政府的经济政策对于网络经济的发展依然起着十分重要的作用。

一、网络产业政策

网络经济中的一个重要特征，就是产业结构发生重大的改变，以信息产业为代表的高新技术产业成为经济的主导产业。产业结构的变化有其内在的规律性，而产业政策则是在遵循产业发展规律的基础上，通过政府的政策来促使产业结构的优化和健康发展。

（一）产业政策的基本内涵

产业政策就是国家根据国民经济发展的内在要求，调整产业结构和产业组织形式，从而提高供给总量的增长速度，并使供给结构能够有效地适应需求结构要求的政策措施。产业政策是国家对经济进行宏观调控的重要机制。

1. 产业结构政策。

不同产业之间存在一定的内在联系及比例关系。产业结构政策就是根据经济发展的内在联系，揭示了一定时期内产业结构的变化趋势及其过程，并按照产业结构的发展规律保证产业结构顺利发展，推动国民经济发展的政策。它通过对产业结构的调整而调整供给结构，从而协调需求结构与供给结构的矛盾。调整产业结构包括根据本国的资源、资金、技术力量等情况和经济发展的要求，选择和确定一定时期的主导产业部门，以此带动国民经济各产业部门的发展；根据市场需求的发展趋势来协调产业结构，使产业结构政策在市场机制充分作用的基础上发挥作用。

2. 产业组织政策。

产业组织是以同一商品市场为单位划分的产业。产业的生产活动是在产业组织内进行的。选择什么样的产业组织形式和产业组织结构，决定了产业的产出效率和市场均衡。产业组织政策就是通过选择高效益的，能使资源有效使用、合理配置的产业组织形式，保证供给的有效增加，使供求总量的矛盾得以协调的政策。实施这一政策可以实现产业组织合理化，为形成有效的公平的市场竞争创造条件。这一政策是产业结构政策必不可少的配套政策。

3. 产业区域布局政策。

产业区域布局是指产业在空间上的分布及其结构形态。产业区域布局政策就是针对产业的空间配置格局的政策。这一政策主要解决如何利用生产的相对集中所引起的"集聚效应"，提高产业的集聚度和关联度，尽可能缩小由于各区域间经济活动的密度和产业结构不同所引起的各区域间经济发展水平的差距。

（二）网络经济中的产业演化

网络经济的出现必然带来产业结构的变化，这种变化集中表现在信息产业的崛起、产业结构的软化以及产业之间的融合。

1. 信息产业的崛起。

信息产业一般指以信息为资源，信息技术为基础，进行信息资源的研究、开发和应用，以及对信息进行收集、生产、处理、传递、储存和经营活动，为经济发展及社会进步提供有效服务的综合性的生产和经营活动的行业。一般认为，信息产业主要包括七个方面的经济活动：一是微电子产品的生产与销售；二是电子计算机、终端设备及其配套的各种软件、硬件的开发、研究和销售；三是各种信息材料产业；四是信息服务业，包括信息数据、检索、查询、商务咨询；五是通信业，包括电脑、卫星通信、电报、电话、邮政等；六是与各种制造业有关的信息技术；七是大众传播媒介的娱乐节目及图书情报等。这些行业原来分属于不同的行业，随着信息时代的到来，人们将这些行业从其他行业中分离出来，组成一个单独的产业——信息产业。

网络经济是建立在知识和信息的生产、分配和使用基础上的新型经济形态。网络经济最突出的特征是信息产业迅速崛起，成为国民经济的主导产业。根据罗斯托对主导产业的分析，主导产业是指能够较多地吸收先进技术，面对大幅度增长的需求，自身保持较高的增长速度并对其他产业的发展具有较强的带动作用的产业部门。在经济发展的不同时期，曾经有过不同的主导产业。而随着网络经济的兴起，国民经济的主导产业发生改变，信息产业代替了原来占主导地位的产业，而成为新兴的主导产业。

2. 产业结构的软化。

"软化"一词源于计算机软件。1981 年，日本教授田地龙一郎正式将"软化"一词用于经济领域，他认为产业软化是技术的进步、人类历史发展的潮流。目前学术界对"产业结构软化"的概念表述不一，有学者称之为"产业结构知识化"或"产业结构服务化"。产业结构软化至少有两个层次的含义：第一，指在产业结构的演进过程中，软产业（主要指服务业）的比重不断上升，出现了所谓"经济服务化"趋势；第二，指随着高度加工化过程和技术集约化过程，在整个产业过程中，对信息、服务、技术和知识等"软要素"的依赖程度加深。

产业结构软化又表现为前向软化和后向软化。前向软化即产业结构高度化，是指产业结构从低度水平向高度水平的发展过程，实质是产业的技术结构高层次化，产业结构不断向高附加值化、高技术化、高集约化演进，从而更充分更有效地利用资源，更好地满足经济发展需要的一种趋势。后向软化则是指传统产业的软化，它又分为外延式软化和内涵式软化：外延式软化是指产业内部通过调整生产方向，使产品向新型产业转移；内涵式软化是指产业内部的设备、能源、原材料、基建、实物产品等"硬"的有形的方面相对弱化，而信息、研究开发、计划、公共关系、人才、广告、管理、会计、审计等"软"的无形的方面相对增强。

3. 产业之间的融合。

产业之间的融合又称"产业边界模糊化"或"产业结构重叠化"，是指在知识分解和融合的基础上，由于大量新生技术日益趋同而形成新的知识产业群，以及产业技术融合而导致的产业重叠加深，使产业边界具有了越来越不清晰的趋势。产业融合的动力来自新技术革命，特别是信息技术的发展。以信息技术为代表的各种新技术革命以其强大的渗透力，打破了不同产业的边界，使不同产业之间相互渗透、相互融合，从而形成新的融合产业。

产业融合作为一种经济现象，最早源于数字技术的出现而导致的信息行业之间的相互交叉。之后，信息技术革命引发的技术融合已渗透到各产业，导致了产业的大融合。产业融合的主要方式有三种：一是高新技术的渗透融合，即高新技术及其相关产业向其他产业渗透、融合，并形成新的产业；二是信息技术对传统产业的改造，使传统产业的技术结构发生质的改变，从而演化成带有新的技术特征的新产业；三是产业间的延伸融合，即通过产业间的互补和延伸，实现产业间的融合，这类融合通过赋予原有产业新的附加功能和更强的竞争力，形成融合型的产业新体系。

（三）网络经济中的产业发展与措施

网络经济中的产业结构呈现高度化和轻型化的趋势，以信息和网络服务产业为主体和支撑的现代服务业将在国民经济中占主导地位，并带动整个国民经济的发展。为适应产业结构这一变化趋势的要求，在网络经济中，政府应积极采取措施，以推动高新技术产业的发展和全社会科学技术创新能力的提高。

1. 大力发展高新技术产业。

高新技术是建立在现代自然科学理论和最新工艺技术基础上的，知识密集、技术密集，能够为当代社会带来巨大经济效益和社会效益的技术。高新技术产业则是一组包含信息技术、生物技术和许多位于科学和技术进步前沿的其他技术的产业群体。

在网络经济中，高新技术产业对整个产业结构的升级和经济结构的优化起到引领和先导作用。但由于高新技术产业所具有的高投入和高风险特点，在完全的市场机制作用下，其发展的动力不足，因而需要有国家的力量来加以推动。

世界各国的发展经验表明，高新技术和高新技术产业的发展，除自然条件外，主要取决于社会发展环境，取决于特殊优惠政策。政策体系的完善是高新技术和产业发展的先决条件。因此，政府要通过运用金融、技术以及其他经济、法律手段，采用扶持、倾斜的政策，达到优先发展高技术产业的目的。

2. 建立和健全国家创新体系。

网络经济是建立在技术与知识创新基础上的经济，创新成为网络经济发展的根本动力和源泉。技术与知识的创新具有外部性，创新不但可以给创新者带来巨大的利益，而且可以通过技术与知识的外溢，给其他人带来利益，促进整个经济的发展。然而，也正是由于技术与知识具有外溢效应，创新者付出了巨大的创新成本，但只获得了小于创新所带来的社会收益的私人收益。创新者私人收益与社会收益的不一致，导致人们在市场机制作用下的创新动力不足。解决这一问题依然要通过政府力量来加以调节，其途径就是建立国家创新体系。

国家创新体系（National System of Innovation）的概念由英国学者克里斯托弗·弗里曼（Christopher Freeman）等首先提出，并将创新归结为一种国家行为，即由公共和私有机构组成的网络系统，并强调系统中各个行为主体的制度安排及相互作用。该网络中各个行为主体的活动及其相互作用旨在积极地创造、引入、改进和扩散知识和技术，使一国的技术创新取得更好绩效。它是政府、企业、大学、科研院所、中介机构等之间为寻求一系列共同的社会经济目标而建设性地相互作用，并将创新作为变革和发展的关键动力系统。

建立国家创新体系的核心内容，就是通过政府的一系列激励和补偿政策，形成有利于创新的内在机制和外部环境，构造符合创新规律和要求的一整套科学、有序的创新工作程序和方法，整合创新要素网络，以促进创新要素的良性互动，提高国家创新能力和效率。

3. 加大对科学技术的投入。

科学技术是第一生产力，这一点在网络经济中表现得尤为突出。而科学技术的发展，需要大量的人力、物力和财力的投入，需要有长期的积累。因此，不断增加对科学技术的投入，构造国家层面上的研发平台和技术高地，就成为网络经济发展的必要条件。

对科学技术研究的投资，尤其是对基础科学技术研究的投资，不同于一般的生产投资，它往往不会直接产生经济效益，这就意味着难以通过科学技术研究的收益来弥补其成本。因此，政府在科学技术方面的投资，对一个国家和地区科学技术水平的提高具有十分重要的意义。

在创新成为经济社会发展主导力量的网络经济条件下，国家的投入将成为科学技术投入的主导力量，而科技投资则应被视为国家最重要的战略性投资，这就要求国家应不断增加国家财政对科学技术研究的经费投入，支持重大的基础性研究项目和工程。同时，国家还要建立起对科学技术投入的促进机制，通过一定的政策措施来鼓励社会资本对科学技术的投入，引导和调动全社会对科学技术投入的积极性，建立多层次、多元化的对科学技术进行投融资的渠道，确保社会资本对科技创新投入的不断增加。

4. 推进科学技术的产业化。

科学技术只有物化为直接的生产力才能够发挥作用，这一物化过程就是科学技术的产业化。具体来说，科学技术的产业化就是科学技术变为一定产品及生产能力并带来经济效益的过程。科学技术产业化归根结底是经济与科技一体化，其核心即作为知识形态的科学技术向物质形态的现实生产力转化的问题。

在市场经济条件下，科学技术的产业化主要靠市场来推动，科学技术作为商品在市场上进行交换，科学技术的供给者获得其价值，以补偿成本；科学技术的需求者则获得其使用价值，将科学技术应用于生产过程并创造出利润。问题是，科学技术不同于一般的商品，它的价值与使用价值具有不确定性，在一项技术应用之前，很难对其结果进行准确的评估。因此，单靠市场的作用，科学技术的市场供给与需求均衡的实现要更为复杂和艰难。为此，政府需要采取措施，对科学技术的转化加以推动，以加速科学技术转化为生产力的过程。一方面，政府要积极推动研究机构与生产企业的紧密联系和结合，构建产学研一体化组织，将科学技术转化的外部交易成本内化为组织内部的交易成本，以减少科学技术转化的阻碍；另一方面，国家要积极培育和完善技术市场的建设，建立有效的技术交易平台和机制，以促进科学技术转让和交易的进行，提高科学技术转化的效率。此外，政府还要完善知识产权的制度和法律，为科学技术的转化提供必要的制度和法律保障。

5. 实施教育与培训计划。

科学技术的进步是由人来推动的，科学技术转化为生产力最终也需要由那些掌握了科学技术的人来实现，因此，具有高素质和高技能的人力资源才是科学技术进步和经济发展的决定性因素。从某种意义上来说，网络经济中的竞争，实际上是人力资源的竞争。谁拥有了更加充分的人力资源，谁就能在竞争中取得优势，取得更快的发展。

所谓的人力资源，是指劳动生产过程中可以直接投入的体力、智力、心力的总和及其形成的基础素质，包括知识、技能、经验、品性与态度等身心素质。由此可见，人力资源并不等于人力或劳动力。只有那些具有高素质和高技能的人力或劳动力，才可以称为人力资源，才能对网络经济的发展起到决定性的作用。

一个人的素质和技能并不是生来就有的，而是要通过后天的学习逐渐获得。因此，后天受到的教育与培训，决定了一个人素质和技能的发展水平。从整体上来看，一个国家国民的受教育程度和水平，决定了这个国家人力资源的状况和水平。

网络经济是建立在科学进步和技术创新基础上的经济，它比以往任何时期都更加依赖人力资源的发展。人力资源的形成并不完全取决于个人的努力，更取决于一个国家和社会提供给每一个人的受教育机会和内容。因此，国家和社会对人力资源的发展起着至关重要的作用。从发达国家的经验来看，它们都把国民教育摆在了十分重要的地位，并对教育进行了大量的投入，以提高全民的受教育水平。同时，各企业也把对职工的技术培训作为一项经常性的制度，以提高职工的技术水平和创新能力。

在网络经济中，政府应当把发展教育当成经济社会发展过程中一项重要的战略措施，既要重视发展高等教育，也要重视基础性的义务教育；既要重视培养高技术人才，也要重视培养掌握操作技能的熟练工人。通过发展教育和人力资源的开发，培养出更多具有创新能力的优秀科技人才，同时也造就一代掌握现代科学技术的劳动者，为网络经济的不断发展奠定坚实的基础。

二、网络经济安全

（一）网络经济安全的内涵及特征

安全，即是指没有危险，平安。网络经济安全，简言之，就是网络经济的平安、没有危险。具体来说，网络经济安全由网络安全和经济安全两要素结合而形成一个整体。从网络安全角度来说，是要求在分布式网络环境中，网络系统的硬件、软件及其系统中的数据受到保护，不因偶然的或恶意的原因而遭到破坏、更改、泄露，确保系统能够连续可靠地运行，网络服务不中断。从经济安全角度来说，就是要求包括国民经济、区域经济、产业经济、企业经济在内的不同层次、不同行业、不同所有制的经济整体和组成部分的经济运行、经济活动正常进行，合理的经济收益得到安全保障，而不受到威胁。网络经济安全的内涵应该包括国家网络经济安全与区域网络经济安全、产业网络经济安全与企业网络经济安全、金融网络经济安全（或网络金融安全）与财税网络经济安全（或网络财税安全）、运用网络从事经济活动的企业的经济安全与提供网络设备生产与服务的企业的经济安全、电子商务经济安全与网络广告经济安全等。要达到网络经济安全，即从网络安全与经济安全两个方面及其两者结合上进行研究和实践。总体而言，网络经济安全具有如下五个特征：

1. 总体性与结构性。

网络经济安全是一个系统的总体概念，它的建设和实现是一个系统工程。它具有系统性和总体性的特征。同时，它又具有多层级、多层次的特征。从总体上来说，既有网络安全也有经济的安全。从层级来说，有国家的网络经济安全，也有区域的网络经济安全；有产业的网络经济安全，也有企业的网络经济安全。从网络经济安全来说，有 TCP/IP 协议组的安全，也有 Web 网络服务的安全。不同结构、不同层次的网络经济安全组成了网络经济安全体系。

2. 技术性与管理性。

网络经济安全的对立面是网络经济风险、网络经济不安全。网络风险的产生原因有两个方面。一方面是技术因素，如计算机硬件安全、操作系统安全、网络技术安全、防火墙技术入侵控制、黑客攻击与防卫、TCP/IP 协议组安全，Web 网络服务安全等。另一方面是管理因素，如网络经济安全系统评价、网络经济信息安全管理、网络经济安全设计、网络经济安全、法规与道德伦理等。而要规避和防范网络经济风险，实现网络经济安全，也应从技术方面和管理方面及两个方面的结合上采取措施。因此，网络经济安全既具有技术性特征又具有管理性特征。

3. 博弈性与可控性。

网络经济安全存在安全性与风险性的博弈，同时又是可控制的。安全和风险是一对矛盾，共同存在于网络经济之中。网络经济存在多种风险，有事故风险、技术风险、市场风险、投资风险、效益风险、管理风险等。为了防范和规避风险，就要进行安全与风险的博弈。而在安全与风险的博弈中，网络经济安全又是可以控制的。我们可以采取管理方面和技术方面的综合措施、对策、政策，使网络经济风险在可以控制的范围之内，以实现网络经济安全，这种可控制的能力和可控的措施就是网络经济安全的可控性。

4. 经济性和社会性。

网络经济安全的一个重要特性是它具有经济属性。它既具有网络安全的属性，又具有经济安全的属性——经济性。经济性要求网络经济安全具有有效性、效益性、比价性、价值性。同时，网络经济安全与社会及社会发展密切关联、互相影响，其中的一个重要问题就是网络经济安全与社会道德、社会伦理密切相关，网络经济安全需要良好的信息道德建设。

5. 长期性与艰巨性。

网络经济安全问题是个长期存在、永不消逝的管理问题，只要我们运用互联网从事经济活动就存在影响网络经济风险的不安全因素。同时，由于网络与网络所具有的开放性和动态性特点，为网络经济安全目标的实现增加了难度，使其具有艰巨性的特点。

网络经济安全具有重要意义。2014 年，习近平总书记在主持召开中央网络安全和信息化领导小组第一次会议上指出，没有网络安全就没有国家安全，没有信息化就没有现代化。网络经济安全的重要意义，具体来说，首先它可以使网络经济活动处于一种正常安全状态，不受到威胁。其次网络经济具有的经济性特点，要求效率和效益。因此，网络经济安全有利于网络经济活动和经济效益的提高。

（二）网络经济安全中存在的问题

1. 顶层设计与系统规划意识不足。

在网络安全和网络经济安全上还缺少战略规划和多层次设计，因而战略目标、战略原则、战略重点、战略措施也缺少从国家到区域多层次、多方面的具体规划设计。在这种情况下，网络经济安全与国家战略层面的构想不符，无法完成相应的规划和设计。

2. 统筹机制亟待完善。

网络经济的安全问题包括各个方面，需要多方位的统筹协调，才能实现网络经济安全。虽然我国已经建立了中共中央网络安全与信息化委员会办公室，但是各个区域、部门对小组的要求还没有完全落实，目前各有关区域和部门在落实中央要求的规划、机构、人员方面还存在问题。

3. 产品设备存在漏洞。

网络经济主要是在计算机技术基础上形成的，由于计算机技术本身就是一种不尽完善和不断发展的先进技术，其产品自身的漏洞存在于机器硬件、操作系统与网络之中。病毒与黑客等不安全因素可以利用这些"漏洞"和"缺陷"进行传播和攻击，因而带来网络经济安全问题。

4. 经济信息不保密。

在经济活动中，很多经济信息、商业信息应该是保密的。但由于对经济信息管理不严和难以区分是否应该保密的界限，而带来网络经济安全问题，导致个人、企业、产业乃至国家经济信息失密，出现经济安全信誉问题。在这个问题背后，也隐藏着其他问题，如缺少网络安全意识、网络安全法律法规不健全等。

5. 链条环节缺乏互动。

网络经济是集软件设备、网络运营、系统集成、业务应用、终端服务等各环节为一体的网络与经济集群系统。现阶段，我国网络经济及其安全的各个环节还缺少良性的互动，在产业链中，上下游企业合作形式较为松散，约束手段还不够规范，既影响了各自和整体的效应，也使网络经济风险有机可乘，影响网络经济安全。

6. 商业模式亟待创新。

在网络技术、计算机技术快速发展的同时，出现了很多新的增值业务，对传统商业模式和经营模式造成了威胁，不利于网络经济的顺利进行。在这种情况下，要求在网络安全、服务质量和盈利模式上都有发展，要求网络技术和网络管理创新发展，否则就不能适应不断发展的网络经济和网络经济安全的需要。

（三）网络经济安全的管理对策

1. 构建基础设施保障体制。

作为网络经济安全的基础，基础设施也是维护网络经济秩序、推动网络经济良好发展的重要保障。所谓的基础设施，不仅包括安全硬件设备的研发和装备，还包括安全机构的设立及协同合作、安全制度的建立等。其中，安全硬件设备的研发和装备对网络经济安全具有非常重要的保障作用，国家相关部门、企业单位等一定要做好服务器使用、安全软件应用以及互联网接入等警戒工作，避免存有安全漏洞的网络产品进入信息流通环节，进而出现信息泄露，导致安全威胁。安全制度的建立主要是从隐形角度出发，对网络经济安全进行有效维护，如网络消费者权益保护制度、网络安全等级保护制度以及病毒防治制度等。上述制度的建立，能够加强行动的执行力，做好职责划分，确保规范的灵活性和可操作性，从而对法律法规方面的不足进行有效弥补。

2. 建立健全网络安全法律法规。

对于网络经济安全而言，一定要在遵守法律法规的基础上避免网络经济犯罪行为的发生。目前，我国颁布的有关信息安全的法律法规有《计算机信息网络国际联网安全保护管理办法》《中华人民共和国计算机信息系统安全保护条例》等，这些法律法规主要是对信息系统、与信息系统有关的行为进行约束和规范。与此同时，国务院也应该针对电子交易过程、信息资源管理等方面的问题制定一系列的解决方案。

3. 完善网络安全人才培养体制。

现阶段，我国在计算机安全人才的培养方面已经不断完善，而且在一些高校中还设立了计算机信息安全的研究机构，对人才培养、科学研究等具有非常重要的作用，为信息安全领域培养了大量的人才。但是网络经济安全在人才培养方面还缺少层次性和系统性，因此，我国应该对网络经济信息安全技术人才培养体系的构建加以重视，在工程型单位、科研型单位以及应用型单位的基础上，实现网络经济安全人才的培养。除此之外，基于网络经济安全的复杂性特点，高校还应该加强互联网、经济、法律等领域综合型人才的培养，进而有效应对网络经济安全中面临的挑战。

4. 拓宽网络安全文化传播途径。

网络安全是全民的工作，目前网络安全的宣传基本上是在安全厂商、专业安全机制的利益驱动下进行的，而企业和大众一直处于被动状态。由此可见，我国公众还没有形成较强的网络安全意识，网络安全文化氛围不浓厚。虽然我国的网民数量暂居全球第一位，但是网民的整体素质却有待提升，网络安全文化无法实现有效传播，就算具有众多的传播途径，传播方式、传播机制等也需要进行创新。

三、网络科技政策

2009 年，工业和信息化部、科技部、财政部与税务总局联合发布的《国家产业技术政策》指出，产业技术进步和创新已成为直接推动经济和社会发展的核心原动力。坚持市场需求与政策引导相结合，坚持全面提升与重点突破相结合，坚持长远战略与近期目标相结合，坚持传统产业与高技术产业发展相结合的原则，加快提升我国产业技术水平，促进产业结构调整，转变经济发展方式，大力发展循环经济，培育产业核心竞争力，具有十分重要的作用。要以推进我国工业化和信息化为核心，促进相关产业的自主创新能力提高，实现产业结构优化和产业技术升级。

（一）国际网络科技政策概况

1. 美国与欧盟的网络开放科技政策。

1996 年 12 月 11 日，原美国总统克林顿签署了由美国 19 个政府机构参与起草的《全球电子商务政策框架》，该文件指出：互联网是真正全球化的媒体，对在互联网上交易的商品和服务征收关税是毫无意义的。有人将其称为"网络新政"，认为克林顿以网络为核心的"新经济政策"将导致下一次工业革命，促进美国经济长期保持自 1992 年以来持续稳定的"一高两低"（高增长、低失业、低通胀）增长态势。

欧盟国家对网络科技政策也非常重视，1997 年 4 月 15 日，欧洲委员会（EC）发表《欧洲电子商务设想》，旨在促进欧洲制定一项有关电子商务的网络科技统一政策。文件指出：电子商务对于保持欧洲在世界市场上的竞争力至关重要，欧盟各国必须根据统一的科技、政策和支持框架采取行动。政府应带头采用电子商务科技，并建设一些示范工程。为了避免管制的不一致可能给电子商务市场造成的破坏性影响，欧盟必须确保制定一个统一的法律框架，同时积极与其他国家加强对话。

1997 年 7 月 8 日，由欧盟发起召开的互联网贸易会议，原则上同意不向通过网络空间做生意的公司征收新的税种，29 个国家在会议通过的文件上签字，并于 1997 年 12 月召开了世界电子商务大会，有几十个国家的 180 多位代表参加。欧盟和美国发表联合宣言，就跨国电子商务的有关原则达成一致。

2. 新加坡与日本的网络安全科技政策。

新加坡国家计算机委员会（NCB）作为一个领导机构，负责基础设施和服务方面的改进，以提高新加坡作为东南亚网络科技中心的地位。国家计算机委员会为实现其目标，致力于发展普通的一系列基础设施服务，如安全证件、安全付款、电子词典来保证政府和企业的电子商务的正常进行；满足科技服务提供者的需要以及用户和商人申请；同其他国家机构密切合作来制定新加坡网络科技服务和应用部署的政策。新加坡还积极制定适用于互联网的法律制度。电子传输协议（ETB）议案包括电子履历和签名、电子协议和负债、安全电子履历和签名、电子签名的效果、电子签名的职责、权威人士证明的责任和进行证明的规则。

电子认证服务是网络科技安全的核心部分。日本和美国对电子认证服务主导权的争夺日趋激烈。美国 Verisign 和 GTE 于 1998 年春相继进入日本市场，Verisign 公司在日本与 NTT 数据通信、三菱商事等多家公司联合成立合资公司——日本 Verisign 公司。

日本通商产业省为使国产科技能在世界通用竭力创造条件，但是，Verisign 在美国已发行过 75 万份认证书，其科技最接近实际行业标准。日本政府正认真检查自己的网络科技政策方面的失误，提高信息科技发展的意识。通过网络科技政策导向把信息科技引入各个产业领域成为新一届日本政府的一项重要选择。

美国、日本和欧盟等的网络科技政策正在逐步走向成熟，其所注意的主要问题是在确保网络科技开放性的同时，加强网络科技发展和应用的安全性。

（二）网络经济下的科技政策制定要求

发达国家的成功经验对制定我国的网络科技政策具有重要的借鉴意义。但网络科技政策涉及政治、经济、金融、法律等方面，要求国家进行宏观控制和管理，对网络科技发展进行立法和规范。

1. 网络科技标准化的政策规范。

为了使网络沟通能简便、安全，必须认真研究和制定通行的网络科技标准。例如，网络系统架构与参考模型规范、网络术语规范、网络学习对象元数据规范、基于规则的 XML 绑定科技规范、内容包装规范、测试互操作规范、平台与媒体标准组谱规范、网址搜索科技规范等。网络科技的标准化必须由政府推动，并制定一系列配套的科技政策。

建立科技标准体系，并不是与其他国家进行简单的水平比较，而是要在合理合法的前提下，形成有特点和优势的科技标准体系。实施科技标准战略，包括要高度重视世界范围内科技壁垒变化与发展趋势，对主要发达国家与主要发展中国家的现行政策及潜在动向进行跟踪研究。要通过改革，建立国家的标准研究机构，组织、规划和协调全社会，包括企业、高校、研究机构的力量共同从事标准研究。

2. 网络科技发展的政策导向。

为了拓展市场，网络科技应充分考虑多语种环境、多业务模式，应用相应的科技和标准以简化多语种环境的业务模式。国家应该在宏观上通过政策导向，使网络科技健康、持续、有序地发展，避免恶性竞争的局面出现。

配合西部大开发战略，我国应在政策上鼓励东部地区投入资金、智力支援西部地区网络科技的发展，改变我国目前网络科技发展不平衡的现状。自党的十八大以来，科技部建立健全东西部科技合作机制，协调东中部地区与宁夏、内蒙古、西藏、新疆、青海、甘肃、云南、贵州 8 个省份广泛开展合作，推动区域协调发展。科技部坚持有为政府、有效市场相结合，联合有关部门和地方深入推进实施科技援疆、科技援藏、科技援青、科技入滇、科技支宁、科技兴蒙、甘肃兰白—上海张江、贵州贵阳—北京中关村等东西部科技合作，推动东西部人才交流、平台联建、联合攻关、成果转化和产业化，为解决发展不平衡不充分问题、促进共同富裕提供科技创新解决方案。正确的网络科技发展政策导向，将有助于避免或解决网络科技带来的"数字化鸿沟"问题。

3. 提高网络科技的安全性。

网络科技的安全涉及网络信息的保密性、完整性、可用性和可控性。保密性就是对抗对手的被动攻击，保证信息不泄露给未经授权的人；完整性就是对抗对手的主动攻击，防止信息未经授权而被篡改；可用性就是保证信息及信息系统切实为授权使用者所用；可控性就是对信息及信息系统实施安全监控。

应对安全的挑战需要一个全球统一的立法和法规框架，并实现为市场运作提供安全服务。当前我国网络科技政策应着力解决传统业务与系统的改造和适应问题，以及新型金融信息系统的开发和利用；电子商务带来的法律、法规真空和金融管理问题；数字化货币的发行、支付与管理；对付网络黑客的公共网络的安全保密问题；涉及大量数字的可靠金融交易、处理与管理；新兴业务的开展、竞争和规范等，均需要制定出周密的政策、法规加以规范。

网络科技已经成为当前中国成长速度最快、发展潜力巨大的科技领域。网络科技政策的制定和实施将有助于这一科技领域持续、健康、稳定、安全地向前发展。因此，网络科技政策问题应该引起各级政府部门的高度重视。

（三）网络经济中的知识产权保护问题

目前，网络经济中的科技政策主要是知识产权保护政策。产权是某个主体对一定的客体拥有的排他性权利，知识产权则是对知识及其产品的排他性权利。按照经济学的原理，清晰的和有保障的产权是市场机制对资源进行有效配置的基本前提。

1. 网络经济中知识产权保护的基本内容。

网络经济是以知识作为其主导资源和生产要素的经济形态，知识的生产和应用对于网络经济的发展起着决定性的作用。网络经济中的知识可以分为两类：一类是共享知识。这些知识没有明确的产权主体，或者虽然有明确的产权主体但该产权主体放弃了其独占的产权而将该知识为全社会共享。另一类是私有知识。这一类知识为私人占有，它具有明确的产权主体，他人要获得这一知识必须通过市场进行知识产权的交易来获得对该知识的权利。对于第一类知识，由于不存在产权问题，当然也就不存在产权保护的问题。需要对产权进行保护的主要是第二类的私有知识。

知识产权的保护是通过知识产权制度来实现的。知识产权制度是以法律的形式对创新知识进行产权归属界定和激励保护的重要制度，它通过知识产权立法对创新知识授予一定时间内的独占权来实现推动知识创新的目的。知识产权保护并不是网络经济独有的问题，在网络经济出现之前，为保护知识创造者的利益，许多国家都建立了保护知识产权的法律制度。知识产权保护对于维护知识创造者的利益，推动知识的创新和生产起到了重要作用。

2. 网络经济中知识产权保护的复杂性。

在网络经济中，知识产权保护面临比传统经济中更多的问题。一方面，知识成为经济的主导资源，知识产业成为国民经济的主导产业，因此，对知识产权的保护变得比以往任何时期都更加重要；另一方面，在网络经济中，由于技术条件的变化，使知识的复制和传播变得也比以往任何时候都更加容易，这就给知识产权的保护带来了更大的难度，知识产权保护比以往任何时期都更加困难。

　　网络经济中知识产权保护问题也要比传统经济中更复杂。网络经济中知识产权保护的复杂性一方面源自知识产权界定的复杂性。从经济学的角度分析，产权是否能够明晰取决于产权界定的成本。如果产权界定的成本比较低，产权就可以明确，产品就属于私人产品；而如果产权界定的成本很高，产权难以界定，这一类的产品就属于公共产品。与一般的物质产品相比，知识产品的产权更加难以界定，换句话说，就是知识产品的产权界定成本很高，这就使知识产品带有一定的公共产品特性。公共产品的基本特征是非排他性，这就与产权保护发生矛盾，造成在知识产权保护操作上的困难。

　　网络经济中知识产权保护的复杂性还来自知识产品的网络效应。网络效应体现为一种需求方的规模效应，即所有者从产品中获得的利益取决于使用者的规模。使用者的规模越大，所有者的收益也就越高。而产权保护则会限制使用者的规模，这样做一方面在保护了所有者的基本利益的同时，另一方面又因失去了网络效应而使所有者失去了获得更多收益的可能性。因此，在网络经济中，一些知识产权主体为了获得网络效应，往往在一定程度上将自己创新的知识和技术向社会开放并与社会共享，以扩大使用者的规模，产生网络效应从而获取更大的收益。夏皮罗和瓦里安（2000）认为："数字化复制产生的新机会远远超过了它带来的威胁。"对于知识产权的所有者来说，"要选择使你知识产权价值最大化的条件和条款，而不是最大限度地实施保护"。这显然又与知识产权保护的做法存在一定的矛盾。

（四）网络经济中知识产权的新变化

　　随着网络经济的发展，知识产权的构成要素也发生了变化。这种变化主要从以下四个方面体现出来：一是知识产权主体方面的变化；二是知识产权客体方面的变化；三是知识产权时效性方面的变化；四是知识产权利益关系方面的变化。

　　1. 网络经济中知识产权主体方面的变化。

　　在网络经济中，知识产权主体呈现多元化的趋势。这是因为在以创新为核心的网络经济中，知识的创新不再是单个主体的个体行为，而是由众多主体参与的集体行为，不同主体之间的分工与合作，从而形成了国家的创新体系。这一体系往往是跨行业、跨部门、跨地区，甚至是跨国界的。由于知识创新的主体是一个复合的整体，依法产生的知识产权也必将有多个权力主体，也就是知识产权主体的多元化。以多媒体作品的著作权归属问题为例，多媒体作品的创作和生产一般要经过总体设计策划、素材收集整理、特定功能软件的开发和应用、系统集成调试等几个阶段，创作成果是多方协作的产物，因而多媒体著作权的归属不像普通作品那样具有单一性，其主体应包括文字、音乐、绘画的创作者，软件的设计者和作品的总体策划者。而这种主体的多元化在权利内容不变的前提下，各主体的权利内容间的矛盾更加突出，权利分割成为权利保护的重要前提。如何确定主体各方的权利和义务，是知识创新系统正常有效运行的重要机制，也是知识产权制度需要解决的问题。

2. 网络经济中知识产权客体方面的变化。

网络经济同时也使知识产权的客体发生改变，呈现扩大化的趋势。一方面，知识产权制度不仅保护传统的专利权、商标权、著作权及邻接权，而且已经将计算机程序、集成电路布图设计、由技术秘密与经营秘密构成的商业秘密、商品化权、植物新品种等都列为知识产权法律保护的对象，科学发现权、发明权和其他科技成果精神权利也成为现代知识产权保护的对象。另一方面，知识产权客体的范围也从物理世界进一步扩大到网络的虚拟世界，由此带来知识产权保护上的一些问题。知识产权的特点之一是专有性，而网络的特点之一是开放性，网络上的信息多是公开和共享的，很难被权利人控制。如何处理网上信息资源共享与信息保密问题，如何保护网络安全与信息安全问题，如何防止通过网络窃取他人机密以及数据库、数字化作品的知识保护问题等，都需要有关法律予以规范和调控，从而也对知识产权立法提出了新的要求。

3. 网络经济中知识产权时效性方面的变化。

在网络经济中，知识的创造和技术更新的速度大大加快了。为保持自己在竞争中的领先地位，迫使人们不断地对已有的知识和技术进行更新，对原有的知识和技术进行"创造性的毁灭"。这种不断进行的"创造性的毁灭"是网络经济下知识和技术的拥有者保护自己产权的最有效的途径。相较之下，在工业经济中知识更新速度相对缓慢，因而需要法律创设一种垄断权利来支持权利者的创新，否则低成本的复制活动将使权利者丧失创新的动力。此外，人们的知识创新能力和速度又与知识扩散和应用的速度有关。为了达到创新的目的，就必须使知识得到广泛传播，实现知识资源共享。因为获得的知识越多，创新的能力就越强。总之，在网络经济中，知识具有非稀缺性，并能以很低的成本复制，在使用中还能产生更多的知识，这就对传统的知识产权保护制度的权利义务框架提出了新的要求。

4. 网络经济中知识产权利益关系方面的变化。

知识产权保护制度是适应知识创新和传播的要求而产生、发展起来的，其目的是促进知识的创新、传播和应用，实现社会的科技进步和经济发展。因此，知识产权制度既是一种权力垄断制度，同时又是一种在知识的创造者、传播者和使用者之间权利平衡基础上协调各方面利益关系的平衡机制。而在网络经济时代，这种产权利益关系也发生了相应的改变。一方面，由于知识的易于扩散和传播，在扩散的过程中产生了广泛的社会效益和经济效益，因此，知识产权需要保护，需要通过一定的形式和法律来区分发明者和使用者之间的关系，从而保护发明者的权益；另一方面，知识创新和竞争又要求对知识授予部分产权或不完全产权，即在权利义务关系的设计中从工业经济时代的重视保护知识创新者的权利，转向既保护知识创新的利益，又引导知识的传播和扩散。也就是说，知识产权作为一种专有权利，还应与公众利益相平衡，不仅要保证产权主体的利益最大化，同时还要有利于社会利益的最大化。这一规定体现了网络经济时代知识产权保护的利益平衡的特征。

（五）网络经济中知识产权保护的制度建设

网络经济使知识的性质和内容发生了改变，同时也使知识比以往任何时候都更加易于传播和扩散，因而也就更加易于获得和应用。由此引发了知识产权保护的各种新问题，需要由新的知识产权保护制度建设来加以解决。

1. 网络经济中知识产权保护制度构建的基本原则。

产权保护的目的是降低交易成本，提高交易效率。网络经济中的知识产权保护同样也是为了这一目的。然而，知识又不同于一般物品。一方面，任何知识在一开始都是由某个主体所创造和拥有，这就决定了它和其他物品一样属于私人物品；另一方面，知识又具有非排他性和非竞争性的特性，在此意义上它又具有类似于公共物品的属性。知识产权的特性导致知识产权保护的两难选择：如果将知识产权确定为私有产权，最能激发人们创造知识的积极性，有利于知识的生产，但私有产权的独占性、排他性又使知识难以广泛传播、应用，对技术进步、知识的发展形成障碍；但如果将知识产权确定为公有产权，则将抑制人们创造知识的积极性，阻碍知识的生产，进而致使技术进步与知识发展受阻。

根据知识产权的这一特性和产权制度安排的效率性要求，知识产权应是有限制的私有产权。所谓有限制，是指知识产权在保护的时间上和权利效力上应有相应的限制，既能使创造者在合理的时间内取得相应的收益，激发人们创造知识的积极性，又能使知识得到广泛传播和使用，促进技术进步和知识发展。但是，有限产权并不等于没有产权。在网络经济中，当某种知识没有经过拥有者的授权，该种知识产权没有从私有产权转变为公共产权之前，依然要对知识产权进行必要的保护，以确保知识产权所有者的利益，保障网络经济的健康发展。

2. 网络经济中知识产权保护内容的扩展。

在网络经济中，由于各种信息网络技术的应用，知识产权保护的内容也发生了改变，不再局限于原来的范畴，而是将保护范围扩大到网络世界，各种数字化和网络化的知识产品也被纳入知识产权保护的范畴。

（1）网络多媒体作品的著作权保护。随着网络多媒体信息的增多，网络多媒体作品的著作权问题开始凸显出来。多媒体作品是在单一平台上包含文字、图形、数字、图像、声音等信息表达形式的多种作品的集成。它要取得《中华人民共和国著作权法》（以下简称《著作权法》）保护，就必须满足三个条件，即独创性、可复制性和智力成果特性。目前，关于多媒体的版权问题国际上通用的做法是，如果多媒体作品在内容的选择和设计安排上具有原创性，就可以作为"汇编作品"获得版权保护。但是多媒体作品目前在《著作权法》中尚未单独列类，虽然可以将不同类型的多媒体作品参照现行《著作权法》视为汇编作品或视听作品，但这样做并未从根本上解决客体的类型划分问题。鉴于多媒体作品的诸多特殊性，应当考虑将多媒体作品作为著作权独立的保护客体类型，直接纳入《著作权法》保护范围，以使之得到更为充分和完善的保护。

（2）网络数据库的知识产权保护。数据库是数字信息资源的最早存在形式，它是将收集到的各种数据和信息资源，按照一定的规则和体系使之有序化。数据库作为一种信息产品，具有很高的开发成本，但数据库一旦建立起来，其使用成本极低。这样数据库的开发者就可以从数据库的有偿使用收费中使其前期的开发成本得到补偿，并获得长期的收益。但如果将数据库资源视为公共物品而可以任意地获取，就会使数据库的开发受到阻碍，网络的应用价值因此而大大减少。因此，对于网络数据库也应作为一种知识产权进行保护。目前，网络数据库的知识产权保护主要包括两个方面：一是对数据库本身的保护；二是对数据库中信息的保护。由于网络数据库本身具有独创性，可以遵循独创性原则而受到《著作权法》的保护。数据库中的信息虽然不属于数据库所有者的原创，但数据库所有者对其进行了大量收集、分类、筛选、处理、加工的工作，依然可以按照"辛勤采集"的原则，给予必要的法律保护。

（3）计算机软件的知识产权保护。计算机软件既包括程序本身，也包括程序说明和使用指南等相关的内容。与网络数据库一样，计算机软件具有开发成本高、复制成本低的特性。但相较之下，计算机软件的使用更新周期更短，技术性更强，智力产品的特性更加突出。从计算机软件的特性可以看出，它是一种特殊的复合型知识产权，同时具有技术性和作品性双重属性。前者属于专利权保护的范畴，而后者属于著作权保护的范畴。对于计算机软件的知识产权保护，既要保护它的技术内容，也要保护它的形式内容。目前，我国已经颁布实施了《计算机软件保护条例》《计算机软件著作权登记办法》，但只限于对计算机软件外部表达形式的保护，而忽略了对软件技术内容和商业秘密的保护，忽略了对软件生产者利益的保护。鉴于这种情况，对计算机软件的知识产权保护，应集中版权保护模式和专利保护模式的优点，建立软件专有使用权的保护制度，通过《中华人民共和国著作权法》《中华人民共和国专利法》《中华人民共和国商标法》《中华人民共和国反不正当竞争法》《中华人民共和国民法典》等进行综合保护。

3. 网络经济中知识产权保护制度的完善。

鉴于目前的知识产权保护制度是建立在传统经济的基础上，对网络经济下的一些新情况没有给予充分的考虑，对数字化、网络化的知识产权还缺乏相应的保护措施，因而需要进一步加以完善。

（1）进一步完善知识产权保护的法律体系。知识产权制度为国际间经济、技术合作创造了有利的环境和条件，使知识和技术得以跨越国界进行传播和转移，激励各国在国际竞争中争取优势。早在19世纪，国际上就形成了以《巴黎公约》和《伯尔尼公约》为代表的关于知识产权保护的国际法律体系。到20世纪90年代，关税及贸易总协定（GATT）又达成了与贸易有关的知识产权的协议，即TRIP's。经过多年的努力，我国知识产权制度与TRIP's的有关规定已相当接近。但在各项知识产权专门立法的具体内容上与TRIP's的某些规定尚不完全一致，甚至存在空白。例如，TRIP's要求各成员将"出租权"作为计算机软件作品和电影作品的版权人的权利之一，而我国现行《著作权法》中尚无"出租权"的规定；TRIP's规定任何专利的撤销和丧失均应通过司法审查，但我国现行《专利法》则规定对实用新型和外观设计专利的宣告无效和撤销的行政决定是终局的；TRIP's在强调知识产权的同时，也规定了对知识产权人滥用权利的限制，即当知识产权人滥用请求权和滥用诉权的情况下，司法当局有权要求申请人（或原告）赔偿被告的损失（包括律师费用）。因此，我国对知识产权的保护仍需按照国际规则和标准，在立法上加以完善。要参照国际知识产权公约及"入世"后我国面临的形势，扩大上述知识产权法律所保护的客体，以适应科学技术现代化所带来的知识产权的现代化以及全球经济一体化所引起知识产权立法国际化趋势的需要。

（2）改进和提高知识产权保护行政执法和司法水平。在完善知识产权保护法律体系的同时，还需要进一步改进和加强对知识产权保护的行政执法和司法，以确保各项法律制度的有效实施。在行政保护方面，首先，应强化国家知识产权行政管理机构的统筹协调能力。目前，在我国，商标、专利、著作权分属于不同的政府部门管理。但从世界发展趋势来看，应"合三为一"，即将其统一归国家知识产权局管理。在专利、商标、计算机软件的申请、审查、注册和授权上，应与国际惯例接轨，通过修改法律，使之进一步简化、统一与完善，方便国内外申请人申请智力成果产权。其次，国家权力机构应有效执法，加大对知识产权保护的力度，各司法部门、工商部门、新闻出版部门和专利部门等与实施知识产权法律有关的部门应统一行动，联手打击各类盗版、假冒商标和侵犯专利权等违法行为，对构成犯罪的，应严格按新刑法的规定给予刑事处罚。

（3）强化企业对知识产权自我保护的意识和措施。智力既是个人的特殊财富，也是企业拥有的一种资本。首先，企业应该建立有效的知识产权形成和使用机制，在企业内部创造尊重知识产权的良好氛围和环境，鼓励公司研发人员积极发明创造并申请专利，规范企业内部对企业无形资产使用的行为。其次，企业要充分利用法律制度保护自有知识产权，及时对自我研发的新技术、新产品分层次、分重点地申请专利，形成专利保护网，并依据市场情况及技术的重要性进行国内外专利申请布局。最后，企业应该建立相应的知识产权管理体系及相应的管理流程，建立起匹配制造、研发及市场的知识产权管理制度和管理流程，包括从知识产权管理机构获得知识产权和有效地使用知识产权。此外，公司还要充分利用各种现代的技术手段，如加密技术、防伪技术等，对自己的知识产权进行有效的保护。

◎思考题：

1. 请说明网络经济下知识产权保护的重要性。
2. 请阐述网络经济下的产业政策。
3. 试列举现实中危害网络安全的行为。

【案例延伸阅读】

完善网络不正当竞争行为治理，促进数字经济规范健康持续发展

为了制止和预防网络不正当竞争行为，维护公平竞争的市场秩序，鼓励创新，保护经营者和消费者的合法权益，促进数字经济规范健康持续发展，国家市场监督管理总局在2024年正式发布了《网络反不正当竞争暂行规定》。

一、《网络反不正当竞争暂行规定》的重要意义

首先，进一步增强市场预期。互联网领域呈现较强的动态性，博弈也就比较激烈。在各类经营者的决策中，潜在的政府干预是一项至关重要的权衡因素。具体哪些可以为、哪些不可以为以及将会面临着什么样的处罚，这些往往直接影响着企业的经营行为。明确哪些属于传统规制条款的网络不正当竞争行为、哪些属于"互联网专条"具体列举的三种网络不正当竞争行为、哪些属于兜底条款的网络不正当竞争行为，以及它们具体将会被适用哪些法律责任，这进一步增加了法律的指引性，所有经营者因此都可以进一步合理预期自己所采取的措施是否将会面临着相关的法律风险以及风险大小。

其次，进一步规范竞争秩序。竞争是市场的灵魂，所有经营者都必须公平竞争，既不可以实施垄断行为，也不可以进行不正当竞争。毫无疑问，《中华人民共和国反不正当竞争法》（以下简称《反不正当竞争法》）和《中华人民共和国电

子商务法》（以下简称《电子商务法》）为互联网领域的正当竞争和不正当竞争划出了界线。但不可否认的是，在此之下确实还存在一些模糊空间。这就为一些网络不正当竞争行为钻了空子，因此也出现了一些有待于进一步规范和明确的网络不正当竞争行为。根据《反不正当竞争法》和《电子商务法》，进一步明确属于网络不正当竞争行为的情形或者相应的权衡因素，这将进一步压缩潜在的模糊空间，从而使市场的竞争更为规范和公平。

再次，进一步促进行业发展。经过三十多年的飞速发展，我国的互联网行业已经稳居世界前列。随着数字化的不断加深，互联网行业的战略性越发突出。除了大规模的市场之外，互联网行业的进一步发展离不开更为健康的市场环境。以往的经验充分表明，所有不正当竞争行为都会诱发经营者进行"逐底竞争"，从而导致相关行业低质存续甚至最终消亡。进一步加强对网络不正当竞争行为的厘清和治理，这将会给所有经营者提供一个更为健康的市场环境。在优胜劣汰的机制可以发挥作用下，他们就必须不断地进行"逐顶竞争"，结果自然就是带来更多的创新和发展。

最后，进一步完善消费者保护。网络不正当竞争行为往往会损害消费者的合法权益，只是直接或者间接的程度不同而已。进一步对网络不正当竞争行为进行细化和明确，一方面，这在最大程度上预防和制止了各类网络不正当竞争行为对消费者的合法权益侵害；另一方面，这能够在很大程度上帮助消费者降低他们进行维权的成本或者难度。

二、《网络反不正当竞争暂行规定》的出台缘由

为了完善网络不正当竞争行为治理、促进数字经济规范持续健康发展，反不正当竞争法在2017年修订时专门针对网络不正当竞争行为作了规定，这就是通常被称为"互联网专条"的第十二条。它通过对实践的阶段性总结和归纳，具体列举了三种网络不正当竞争行为，并惯例性地设置了兜底条款。除此之外，《电子商务法》中也有些条款专门针对网络不正当竞争行为作了规定。

与不少其他违法行为一样，网络不正当竞争行为在实践中也明显呈现以下两个基本规律：第一，表现形式不断变化。除了"互联网专条"具体列举的三种网络不正当竞争行为之外，商业活动中还出现了很多其他类型的网络不正当竞争行为。第二，逐渐向兜底条款"逃逸"。为了最大限度地规避法律，不少经营者会逐渐放弃实施"互联网专条"具体列举的三种网络不正当竞争行为，转而改用其他类型的网络不正当竞争行为。

事实上，除此之外，网络不正当竞争行为的治理还面临着很多其他法律问题。即便仅是着眼于反不正当竞争法内部，我们在此也至少还面临着以下两个方面的重要法律问题：一是"互联网专条"具体列举的三种网络不正当竞争行为所

属情形或者认定所需的考虑因素，如哪些行为属于恶意不兼容或者恶意不兼容应当根据哪些因素进行认定；二是涉及混淆行为、商业贿赂、作虚假或者引人误解的商业宣传、商业诋毁等传统规制条款的网络不正当竞争行为之认定，这其中有些还涉及与"互联网专条"的适用问题。

这就更不用说放眼于不同法律之间，特别是《中华人民共和国反垄断法》（以下简称《反垄断法》）。即便是修订前，《反垄断法》也明确规定了具有市场支配地位的经营者不得没有正当理由拒绝与交易相对人进行交易等。在此基础上，修订后的《反垄断法》进一步规定具有市场支配地位的经营者不得利用数据和算法、技术以及平台规则等实施滥用市场支配地位的行为。根据实践来看，这与"互联网专条"特别是其中的恶意不兼容条款在客观上就可能存在很大的交集空间。

但是非常明显，两者的行政责任是有天壤之别的，是违反"互联网专条"的，由监督检查部门责令停止违法行为，处十万元以上五十万元以下的罚款；情节严重的，处五十万元以上三百万元以下的罚款。而构成滥用市场支配地位，由反垄断执法机构责令停止违法行为，没收违法所得，并处上一年度销售额百分之一以上百分之十以下的罚款；情节特别严重、影响特别恶劣、造成特别严重后果的，国务院反垄断执法机构可以进行二到五倍的加倍罚款。

在此背景下，对网络不正当竞争行为进行进一步的明确和规范不仅是十分必要的，而且是非常紧迫的。

三、《网络反不正当竞争暂行规定》的主要内容

一是对适用传统规制条款的网络不正当竞争行为作了细化。具体而言，包括构成混淆行为、商业贿赂、作虚假或者引人误解的商业宣传、商业诋毁这四类的网络不正当竞争行为。其中，重点对构成混淆行为、作虚假或者引人误解的商业宣传、商业诋毁这三类的网络不正当竞争行为作了进一步列举。除了商业贿赂之外，在重点列举了相应的所属情形基础上，还对提供网络服务的经营者、自媒体和跟帖评论服务的提供者或者使用者以及网络水军等组织或者个人、其他经营者不得帮助他人实施网络不正当竞争行为作了规定。

二是对构成"互联网专条"具体列举的网络不正当竞争行为作了细化。具体而言，对流量劫持和干扰他人合法提供网络产品或者服务进行了进一步列举，对认定恶意不兼容应当考虑的因素作了列举。就流量劫持而言，具体列举了强制插入链接或者嵌入自己产品或者服务链接、利用关键词联想等功能欺骗或者误导用户点击两种情形。此外，具体还对具有竞争优势的平台经营者滥用后台交易数据等干扰他人正常经营作了规定。

三是对其他类型的网络不正当竞争行为作了细化。具体而言，列举了故意使

竞争对手触发平台反刷单惩罚机制、恶意拦截或者屏蔽、"二选一"行为、非法爬取和使用他人数据、平台经营者对平台内经营者进行不合理限制或者附加不合理条件等网络不正当竞争行为。其中，对"二选一"行为具体列举了两大情形，即通过影响用户选择、限流、屏蔽、商品下架等方式减少其他经营者之间的交易机会和通过限制交易对象、限制销售区域或时间、限制参与促销等方式影响其他经营者的经营选择。除此之外，还按照惯例设置了兜底条款，并对判断一个行为是否造成妨碍、破坏其他经营者合法提供的网络产品或者服务正常运行所需考虑的因素作了列举。

四是对法律责任的追究作了明确。具体而言，第一个层面明确了《反不正当竞争法》与《反垄断法》的法律责任适用，即经营者滥用市场支配地位实施网络竞争行为排除或者限制竞争的，依据《反垄断法》处理。第二个层面明确了各类网络不正当竞争行为和伪造、销毁涉案数据及相关资料等行为依据《反不正当竞争法》哪些法律责任条款进行处罚。第三个层面明确了平台经营者未履行所规定的义务的法律责任。第四个层面明确了案件当事人有违法所得的应如何进行处理。

（案例来源：丁茂中.完善网络不正当竞争行为治理　促进数字经济规范健康持续发展［EB/OL］.中国经济网，［2024-05-12］.http://www.ce.cn/cysc/zljd/yqhz/202405/11/t20240511_38999554.shtm.）

参考文献

［1］安静.中国网络综合治理体系的发展历程与构建维度［J］.北京科技大学学报（社会科学版），2021，37（4）：455-462.

［2］奥利维尔·布兰查德.宏观经济学（原书第7版）［M］.楼永，孔爱国，译.北京：机械工业出版社，2019.

［3］奥兹·谢伊.网络产业经济学［M］.张磊，等译.上海：上海财经大学出版社，2002.

［4］白冰，彭雪清.数字经济、创新要素配置与新质生产力［J］.统计与决策，2024，40（18）：109-113.

［5］包国宪，周云飞.政府绩效评价的价值载体模型构建研究［J］.公共管理学报，2013，10（2）：101-109+142.

［6］彼得·渥雷本.大自然的社交网络［J］.科学之友（上半月），2018（7）：79.

［7］蔡思航，翁翕.一个数据要素的经济学新理论框架［J］.财经问题研究，2024（5）：33-48.

［8］曹虹剑，罗能生.标准化与兼容理论研究综述［J］.科学学研究，2009，27（3）：356-362.

［9］陈刚，关辉国.网络经济对消费者价值认知与消费行为的影响［J］.甘肃社会科学，2019（4）：184-191.

［10］陈桂龙.智慧城市网络安全的治理［J］.中国建设信息化，2016（1）：10-12.

［11］陈慧慧.网络外部性市场中的新技术采纳问题研究——基于市场份额演化的角度［C］//中国经济规律研究会，河南财经政法大学.中国经济规律研究会第24届年会暨"经济体制改革与区域经济发展"理论研讨会论文集.河南财经政法大学，2014：475-488.

［12］陈明明，张文铖.数字经济对经济增长的作用机制研究［J］.社会科

学，2021（1）：44-53.

［13］陈迁影，刘志中．数字知识产权规则深化与中国数字产品出口质量升级［J］.国际贸易问题，2024（5）：142-158.

［14］陈思祁．数字鸿沟形成机制研究［D］.北京邮电大学博士学位论文，2012.

［15］陈维涛，朱柿颖．数字贸易理论与规则研究进展［J］.经济学动态，2019（9）：114-126.

［16］陈晓红，李杨扬，宋丽洁，等．数字经济理论体系与研究展望［J］.管理世界，2022，38（2）：13-16+208-224.

［17］陈勇.C公司业务流程再造与企业效益提升研究［D］.天津大学硕士学位论文，2016.

［18］陈禹，杨培芳，姜奇平，等．互联网时代的经济学革命［J］.财经问题研究，2018（5）：3-20.

［19］陈中耀，李坤．网络经济对居民消费倾向的影响分析［J］.商业经济研究，2019（17）：64-67.

［20］程虹，王华星．互联网平台垄断与低质量陷阱［J］.南方经济，2021（11）：44-59.

［21］程玉鸿，苏小敏．城市网络外部性研究述评［J］.地理科学进展，2021，40（4）：713-720.

［22］崔静，程文．知识产权保护赋能数字产业创新：影响机理与空间效应［J/OL］.科技进步与对策，1-11［2025-02-11］.http://kns.cnki.net/kcms/detail/42.1224.G3.20240704.1510.002.html.

［23］邓涵中，陈凌森．第一届网络经济学与大数据国际研讨会（NEBD）会议综述［J］.经济学动态，2015（9）：159-160.

［24］邓子基，林致远．财政学［M］.北京：清华大学出版社，2005.

［25］丁晓钦，杨明萱．数字政府助推数字经济高质量发展：机理与路径［J］.上海经济研究，2024（8）：33-42.

［26］丁依霞，郭俊华．中国电子政务服务创新研究20年：一个系统性分析［J］.中国科技论坛，2021（1）：44-54.

［27］杜创．网络外部性、临界容量与中国互联网普及进程研究［J］.社会科学战线，2019（6）：101-110.

［28］杜江萍，薛智韵，高平．数字产品免费价格策略探析［J］.企业经济，2005（5）：61-63.

［29］杜勇宏，王汝芳．计算视域下的中国特色社会主义经济运行机制［J］.

南开经济研究，2024（6）：55–73.

［30］高鸿业.西方经济学（宏观部分·第八版）［M］.北京：中国人民大学出版社，2021.

［31］高亚楠.电子政务数据安全治理框架研究［J］.信息安全研究，2021，7（10）：962–968.

［32］郭彦丽，陈建斌.信息经济学（第2版）［M］.北京：清华大学出版社，2019.

［33］韩文龙，俞佳琦，刘璐.平台经济中混业经营的经济学分析［J］.学习与探索，2024（2）：98–109.

［34］韩耀，唐红涛，王亮.网络经济学［M］.北京：高等教育出版社，2016.

［35］何大安.中国数字经济现状及未来发展［J］.治理研究，2021，37（3）：2+5–15.

［36］何晓星，岳玉静."边际效用递减"规律在网络经济中失效了吗？［J］.首都经济贸易大学学报，2020，22（6）：43–58.

［37］侯利阳.互联网资本无序扩张的反垄断规制［J］.人民论坛·学术前沿，2021（20）：78–85.

［38］胡鞍钢.胡鞍钢谈数字鸿沟［J］.中国信息界，2006（12）：43.

［39］胡春，吴洪.网络经济学（第2版）［M］.北京：北京交通大学出版社，2015.

［40］胡莹.乡村振兴背景下城乡数字鸿沟审视［J］.中国特色社会主义研究，2022（4）：60–69.

［41］黄国妍，李晓，汪传江，等.数字经济背景下全球城市网络格局和网络竞争力分析［J］.城市发展研究，2024，31（8）：19–28+45.

［42］黄泰岩，刘宇楷.马克思经济形态理论及其扩展与创新——兼论数字经济是一种新经济形态［J］.教学与研究，2023（10）：68–84.

［43］吉书红.网络治理视角下社区参与防疫治理机制研究［D］.辽宁师范大学硕士学位论文，2021.

［44］贾旭东，解志文，何光远.虚拟企业研究回顾与展望［J］.科技进步与对策，2021，38（16）：151–160.

［45］蒋传海.网络效应、转移成本和竞争性价格歧视［J］.经济研究，2010，45（9）：55–66.

［46］姜奇平.发问斯密与科斯：网络何以可能？［J］.财经问题研究，2018（10）：21–30.

［47］金环，于立宏，徐远彬.数字经济、要素市场化与企业创新效率［J］.

经济评论，2024（5）：20-36.

[48] 李彪. 互联网平台的垄断特性、社会影响及规制策略 [J]. 人民论坛·学术前沿，2021（21）：37-43.

[49] 李传军. 电子政府与服务型政府 [M]. 北京：中国书籍出版社，2012.

[50] 李金桃，魏逸文，樊亚平. 信息新质生产力催生的新质经济形态：以信息经济为表征的分析 [J]. 青海社会科学，2024（1）：88-95.

[51] 李路. 慕容鲜卑社会农耕、游牧经济转型实态与边疆特征——以公元3—4 世纪的辽西地区为中心 [J]. 东北师大学报（哲学社会科学版），2024（3）：100-107.

[52] 李晓炫，吴奇. 数字经济、消费扩容与经济高质量发展 [J]. 统计与决策，2024，40（16）：5-9.

[53] 李雪琴，郑酌基，韩先锋. 乘"数"而上：政府数据治理赋能企业数字创新 [J]. 数量经济技术经济研究，2024，41（12）：68-88.

[54] 李玉洁. 新时代背景下网络经济行为的相关法制探析——评《网络经济行为的法律规制研究》[J]. 当代财经，2023（8）：2+157.

[55] 李志宏，王丽萍，吴岚腾，等. 虚拟货币的分类及演变过程 [J]. 中国科学基金，2021，35（4）：627-635.

[56] 刘春蕊，钱嘉柠，余金馨. 全国统一技术大市场建设背景下的知识产权保护与技术交易市场 [J]. 中国软科学，2024（8）：49-59.

[57] 刘航，高菲，马品. 数字经济驱动宏观经济治理体系完善的理论逻辑与政策实践——基于马克思社会再生产理论的分析 [J]. 当代经济科学，2024，46（4）：1-13.

[58] 刘戒骄. 竞争机制与网络产业的规制改革 [J]. 中国工业经济，2001（9）：30-37.

[59] 刘玉斌，张贵娟，张博文. 数据驱动型并购提升了数字平台经济绩效吗？[J]. 财经研究，2024，50（3）：33-48.

[60] 刘战伟. 数字农业发展水平、区域差异及时空演变特征研究 [J]. 统计与决策，2023，39（20）：94-99.

[61] 陆刚. 基于产业互联网的数字农业：理论逻辑、融合模式与条件分析 [J]. 贵州社会科学，2022（7）：152-159.

[62] 罗云开. 货物抑或服务：数字产品属性探究 [J]. 社会科学研究，2023（6）：68-75.

[63] 罗仲伟. 网络特性与网络产业公共政策 [J]. 中国工业经济，2000（10）：55-61.

［64］马翎翔.网络经济视角下基于消费心理变化的电商运营模式变革［J］.商业经济研究，2021（19）：100-103.

［65］马述忠，郭继文.数字经济时代的全球经济治理：影响解构、特征刻画与取向选择［J］.改革，2020（11）：69-83.

［66］毛子骏，邹啟.数字经济与民生协调发展：数字政府的调节作用［J］.贵州财经大学学报，2024（5）：79-89.

［67］N.格里高利·曼昆.宏观经济学（第十版）［M］.卢远瞩，译.北京：中国人民大学出版社，2020.

［68］聂辉华，李靖.区块链经济学的形成与展望［J］.浙江工商大学学报，2021（5）：66-76.

［69］宁立志，龚涛.数字经济背景下反垄断法的时代使命［J］.武汉大学学报（哲学社会科学版），2024，77（5）：135-147.

［70］欧阳岚.新时期网络金融发展研究［J］.企业科技与发展，2021（2）：145-146+150.

［71］潘豪红.企业流程再造分析——以对国有企业的分析为例［J］.中外企业家，2019（8）：140.

［72］潘家栋，储昊东.互联网第三方支付平台形成垄断了吗——基于市场势力测度的研究［J］.广东财经大学学报，2021，36（4）：29-37.

［73］潘宁，王磊.网络经济诚信危机与治理［J］.学术交流，2020（6）：153-161.

［74］裴长洪，刘斌.中国对外贸易的动能转换与国际竞争新优势的形成［J］.社会科学文摘，2019（8）：47-49.

［75］彭陆军，施金影.新时期网络金融发展研究［J］.浙江金融，2019（8）：54-58.

［76］彭书桢.国际数字鸿沟影响因素研究［D］.北京邮电大学硕士学位论文，2020.

［77］平狄克，鲁宾费尔德.微观经济学（第四版）［M］.张军，罗汉，尹翔硕，等译.北京：中国人民大学出版社，2000.

［78］卡尔·夏皮罗，哈尔·瓦里安.信息规则［M］.张帆，译.北京：中国人民大学出版社，2000.

［79］乔治·J.施蒂格勒.产业组织［M］.王永钦，薛峰，译.上海：格致出版社，上海人民出版社，2018.

［80］秦臻.国外学者论平台经济［J］.国外理论动态，2023（1）：169-176.

［81］任保平，许瀚阳.健全促进实体经济和数字经济深度融合制度的战略选择［J］.改革，2024（8）：10-22.

［82］茹少峰，刘家旗.网络经济资本深化对我国潜在经济增长率的贡献解析［J］.经济纵横，2018（12）：78-87.

［83］芮廷先.电子商务经济学［M］.北京：电子工业出版社，2002.

［84］芮廷先.网络经济学（第二版）［M］.上海：上海财经大学出版社，2021.

［85］Sachs J，胡永泰，杨小凯.经济改革和宪政转轨［J］.经济学（季刊），2003（3）：961-988.

［86］沈学雁.网络经济对现代企业的影响［J］.商业文化，2022（7）：40-42.

［87］盛晓白.网络经济学［M］.北京：电子工业出版社，2009.

［88］石建中.网络组织对企业规模与绩效影响的实证研究［D］.中国海洋大学博士学位论文，2015.

［89］石磊.新媒体概论［M］.北京：中国传媒大学出版社，2009.

［90］苏辉，徐恪，沈蒙，等.互联网流量补贴模型研究与实例分析［J］.计算机研究与发展，2016，53（4）：861-872.

［91］苏琬雲.网络经济时代企业市场营销策略研究［J］.经济研究导刊，2021（33）：73-75.

［92］孙巧云.虚拟企业若干会计问题探讨［J］.合作经济与科技，2019（19）：164-165.

［93］孙涛，逯苗苗.社会网型构、信息传播和网络博弈——马修·杰克逊对社会网络经济学的贡献述评［J］.国外社会科学，2021（3）：137-148+160-161.

［94］孙正，朱学易，张艺川.数字经济税收治理的现代化转型：理论逻辑与实现路径——基于建设现代化产业体系视角［J］.人文杂志，2024（10）：29-40.

［95］唐百川，胡汉辉.软件企业的产品兼容性决策选择［J］.东南大学学报（哲学社会科学版），2005（S1）：74-76.

［96］唐红涛，张建英，张俊英.网络经济学［M］.北京：清华大学出版社，2022.

［97］唐燕.论电子商务对国内贸易的影响［J］.中国集体经济，2021（35）：70-71.

［98］唐要家，王钰，唐春晖.数字经济、市场结构与创新绩效［J］.中国工业经济，2022（10）：62-80.

［99］田晓宇.网络经济对城乡居民边际消费倾向的影响［J］.商业经济研究，2021（7）：57-59.

［100］王春超，劳华辉.社会网络经济学模型的特点和演进趋势探析［J］.经济学动态，2014（3）：115-123.

［101］王达.美国互联网金融的发展及中美互联网金融的比较——基于网络经济学视角的研究与思考［J］.国际金融研究，2014（12）：47-57.

［102］王斐斐.网络外部性研究综述［J］.时代金融，2015（3）：13-14.

［103］王建伟，张乃侠.网络经济学［M］.北京：高等教育出版社，2004.

［104］王坤沂，张永峰，洪银兴.中国互联网平台市场垄断：形成逻辑、行为界定与政府规制［J］.财经科学，2021（10）：56-69.

［105］王满仓，葛晶，康建华.网络经济、人力资本与家庭创业决策［J］.西北大学学报（哲学社会科学版），2019，49（3）：111-122.

［106］王明泽.结构主义视角下数字经济垄断分析［J］.中国科技论坛，2023（3）：129-139.

［107］王倩.网络经济时代的宏观金融政策分析［D］.吉林大学博士学位论文，2004.

［108］王伟玲.政府数据授权运营：实践动态、价值网络与推进路径［J］.电子政务，2022（10）：20-32.

［109］王晓丹，石玉堂，刘达.公共数据开放能促进数字经济与实体经济融合吗？——来自政府数据平台上线的准自然实验［J］.南方经济，2024（9）：25-44.

［110］王亚娟.网络经济发展的异质性群体消费效应探讨［J］.商业经济研究，2021（10）：43-46.

［111］王晔，张铭洪.网络经济学（第三版）［M］.北京：高等教育出版社，2019.

［112］王益民.全球电子政务发展前沿与启示——《2020联合国电子政务调查报告》解读［J］.行政管理改革，2020（12）：43-49.

［113］吴庆.网络经济条件下虚拟企业会计问题研究［J］.现代营销（下旬刊），2019（5）：228-229.

［114］吴伟光.构建网络经济中的民事新权利：代码空间权［J］.政治与法律，2018（4）：111-123.

［115］吴逸越.论数字产品及其给付规则——以数字内容与数字服务区分为中心［J］.财经法学，2024（5）：78-93.

［116］乌家培.关于网络经济与经济治理的若干问题［J］.当代财经，2001

（7）：3-7+80.

［117］《西方经济学》编写组 . 西方经济学（第二版）（下册）［M］. 北京：高等教育出版社，2019.

［118］肖兴志，陈艳利 . 纵向一体化网络的接入定价研究［J］. 中国工业经济，2003（6）：21-28.

［119］肖志良 . 基于网络经济学的出版社数字产品营运分析［J］. 出版科学，2018，26（3）：74-77.

［120］解蕾 . 网络经济发展与消费扩容提质——基于消费渠道变迁视角［J］. 商业经济研究，2021（19）：64-67.

［121］解志文 . 基于扎根范式的虚拟企业战略协同过程研究［D］. 兰州大学硕士学位论文，2021.

［122］谢康，李晓东，夏正豪，等 . 用户潜在创造力对数字产品创新的影响——基于动机—机会—能力理论视角［J］. 中国工业经济，2024（6）：136-154.

［123］谢康，肖静华 . 信息经济学（第四版）［M］. 北京：高等教育出版社，2019.

［124］谢楠，何海涛，王宗润 . 复杂网络环境下不同政府补贴方式的企业数字化转型决策分析［J］. 系统工程理论与实践，2023，43（8）：2412-2429.

［125］邢冠云 . 工商行政管理部门对网络交易实施监管的探讨与研究［D］. 内蒙古大学硕士学位论文，2011.

［126］徐金海，周蓉蓉 . 数字贸易规则制定：发展趋势、国际经验与政策建议［J］. 国际贸易，2019（6）：61-68.

［127］徐素秀，张雨萌，李从东，等 . 知识产权保护下数字产品定价策略研究——考虑利益共享与网络外部性的分析［J］. 价格理论与实践，2020（12）：115-118+164.

［128］徐旭 . 电商企业双渠道销售结构路径优化［J］. 统计与决策，2017（15）：181-184.

［129］许晴晴 . 中国城乡数字鸿沟治理路径探析［D］. 厦门大学硕士学位论文，2022.

［130］亚当·斯密 . 国富论［M］. 高格，译 . 北京：中国华侨出版社，2018.

［131］杨彩虹，梁宏志 . 数字经济、资本聚集效应与区域创新［J］. 统计与决策，2024，40（18）：149-154.

［132］杨振 . 为激发企业创新活力提供高效制度支撑［J］. 智慧中国，2021（12）：34-36.

［133］姚兴安，闫林楠．数字经济研究的现状分析及未来展望［J］.技术经济与管理研究，2021（2）：3-8.

［134］叶瑞克，钟诗宇．数字经济、知识产权保护与现代化产业体系建设——基于中国278个城市的实证研究［J］.经济学动态，2024（7）：57-74.

［135］于左，张芝秀，王昊哲．交叉网络外部性、独家交易与互联网平台竞争［J］.改革，2021（10）：131-144.

［136］袁嘉，兰倩．数字经济时代传导效应理论与妨碍性滥用垄断规制［J］.东北师大学报（哲学社会科学版），2023（2）：125-134.

［137］约翰·冯·诺依曼．博弈论［M］.刘霞，译．沈阳：沈阳出版社，2020.

［138］曾亿武，李丽莉，郭红东．从传统农业到数字农业：演进逻辑与实现路径［J］.经济学家，2024（8）：119-128.

［139］曾铮，王磊．数据要素市场基础性制度：突出问题与构建思路［J］.宏观经济研究，2021（3）：85-101.

［140］张晨颖．公共性视角下的互联网平台反垄断规制［J］.法学研究，2021，43（4）：149-170.

［141］张铭洪．网络经济学教程（第二版）［M］.北京：科学出版社，2017.

［142］张谦，李冰晶．数字平台捆绑销售策略的垄断动机研究：基于交叉网络外部性视角［J］.管理学刊，2021，34（2）：65-79.

［143］张群，宋迎法．网络治理的理论流变与发展图景［J］.中共福建省委党校（福建行政学院）学报，2021（4）：78-87.

［144］张小蒂，倪云虎．网络经济（第二版）［M］.北京：高等教育出版社，2008.

［145］张永林．互联网、信息元与屏幕化市场——现代网络经济理论模型和应用［J］.经济研究，2016，51（9）：147-161.

［146］张永林．网络、信息池与时间复制——网络复制经济模型［J］.经济研究，2014，49（2）：171-182.

［147］赵谦诚．中国电子商务发展路径研究［J］.内蒙古科技与经济，2021（8）：6-7+19.

［148］郑国楠，李长治．数字鸿沟影响了数字红利的均衡分配吗——基于中国省级城乡收入差距的实证检验［J］.宏观经济研究，2022（9）：33-50.

［149］郑坚铭，张丽娜．数字规制政策、知识产权保护与技术创新扩散［J/OL］.科技进步与对策，1-10［2025-02-11］.http://kns.cnki.net/kcms/detail/42.1224.G3.20240627.1302.004.html.

［150］周宏仁．中国信息化和电子政务的发展［J］.中国信息界，2010（Z1）：

4–8.

［151］周念利，王达，吴希贤.RTAs数字知识产权规则深度对数字内容贸易的影响：基于数字内容App层面数据分析［J］.中国软科学，2024（3）：139–150.

［152］周云涛，蔡冬彦，王玉杰.互联网经济知识产权的保护［J］.法制与社会，2021（12）：17–18.

［153］周朝民.网络经济学［M］.上海：上海人民出版社，2003.

［154］朱·弗登博格，让·梯若尔.博弈论［M］.黄涛，郭凯，龚鹏，等译.北京：中国人民大学出版社，2015.

［155］朱宾欣，马志强，Leon Williams.盗版和网络外部性下基于免费策略的信息产品定价和质量决策研究［J］.管理评论，2021，33（9）：143–154.

［156］Arrow K J. The Economic Implications of Learning by Doing［J］. The Review of Economic Studies, 1962, 29（3）: 155–173.

［157］Artle R, Averous C.The Telephone System as a Public Good: Static and Dynamic Aspects［J］. The Bell Journal of Economics and Management Science, 1973, 4（1）: 89–100.

［158］Besen S M, Farrell J. Choosing How to Compete: Strategies and Tactics in Standardization［J］. The Journal of Economic Perspectives, 1994（8）: 117–131.

［159］Carter C F, Williams B R. Industry and Technical Progress［M］. London: Oxford University Press, 1957.

［160］Coase R H. The Problem of Social Cost［J］. The Journal of Law and Economics, 1960（3）: 1–44.

［161］Cohendet P, Llerena P, Stahn H, et al. The Economics of Networks: Interaction and Behaviours［M］. Heidelberg: Springer, 1998.

［162］Crozier M, Friedber E. Actors and Systems: The Politics of Collective Action［M］. Chicago: University of Chicago Press, 1980.

［163］Economides N, Himmelberg C. Critical Mass and Network Evolution in Telecommunications［C］. Toward a Competitive Telecommunications Industry: Selected Papers from the 1994 Telecommunications Policy Research Conference, 1994.

［164］Economides N, Himmelberg C. Critical Mass and Network Size with Application to the US FAX Market［Z］. Discussion Paper, 1995.

［165］Economides N, White L J. Networks and Compatibility: Implications for Antitrust［J］. European Economic Review, 1994, 38（3–4）: 651–662.

［166］Economides N. Competition Policy in Network Industries: An Introduction

[R]. NET Institute Working Paper, 2004.

[167] Economides N. The Economics of Networks [J]. International Journal of Industrial Organization, 1996, 14 (16): 673–699.

[168] Elmaghraby W, Keskinocak P. Dynamic Pricing in the Presence of Inventory Considerations: Research Overview, Current Practices, and Future Directions [J]. Management Science, 49 (10): 1287–1309.

[169] Farrell J, Klemperer P. Chapter 31 Coordination and Lock–In: Competition with Switching Costs and Network Effects [M] // Armstrong M, Porter R. Handbook of Industrial Organization (Vol.3). Amsterdam: Elsevier, 2007:1967–2072.

[170] Farrell J, Saloner G. Converters, Compatibility, and the Control of Interfaces [J]. Journal of Industrial Economics, 1992, 40 (1): 9–35.

[171] Farrell J. Standardization and Intellectual Property [J]. Jurimetrics, 1989 (30): 35–50.

[172] Hui K L, Chau P Y K. Classifying Digital Products [J]. Communications of the ACM, 2002, 45 (6): 73–79.

[173] Hüsing T, Selhofer H. DIDIX: A Digital Divide Index for Measuring Inequality in IT Diffusion [J]. IT and Society, 2004, 1 (7): 21–38.

[174] Katz M L, Shapiro C. Systems Competition and Network Effects [J]. Journal of Economic Perspectives, 1994 (8): 93–115.

[175] Kettl D F. Politics of the Administrative Process (7th edition) [M]. Washington DC: CQ Press, 2017.

[176] Khudyakov S V. Structuring the Management System of Industrial Enterprises in Conditions of Economic Activity Concentration [J]. Vestnik of the Plekhanov Russian University of Economics, 2020, 1 (1): 164–171.

[177] Kornivska V. Global Financial and Structure Development: Transformation of the Financial Intermediation Institutions in the Conditions of Formation of Information and Network Economy [J]. Ekonomična Teoriâ, 2020 (1): 37–56.

[178] Liebowitz S J, Margolis S E. Are Network Externalities a New Source of Market Failure? [J]. Research in Law and Economics, 1995 (17): 1–22.

[179] Liebowitz S J, Margolis S E. Network Externality: An Uncommon Tragedy [J]. Journal of Economic Perspectives, 1994 (8): 133–150.

[180] Lowndes V, Pratchett L, Stoker G. Diagnosing and Remedying the Failings of Official Participation Schemes: The CLEAR Framework [J]. Social Policy and Society, 2006, 5 (2): 281–291.

［181］Medvedeva T A. An Extended Systems Approach to Change in Labor Relations during the Emergence of a New Economy［J］. Acta Europeana Systemica, 2020, 8（1）: 275–284.

［182］Metelenko N, Pashko L, Grynchuk N, et al. Transformation of the System of Public Administration in a Network Economy［J］. Studies of Applied Economics, 2021, 39（3）: 1–10.

［183］Oren S S, Smith S A. Critical Mass and Tariff Structure in Electronic Communications Markets［J］. The Bell Journal of Economics, 1981, 12（2）: 467–487.

［184］Pain K, Shi S, Black D, et al. Real Estate Investment and Urban Density: Exploring the Polycentric Urban Region Using a Topological Lens［J］. Territory, Politics, Governance, 2023（11）: 241–260.

［185］Phillips A. Concentration, Scale and Technological Change in Selected Manufacturing Industries 1899–1939［J］. The Journal of Industrial Economics, 1956, 4（3）: 179–193.

［186］Ren S, Hao Y, Xu L, et al. Digitalization and Energy: How Does Internet Development Affect China's Energy Consumption?［J］. Energy Economics, 2021（98）: 105220.

［187］Repushevskaya O. Characteristics of Business Models of the Sharing Economy Industry in the Context of Digitalization of the Economy［J］. Russian Journal of Management, 2021, 9（2）: 146–150.

［188］Rohlfs J. A Theory of Interdependent Demand for a Communications Service［J］. The Bell Journal of Economics and Management Science, 1974（5）: 16–37.

［189］Schoder D. Forecasting the Success of Telecommunication Services in the Presence of Network Effects［J］. Information Economics and Policy, 2000, 12（2）: 181–200.

［190］Starchuk N V, Liebiedieva D O, Bondarets O M. The Market Pricing Issues in the Courses of Fundamental Economic Disciplines at Ukrainian HEIs［J］. Business Inform, 2021（516）: 14–20.

［191］Toffler A. Revolutionary Wealth［J］. New Perspectives Quarterly, 2013, 30（4）: 122–130.

［192］Van Dijk J A G M. The Deepening Divide: Inequality in the Information Society［M］. Thousand Oaks: Sage, 2005.

［193］Wang L. Research on Consumer Behavior Based on Experience Economy［C］. 2019 7th International Education, Economics, Social Science, Arts, Sports and

Management Engineering Conference（IEESASM 2019）, 2019.

［194］Yu L. Analysis of Internet Marketing from the Perspective of "Internet Celebrity Economy"［J］. Advances in Vocational and Technical Education, 2021（3）: 22–26.